駆け出し税理士の
事務所構築術

お客様から感謝される
事務所を作るときに読む本

税理士・行政書士・CFP®認定者

坂野上 満
Mitsuru Sakanoue

一般財団法人
大蔵財務協会

　近年、税理士試験に合格してもなかなか独立に踏み切ることができない人や、独立したけれども、どうやってこの先を進めていけばいいのか分からない、あるいは、目指すべき道が分からないという人の話を聞く機会があります。私も税理士登録から20年、独立開業から18年が経ちますが、開業当初は「食っていければいい」という思いと「事務所を大きくしたい」という思いの狭間で何となく時間が過ぎていたような気がします。

　そうしているうちにスタッフを一人雇い、二人雇い、という段階に至る訳ですが、この時にある思いが私の脳裏をよぎります。「この事務所はもはや私一人の事務所ではなくなってしまった。これまでのように事務所＝自分という訳ではなく、何かあるとスタッフにまで悪い影響が及んでしまう。**お客様に本当に必要とされる事務所にならなくては！**」

　頭で考えるのは簡単なのですが、お客様に本当に必要とされる事務所になるために具体的に何をすればいいのかに辿り着くまでいろいろ回り道をしました。営業系のセミナーを行脚してみたり、地域ボランティア活動に顔を出してみたり、「税理士らしくない」と言われたくて普通の税理士はやらないようなことを見つけては実行していたような気がします。この時の行動については今も無駄だったとは思いませんが、タイムマシンに乗ってもう一度あの頃に戻ったならば、こういったことはやらないと思いますね。

　やがて、お客様に本当に必要とされる事務所とはどんな事務所なのかという答えに辿り着くことになります。それはとてもシンプルなものでした。「**お客様に感謝される事務所にする**」ということです。

　この本では、お客様に感謝される事務所づくりのために次の10の

視点を用意しました。まず①**会計事務所の仕事を知る**ということです。孫子の兵法に「彼を知り己を知れば百戦殆うからず」という有名な一節がありますが、まずは己を知るという部分です。次に②**社長を知る**ということです。「彼」とはどんな性質を持つ存在で、どうして差し上げると喜ばれ、どうしてしまうと気分を害されるのかを探ります。それらを踏まえた上で③**お客様とのコミュニケーション**へと続きます。同じことを伝えるのであっても伝え方ひとつでお客様の行動や感情は大きく変わります。そして④**会計を知る**、⑤**税務を知る**に続きます。税理士試験に挑戦された皆さんには釈迦に説法かもしれませんが、「なぜそのような取扱いをすることになっているのか」ということまで知ろうとする習慣をつけることによって、教科書には出てこない実務上の変化球にもうまく対応することができるようになるのではないでしょうか？それを受けて⑥**税法を読む**、⑦**税務調査を知る**に続き、次は少し違う視点から⑧**仕事を効率的にこなすために**を紹介します。人間の心身の仕組みや時間とのうまい付き合い方を考慮しながら、一日を24時間以上の価値があるものとしていきます。そして少し先のことになるかもしれませんが、⑨**スタッフを一日でも早く一人前にする方法**を確認し、最後に⑩**お客様の心理に少しでも近づくために**で締めることにします。これらについてどれも私の経験から説明させて頂きますが、どれも机上の空論ではなく超現場チックで再現性が高く、今日からすぐに使えるものばかりを取り揃えました。また、ところどころ「人間の体や心理はこうなっている」というところを取り入れてメソッドを紹介している部分もあります。

　これにより一人でも多くの駆け出し税理士の先生や将来税理士事務所開業を目指す人の心のよりどころとして頂き、我々税理士業界の将来が明るいものとなることを願ってやみません。

　　令和2年3月

坂野上　満

目　次

第 **8** 章　仕事を効率的にこなすために

第 **9** 章　スタッフを一日でも早く一人前にする方法

第1章

会計事務所の仕事を知る

1 会計事務所の仕事とはどのようなものか？

1 会計事務所の仕事はどの業種に似ているのか？

　孫子の兵法の中に「彼を知り己を知れば百戦殆うからず」という有名な言葉があります。これは一般に「敵（相手）についても味方についても情勢を逐一把握していれば何度戦っても敗れることはない」という意味で知られています。会計事務所のお客様は敵ではありませんが、相手方という意味でこの言葉を捉えると我々が「お客様に感謝される事務所」を目指すにあたってこれをヒントとしない手はありません。つまり、会計事務所や会計事務所の仕事とはどのようなものかを一度棚卸しておく必要があるということです。さらにいうと、会計事務所の仕事はお客様からみてどのようなものなのかという視点で捉えるとさらに我々が目指すところに近づくことができるのではないでしょうか？

2 ここで皆さんに質問です！

　早速ですが、皆さんに2つ質問をお出ししたいと思います。

　まず、第一問目です。

> ### 問題
>
> 　次の3つの職業のうち、最もモラル（道徳心）が必要とされるものはどれでしょうか？
> ①パイロット
> ②お医者さん
> ③新幹線の運転手
> 　いずれもお客さんや患者さんの命を預かる仕事ですが、皆さんはどうお考えですか？

　いかがでしょうか？もちろん、この問題に対する絶対的な答えは
ありません。が、私は②のお医者さんだと思います。何故か？

　①のパイロットも③の新幹線の運転手も高速で飛行・走行する乗
り物にお金を頂いてお客様の体と荷物を運ぶ尊い仕事ですが、お客
様の命が危険にさらされた時、自身の命も危険にさらされます。つ
まり、お客様の命は他人事ではないのです。

　それに比べ、お医者さんについては、患者さんの命が助からな
かったとしてもお医者さんの命に害が及ぶ訳ではありません。つま
り、サービスする側の命とサービスされる側の命が一蓮托生の関係
になっているかどうかという視点なのですが、お医者さんについて
はそういった関係になっていないからこそ、より高いモラルが求め
られ、それに沿って崇高なお仕事をされているのだと思うのです。

　このことは会計事務所の仕事にも共通するものがありませんか？
お客様の会社が倒産したとしても会計事務所が潰れる訳ではありま
せん。そこに我々会計事務所のモラルが求められているような気が
するのです。

　こういった根本的なことも含め、会計事務所とお医者さんはとて
も似ているところがたくさんあります。会計事務所の仕事をかかり
つけのお医者さんに例えると、税理士先生は「お医者さん」、事務
所スタッフさんは「看護師さんやレントゲン技師さん」、月次処理
は「定期健康診断」、決算は「年に一度の人間ドック」、その結果、
悪いところが見つかったら……「治療、手術（他の専門家の力を借
りる）？」となるのではないでしょうか。

　さて、続いて第二問目に移りたいと思います。第二問目はご面倒
ですが、紙、筆記用具、ストップウォッチ（秒針のついた時計でも
OK です）をご用意されてから挑戦して下さい。

　これから 2 分間で「あなたが患者さんの立場だったら、主治医

の先生はどんな人だったらいいですか？その理想とする先生の特徴をなるべく具体的にたくさん書き出してみて下さい」というワークにチャレンジして頂きます。例えば「優しそう」とか「話しやすそう」などといったものです。この際の注意点は次の2点です。

・このワークの目的は「なるべくたくさんの項目を書く」ということです。こんなの当てはまるかな、などと悩まないで気が付いたものはどんどん書き込んで下さい

・2分間の時間は厳守して下さい

　それでは2分間集中して、理想とする先生の特徴をできるだけたくさん紙に書いてみて下さい。2分後に再会しましょう！

問題

　あなたが患者さんの立場だったら、主治医の先生はどんな人だったらいいですか？その理想とする先生の特徴をなるべく具体的にたくさん書き出してみて下さい。

　2分間、お疲れ様でした。結構疲れたと思います。さて、このワークの説明に入る前にご自身が何個書けているかを数えて下さい。10個以上書けましたか？8個？5個？それ以下？少なくても気にしないで下さい。私が初めてこのワークをやってときは5つ

しか書けませんでした（初めてのチャレンジで8個以上書ければかなり頭が柔らかい人です）。

　今皆さんにやって頂いたこのワークは「発散収束法」と呼ばれる問題解決方法の「発散」の部分です。これから独立して会計事務所を経営していく中で、様々な問題が発生します。これらの問題は一つ一つ解決していかなければならないのですが、その解決方法は既に我々悩める人の中に存在しているようです。それを引き出すのが発散収束法です。

　すなわち、その問題解決につながりそうなキーワードを2分間の間に集中してたくさん書き出し（それでも足りないと思ったら1時間以上置いてからもう一度2分間集中して他のキーワードを足していきます）、その中から本当に解決につながりそうなキーワードを消去法によって1つから3つほどに絞り込んでいきます（この絞り込みが「収束」の部分）。そのキーワードから具体策を考えると解決につながるというものです。将来、悩んだときに使ってみて下さい。

　さて、本題。理想とする先生の特徴、どんなキーワードが書けましたか？これをウチの事務所のスタッフ4人にやってもらいました。被験者は全員女性なのですが、結構ユニークなキーワードも出てきましたので、ご紹介します。

　「優しそう」「清潔」「あまり年配じゃない」「説明が分かりやすい」「質問がしやすそう」「若すぎない」「看護師さんとの雰囲気が良い」「知識が豊富」「分かりにくい用語を使わない」「診察が事務的でない」「しゃべっても大丈夫」「笑顔が素敵」などなど。女性ならではのキーワードもありましたね。どれも正解です。

　さて、このワークの本当の目的についてお話しますね。今回書き出して頂いたキーワードは一体、何だったのでしょうか？それは、「お客様が会計事務所に望んでいること」です。皆さんがお客様と

のコミュニケーションで悩んだ時、もう一度このページに戻ってき
てこのワークをやってみてください。ここに書きこんだキーワード
の一つ一つがお客様から望まれていることですので、今一度、自身
のお客様への接し方と照らし合わせてみて下さい。きっと解決につ
ながるはずです。

❸ 会計事務所の仕事の特徴

　次に会計事務所の仕事の特徴を考えてみましょう。

　「数字に細かく、１円の誤差が許されない」「何だかよく分から
ないことを難しそうな顔をしてやっている」「何を頼んでも時間が
かかる、慎重なのか時間に無頓着なのか……」「（中には）むっつり
として話しかけづらいタイプの人が多い」「あれこれ頼まれること
や尋ねられることが多い」……一般的にいわれる会計事務所の仕事
のイメージはこんなところではないでしょうか？良いにつけ悪いに
つけ、言われていることは大体合っていると思います。なぜなら、
会計事務所の仕事は数字をまとめることですから１円の誤差も許
されないのは当然ですし、**お客様の経済活動を実際に全部見ている
訳ではありません**からあれこれ尋ねたり資料をお願いしたりするこ
とも少なからずあります。これだけを考えると、会計事務所はお客
様に資料を準備して頂き、質問に答えて頂かなくては仕事ができま
せん。ですから、ついつい受け身な姿勢になってしまったり、半ば
横柄な態度で物事を依頼したりしてしまう人もいます。

　一方で、経営者たる社長は常に悩み事を抱えています。しかし、
社長は経営者ゆえに必ずしもそれを社内の人に全て打ち明けたり相
談したりすることができる訳ではなく、誰にも話せないまま抱え込
んでいるものです。その時に頼りにすべきは毎月一定の日に接触が
あり、会社の内部事情を知っており、かつ、解決のためのヒントを
与えるだけの情報を持っている会計事務所ということになります。

　一言でいうと、会計事務所は敷居が高そうなイメージがあり、面倒くさいことを言ってくるが、いざというときには頼りになる存在ということができます。

《会計事務所の仕事の特徴》
- -
(1)数字に細かい
(2)お客様に準備して頂いたり、尋ねたことに答えて頂いたりしないとできない（受身になりがちなところもある）
(3)専門的な分野の仕事であり、幅が広く、難しい相談や処理が出てくる
(4)経営に関することについて良い情報を持っている
(5)社長のよき相談パートナーとなりうる
(6)守秘義務が課されているので秘密が外に漏れることがない
---

2 会計事務所の仕事をうまくこなすコツ5か条

　上記の特徴を踏まえ、全体的に会計事務所の仕事はどうやったらうまくこなしていくことができるのか、注意点も含めて見てみることにしましょう。

> (1)会計事務所の仕事のほとんどはお客様に動いてもらう仕事なのでできるだけお客様に動きやすい環境を作って差し上げること

　会計事務所はお客様に資料を揃えて頂かないと仕事ができません。お客様に気持ちよく資料を揃えて頂くために、普段から次のようなことに気を配ります。
・段取りよく資料集めをすることを心がけ、**余裕をもって依頼する**
・できるだけ**一度で全部揃うように依頼する**（必要なものが出てきたらその都度言います……などというのは避けたい）

・依頼したもの全て揃えて頂いたことと、そのための時間を使って
　頂いたことに**感謝の意を表す**

(2)お客様にとって会計の仕事（会計事務所に提示する資料作りな
　ど）は間接業務であるということを知ること

　会計事務所の職員の立場からするとお客様の会計処理を行うのは
仕事ですから直接業務となりますが、お客様の立場からするとこの
会計に関する業務をすることによって売上が増加する訳ではないの
で間接業務となります。この辺のことが分かっていないと「お客様
が会計の資料を揃えるのは義務だから当たり前」という意識につな
がり、お客様も気分よく協力して頂くことができないかもしれませ
ん。お客様への依頼は必要最小限にとどめながらも不足となるもの
が出てこないよう細心の注意を払います。また、**会計事務所からの
電話というのはお客様にとっては嫌なものです。**なぜなら、依頼や
質問がほとんどであり、「また、細かいことを聞かれるのかな？」
などと思われるからです。このことは会計事務所が税務署からの電
話を有難く思わないのと同じです。この辺りのことも理解し、**後か
ら電話をかけなくて済むようにお客様の所で仕事にトドメを差して
くる**ことが重要です。相手が嫌がることは極力避けましょう。

(3)ものごとを尋ねて頂く回数は信頼のバロメーターであることを
　知り、的確な回答をして差し上げること

　お客様からものごとを尋ねられるのはぎくっとすることもあり、
時に嫌だと感じることもあります。しかし、ものを尋ねられるとい
うのは相手から信頼されていることの証と考えればこんな有難いこ
とはありません。即答できることは即答し、即答できないことはそ
の旨をはっきりさせ、期限を区切って回答を差し上げる約束をして
それまでに適切な回答を用意してフィードバックします。他の専門

家の力が必要であればその旨お伝えすることも忘れずに。

　質問された側も「こんな簡単なこともこの社長は分からないのかな？」などとは思うことなかれ。お客様は知らないのが当たり前。だからこそ会計事務所の存在意義があるのだということを忘れずに対応したいものです。

《お客様対応のヒント》

　社長は会社経営の最終責任者ですから、お金の計算や資金の移動、手当については日常業務としてやっておられますが、会計や簿記を勉強している社長はごく少数派です。会計に関することに興味を持って頂くのは事務所との価値観共有という意味でも大変結構なことですので、**専門用語をなるべく避けて、平易な言葉（中学生くらいでも分かるような言葉）で説明して差し上げましょう。**

---

(4)事務所の内外を問わず、幅広い情報を得られるよう日々、アンテナを張り巡らせる努力をすること

　お客様は日々発生する問題についてその解決策を常に探っておられます。とはいえ、会社内部の事情を誰にでも話す訳にもいかず、それゆえに相談相手は限られています。例えば、「今期の業績じゃ、ボーナス払えないよ」とか「製造二課長の〇〇、最近ずっと怠けてるし、反抗的な態度を取り続けているからクビにしようかな」などとはおいそれと社員に話せないんですよね。そこで相談相手に最適なのが、内部事情を知っていて、かつ、守秘義務が課されており、他社のノウハウや体験を目の当たりにしている会計事務所です。このように会計事務所は頼りにされる存在ですから、事務所だけで解決案を示すことができない事項についても、弁護士さん、社会保険労務士さん、司法書士さん、行政書士さんなどといった士業の方々や付き合いのある会社の人たちなど幅広く人脈を作っておくと情報

網の幅が広がります。

　上記でも触れた通り、会社に腹を割って相談して頂けるのも会計事務所には守秘義務が課されているからです。これは税理士法第38条、第54条に規定されており、信頼の絶対条件です。たとえ家族に対してでも言ってはいけないことは言ってはいけません（これに抵触するようなことを言うと、お客様の方でも「この人、うちのことも他で言ってるのかな」と思われます）。

　さて、この会計事務所の守秘義務とは具体的にどのようなことを言っているのでしょうか？「税理士業務に関して知り得た秘密」という抽象的な書き方になっているので超具体的なところが分かりませんね。私は守秘義務について次の2つに要約して考えています。

　①「お客様の名前」と「数字」を一緒に言うこと

　②「お客様の名前」と「具体的な内容」を一緒に言うこと

　これらのいずれに該当しても守秘義務違反となると考えていますし、スタッフにもそのように言っています。ですから、「3千万円ほど利益が出たんだけど繰越欠損金があったから法人税がかからなかった方もいます」とか「○○（具体的な内容）をしてうまくいった方もいらっしゃいます」などというのはセーフです。もちろん、お客様の名前を言わないまでもそのお客様が特定できてしまうような言い方だとアウトになります、念のため。

▶**言ってはいけないことの例**

・弟さんが経営しておられる○○社は今回頑張られて100万ほど利益を出しておられました。

　～兄弟だからといって守秘義務をないがしろにしていいということはありません。このような場合、守秘義務があることは分かっ

ていてカマをかけていらっしゃることが大半ですから、このような
なことを聞かれたときは「弟さん、頑張っておられますよ！」な
どと判で押したような答えを用意しておくといいでしょう。

・同業の××社は業務用の車両を220万円で売却し、社長も意外に
高く売れたと言っておられました。

　～直接、売上や利益などの数字を言っている訳ではないのです
が、やはり「お客様の名前」と「数字」を同時に言っているので
アウトです。もし、その220万円という数字が広く伝わり、「あ
の社長、俺にトラック売ってくれるって言ってたのに……。あれ
だったら250万円出しても買いたかった……」と思っている人の
耳に入ったらどうしますか？

・あそこの△△社はうちのお客さんなんですが、ここだけの話、実
は粉飾決算なんですよ。

　～これは極端な例ですが、ダメダメなのは言うまでもありません
ね。

《参考》税理士法第38条と第54条

秘密を守る義務

第三十八条　税理士は、正当な理由がなくて、税理士業務に関
して知り得た秘密を他に洩らし、又は窃用してはならない。税
理士でなくなった後においても、また同様とする。

税理士の使用人等の秘密を守る義務

第五十四条　税理士又は税理士法人の使用人その他の従業者は、
正当な理由がなくて、税理士業務に関して知り得た秘密を他に
漏らし、又は盗用してはならない。税理士又は税理士法人の使
用人その他の従業者でなくなった後においても、また同様とす
る。

Column　リラックスが人間の頭にもたらす効果

　お客様に感謝される会計事務所を目指すということで、意気込んで読まれた方もいらっしゃるかと思いますが、この本はどちらかというとリラックスして読んで頂く本です。人間の頭というのは、適度に緊張した状態で物ごとに取り組むと、覚えたり難解なものを解いたりするのには適しているけれども、それが長く続くと吸収しにくくなってしまうようにできているそうです。この本は税法を深く読み込むところも部分的にはありますが、それ以外については暗記したり細かく読み込んだりするところがありませんから、気楽な気持ちで読み進めて頂けると効果的です。

　それにしても、会計事務所という組織はお医者さん、特に開業医にとてもよく似ています。会計事務所側の振る舞いについてお客様がどう思っていらっしゃるかを考える際には、患者さんがお医者さんの振る舞いについてどう思うかを想像すれば大体よく当てはまりますので、12ページでやった作業の結果は残しておいて、何か困ったときに見て頂ければ自分の現在足りていないものが見えてくると思います。

第**2**章

社長を知る

1 社長って、どんな境遇にある人？

　ここでは、孫子の兵法にある「彼を知り己を知れば百戦殆うからず」の「彼」を知ることにします。お客様から感謝される会計事務所の構築にあたってはお客様である社長との会話は避けて通ることができません。少し想像して頂きたいのですが、社長という人たちはどのような人たちなのかをあらかじめ知っていて社長との会話にあたるのと知らないで会話にあたるのと成果は大きく変わってくると思いませんか？さらに、ほとんどの社長がいつも悩んでいることをあらかじめ知っていて会話に臨むのと知らないで会話に臨むのとではどうでしょうか？これらの差は歴然としているであろうことは容易に想像ができると思います。

　それでは、我々のお客様である中小企業の社長や個人事業者の方々とはどんな境遇にある人たちなのでしょうか？サラリーマンとの違いを中心に見てみることにしましょう。

■ 上司の指示に従うことなく自分のやり方で仕事ができる

　組織の中では上司の指示命令に従いつつ仕事をしなければなりませんが、社長は上司がいないので自分のやり方で仕事ができます。また、自分より能力の低い上司に仕えることによる様々なストレスに悩むこともありません。多くの社長はこれに魅かれて社長をやっている訳です。⇒社長は人にあれこれ指図されたり、上からものを教えられたりするのが嫌いな人種です!!

■ 仕事をやればやるだけ自身の収入や存在感のアップにつながる

　給料は自分の力だけで決められないのに対し、社長は仕事をやればやるだけ収入や存在感がアップし、生き甲斐につながりやすいという面があります。

③「会社の経営」をやらなければならない

　当たり前ですが、社長は経営者ですから会社の経営をやらなければなりません。つまり、自分の好き嫌いにかかわらず、自分の専門分野プラス経営をやらなければならないのです。会社の経営とは、「判断」と「決定」をしてそれに「責任」を持つことをいいます。ですから、サラリーマンの時のように自分の仕事だけに没頭できるという訳ではないのが普通です。

④ 世の中のビジネスルールに従わなければならない

　組織の中にいるとなかなか分からないことが多いですが、ビジネスルールというものがあります。例えば、期日までに何があろうとも代金を支払うとか、一方的に自分だけに都合のいい取引はできないとか、お客様間の公平を保たなければならないとかいうようなことがこれに当たります。上司の命令などに拘束されることはない反面、こういった対外的なルールに拘束されることになります。

⑤ 会社の仕事について誰かに物を頼むときには必ず対価を払わなければならない

　自分の収入にかかわる仕事や作業などを人に頼むときには必ず対価を払わなければなりません。従業員には給与、外部の人には対価という風にきちんと支払をしないと「一方的に自分だけに都合のいい取引」となってしまいます。心あるボランティア精神に富む人には少し甘えることができるかもしれませんが、心には心で返す必要があります。

⑥ 支出が収入よりも先に来る

　お金関係についてはここが一番大きな違いといえます。サラリーマンは収入が先にあり、それをどう使うかという考えでいいのです

が、**経営者は必ず仕入、外注、給与などといった支払が先になり、売上を上げて回収して初めて収入となります**。ここに資金のタイミングのズレがあるのですが、これが運転資金借入れの原因となるのです（旅行業、宝石販売業など前受金を取る商習慣のある業種は除きます）。

7 会社の運営に関する様々なリスクと最終責任を負う

　資金回収のリスク、取引相手に対する賠償責任のリスク、従業員に対する不慮の事故のリスクなど、社長は実に様々なリスクを負っています。天災や事故によるものなど、社長に全く非がないものであっても経営者に責任がかかってきます。特に、取引先が破産して資金回収ができなくなった場合、サラリーマンであれば「仕事はちゃんとしたから給料を支払って下さい」と言えますが、経営者は自分が悪くなくとも、回収ができない限り仕事はしていてもお金にはなりません。このために自宅を担保に入れて借金をせざるを得なくなる場合もあります。ホームレスの姿を見て「明日はわが身」と思っている経営者の方は結構いらっしゃるのではないでしょうか。社長が債権の回収を口やかましく言うのはこのためです。

8 休み（自分の時間）は自分で決めることになる

　基本的に経営者に休みはありません。とはいえ、休みなしで仕事をする訳にはいきませんから仕事の合間を見て休みを取ることになる訳ですが、休みを取ること自体が自己責任の世界なのです。

9 社内の誰にも相談できない悩みを常に抱えている

　社長は会社内ではある意味絶対的な存在であるがゆえに、社内の誰にも相談することができない悩みを抱えています。例えば、「この前来てもらった彼（従業員）、どうみてもこの仕事に向いていな

いと思うんだけど、辞めてもらおうかな?」とか「今期は業績が今一つパッとしなかったし、資金が苦しいから暮れのボーナスは皆に我慢してもらおうかな?」というようなことです。これらは全て自分で答えを出すか、社外の人に相談して決めるしかないのです。⇒ **社長の仕事の大半は「決断すること」です**

10 いろいろつらいこと、苦しいことはあるが、サラリーマンに戻ることはできない

　殆どの社長の場合、一旦経営を始めるとつらい思いや苦しい思いはするけれどもサラリーマンに戻ることはできないといいます。やはり、自己実現の欲求が満たされ、成功するのも自分、失敗するのも自分ということにやりがいを感じるとやめられなくなるのかもしれません。

2 社長の仕事って結局、何ですか?

　ここまで、社長の境遇を通じて社長ってどんな人なのかということの共通点を確認してきました。ここで、もう一つ社長の仕事について共通点を見つけてみたいと思います。これにより、社長の進むべき方向性が明確になり、会計事務所とお客様の共通認識とすることで価値観を共有することができるでしょう。ここで3つの事項について考察してみることにします。

【考察①】社長の対外面からみた仕事を一言でいうと何ですか?
【考察②】社長の対内面からみた仕事を一言でいうと何ですか?
【考察③】社長が会社を経営する究極の目的って何ですか?

　もちろん、これらに絶対的な答えはありませんが、私なりに次のよ

うに考えています。

　考察①については、**応援してくれる人を一人でも増やす**ことです。「売上の確保」などとお考えの方もいらっしゃると思いますが、それよりも少し広く考えてみました。こうすると、売上が欲しいときの他にもいろいろ助けてくれる、という意味につながるからです。そのために社長は同業者団体の会合や異業種交流会、ボランティア活動など様々なところに顔を出して頑張っていらっしゃる訳です。

　考察②については、**お客様から頂いたものを社員に配分する**ことです。この「お客様から頂いたもの」というのは売上代金や報酬に代表される「お金」に限りません。お中元やお歳暮、お礼などとして頂いた「品物」もこれに該当しますし、お客様から頂いた「感謝の気持ち、お褒めの言葉」などもこれに含まれます。ここに挙げたものは全て会社の構成メンバーのエネルギーとなるものです。次のやる気につなげるためにもお客様から頂いたものは社長が独り占めするのではなく、みんなに配分することが社長の大きな仕事となるでしょう。

　考察③については頭を悩ませるところだと思います。これこそ、100社あれば100通りの目的があるように思われるからです。私が中学生のときには「企業の主たる目的は利潤の追求である」と習いました。しかし、この業界に入ってみて実務に携わるようになるとこの目的は果たしてオールマイティなのだろうか、と疑問を持つようになります。実際、私も「跡継ぎもいないし、年金だけでもやっていけるから本当は会社なんてやらなくていいのだけど、お客様と触れ合っていたくて儲け度外視、役員報酬ゼロでやっている」会社経営者を何人か見ています。このような方にとって「利潤の追求」という目的はしっくりこないな、と思った訳です。そこで、会社の本当の目的を数年にわたって考え続けました。ある時、数期連続赤字を出しておられる会社の若い社長が私のところに相談に来られ、こう言われたときについにこのことの答えに行きつくことになりました。社長、涙ながらに日

く、「坂野上さん、会社を助けて！私は会社を続けていけるんだった
ら何でもする！」と。そうです。**会社経営の究極の目的は「会社を継**
続すること」だったのです。先ほどのお客様と触れ合うためだけに、
という社長も会社を継続しないとお客様と触れ合うことはできませ
ん。私も今では、利潤の追求は会社の継続のための一手段だと思って
います。

Column 相手の立場で考えてみる

　お客様に感謝される会計事務所とする上で欠かせないのが、お客
様とはどんな人なのかを知る、ということです。孫子の兵法を引用
させて頂きましたが、「彼を知り己を知れば百戦殆うからず」とは
本当によく言ったものだと思います。会計事務所においては通常、
このような部分をあまり深く考えることはしないと思いますが、相
手に合わせて差し上げないと当然に良く思って頂けませんから、相
手が何を求めているのか、何をしたら喜ばれ、何をしたら嫌がられ
るのかを社長という千差万別なタイプの人たちの共通点を探って考
えてみました。ここでも、独立したての、又は近い将来に独立を考
えているご自身が何故独立するのか、独立したら取引業者にこんな
ことをして欲しい、こんなことはしないで欲しい、などと考えてみ
るとここで書いたことが腹に落ちると思います。

第3章
お客様とのコミュニケーション

1 社長とのコミュニケーションはどのようにすればいいのか？

　我々会計事務所の仕事に限らず、仕事をうまくこなすための必要条件に「お客様とのコミュニケーションを良好に保つ」というものがあります。お客様との接点がある仕事にはすべてこのことが当てはまるのではないでしょうか。社長が100人いれば100通りの性格や考え方がある訳ですが、前章で触れたような共通点があります。ここでは、社長の境遇を踏まえた上で、社長とのうまいコミュニケーションの取り方について順に探ってみることにします。

1 お客様は我々とのコミュニケーションを通じて何を求めていらっしゃるのか？

　お客様と我々は様々なコミュニケーションを取ることになりますが、お客様は我々とのコミュニケーションに一言でいうと何を求めていらっしゃるのでしょうか？まずはこのことをはっきり意識しておかないとお客様とのコミュニケーションが不安定になり、頓珍漢なものにもなりかねません。すると、「あの先生、話が通らなくて」とか、「いつも訳の分からないことをおっしゃる」などと言われるようになってしまいます。

　私がこれについて一言で言えと言われたら、迷わず安心を求めていらっしゃるのだと答えます。そうですよね。お客様は会計や税務のことについてそれほど深くご存知ではないのです。しかし、最終的にそこに辿り着く運命にある「企業経営」を日夜行っていらっしゃるのです。その中でいろんな疑問や不安を抱える場面があります。そのような時にプロである我々会計事務所の人間に「相談」し、プロと一緒に「考え」、「プロと一緒に出した結論を得ること」によって「安心」する訳です。これら一連のことを「頼りにされて

いる」と言うのではないでしょうか？その際に必要になるのは「**プロっぽさ**」です。我々が得意とする（？）「原則は○○だけど、△△という例外もあるから……」と、半ば逃げ道を打っておくような態度よりも「社長のお悩みの解決策を5つ、それぞれメリット、デメリットとともに申し上げます。一つは……」などと言い切り型の態度の方がお客様の安心度も高くなります。

「プロっぽさ」の具体例は後述するとして、ここからは相談を受けるときの具体的なあり方について考えてみることにしましょう。

② **誰かに相談に乗ってもらうとき、相談相手にどうしてもらいたいですか？**

先ほど、社長は社内の誰にも相談できない悩みを常に抱えていると言いました。相手を知りたければまず、相手の立場になってみることが近道です。ここで皆さんに考えて頂きたいことがあります。

問題

あなたが誰かに相談に乗ってもらうとき、その相談相手にどのように接して欲しいと思いますか？できるだけ具体的にたくさん書き出してみて下さい。

いかがでしょうか。私が社長の相談に乗る際には、自分がこうして欲しい、と思うことをして差し上げればよいという考えから、次

のことを念頭において臨んでいます。

(1) まず、聞くこと

　「相談の内容」と「どうしたいのか、どうして欲しいのか」を聞きます。こちらからはそれ以外、何も言わなくていいのです。**人間は口から言葉を発することでストレスを発散する動物です。**さらに、自分の口から出た言葉が自分の耳に入ることによって悩み事が整理されていき、自然に解決に向かうことさえあります。皆さんも悩み事を誰かに言っていくうちに解決策にたどり着いたという経験はないでしょうか？こちらはそれを時折あいづちを打ちながら聞いて差し上げるだけです。誰にでもできることですが、相談している側にとってはこれが一番有難いのです。

(2) 相手の悩みを分かって差し上げること

　相手の言うことを聞いたらそれに親身になって同調することです。こうすることによってより一層、相談者の悩みが解消に向かいます（悩みの共有化）。

(3) その悩みの解決方法の道筋をつけて差し上げること

　悩みごとや相談ごととどうしたいのかというご希望をお聞きし、同調して差し上げたところでいくつか質問を投げかけてみます。「○○なさりたいということでしたけど、××という方法を採られてはいかがでしょうか？」とか、「そういうことでしたら、私が△△という人を知っていますからご紹介しましょうか？」などといったものです。ここでのコツは「**解決策は言わない**」ということです。いろいろな選択肢を与えて差し上げ、その中から、またはそれらに関連して相談者の頭の中で最適解を選んでもらうのです。つまり、「メニューの提示に徹する」ということです。レストランでもメニューはおいしそうなものがたくさんあった方がいいですよね。最終的に食べるものは一つか二つでも、この内容と豊富さというのは大事です。そのために会話の

キャッチボールを行い、メニューの内容を充実させていくのです。この部分は少しレベルが高いですが、本当に親身になって差し上げようと繰り返しやっていると自然にできるようになります。

(4) こちらからの発言は短く的確に

上記(1)でも触れた通り、人間は「言う」ことについては大変得意なのですが、「聞く」ことについてはストレスを抱えます。相談者にはストレスを吐き出してもらうことになりますから、聞くという行為をこちらが強いることは必要最小限に抑えた方がいいということになります。特に説明っぽいものを長々と話すというのは逆効果となる場合が多いです。

以上をまとめると、(1)は聞くだけなので誰にでもできます。これは相談に乗る上で「マスト」の部分です。他方、「この人に相談してよかった」と思われるのは(2)と(3)の部分で、ここで差が出るのです。では、「この人に相談してよかった」と思って頂けるためのコツはどこにあるのでしょうか?

私は、**相談に乗る前から相手の悩みの本質がどこあるのかをあらかじめ知っておくこと**だと考えています。確かに社長が100人いれば100通りの個性があり、考え方があるのですが、社長の境遇には先述の通り共通点がありますから、悩みごとにも共通点があります。これを知っておくと、相談される側も突拍子もない相談をされるよりは気分がリラックスできますし、対応の仕方も変わってきます。

3 社長がいつも気にかけている3つのこと

社長が共通していつも気にかけている3つのことがあります。経営コンサルタントの和仁達也先生の言葉を拝借すると、それは、①<u>お金のこと</u>（会社のお金の流れが漠然としている不安）、②<u>人のこ</u>

と（立場の違いからくる危機感のズレ）、③<u>**漠然とした会社の将来**</u>（次のワクワクするビジョンが見えない不安）だそうです。

　売上や借入の返済など、お金のことについて悩まない社長はほとんどいないでしょう。また、従業員や人事についても同様です。従業員がいない会社でも「そろそろ従業員を入れようか」といったことも「人のこと」についての悩みです。また、人間が神様から与えられなかった能力の一つに「未来のことを見通す能力」というのがありますから、いつも会社の将来は漠然としているものです。

　私の経験上、社長から持ち掛けられた相談ごとや悩みごとの9割以上はこれら3つのいずれかに帰着しています。つまり、この3つのことをあらかじめ知っておくだけで社長の悩みごとを聞く姿勢が整ってしまうのです。社長からどんな相談を受けても「あ、これはお金のことについての悩みだな」とか「これは人の悩みだな」などと正面から受け止めることができるのです。この相談に乗る際の前向きなマインドを持ち合わせているのとそうでないのとでは相談をする側にとっても相談される側にとっても大きな差が生じます。

４ お客様が頼りがいを感じる「プロっぽさ」の具体例

　お客様に安心を与えるためにプロとしてのコミュニケーションのコツをいくつか見てきましたが、ここで改めて「プロっぽさ」の具体例をご紹介します。

お客様が「頼りがい」を感じる行動

　①相槌を打ちながら身を少し乗り出して親身に聞く

　②時折、軽い直球の質問を入れる（それは○○っていうことですね、それでは××なさりたいんですね、具体的にいうとそれは何ですか、など）

　③真剣な表情になる

④下手な提案は絶対にしない

⑤自分の知識・経験では分からない場合、そのことをはっきりと
　お客様に伝え、後日（期限を切って）結果をお伝えする

⑥はっきりした声で話をする

⑦（意味が通じる程度にわざと）専門用語を少し織り交ぜて話を
　する　など

　いかがでしょうか？これらの行動にはある種のリーダーシップが
見て取れるような気がしませんか？お客様は頼りになる相談相手を
求めているのです。それに応えるために、最低限、このような態度
を取る必要があります。

　ここで、⑥の「はっきりした声で話をする」の補足をさせて頂き
ます。はっきりした声で話をするのは何故かというと、伝えるべき
内容を間違いなく明確に伝えるためなのですが、もう一つ、自信を
持って発せられた言葉のように聞こえるので、相談者に勇気と前向
きな気持ちを与えることができるためでもあるのです。ここで、自
信ありげに聞こえる日本語の話し方のコツを申し上げます。

　日本語は語尾に特徴があると言われます。「○○する・○○しな
い」や「△△できる・△△できない」など語尾までしっかり言って
初めて意味が通じるのです。ですから、**お客様に話す言葉は語尾を
特に意識してはっきり言うと自信を持って発言しているように伝わ
ります。**一人でいる時でかまいませんから、一度やってみるとよく
分かります。

　また、逆に、NGとなる例を挙げてみます。

お客様が「頼りがい」を感じない行動

①相手の話を聞くより先にこちらがしゃべる

②多弁になる

③嫌な顔、自信なさげな顔をする

④思いつきの提案をする

⑤ぼそぼそとした声で話をする

⑥逃げ腰になってしまう　など

　特に、⑥などはごまかしたくても聞いている方はすぐに分かりますから注意が必要です。

2 社長とうまくコミュニケーションを行うためのスキル

1 社長とのコミュニケーションはこの 4 つの前提で行う

　はじめに、社長とのコミュニケーションについていくつか前提を作っておきます。社長はご自身の財産が明日、なくなるかもしれないという覚悟で経営に臨んでおられます。中にはずぼらな社長、いい加減な社長もいらっしゃいますが、事業に失敗すれば皆、明日から破産者という運命です。このような生き方を選び、日々、経営に励んでいらっしゃる社長とのコミュニケーションは通常のビジネスシーンでの会話と原則的には同じですが、社長特有のお悩みについての相談が多いというところに特徴があります。これを踏まえて次のことを頭に置いて進めていきたいと思います。

(1) 会話は必ずキャッチボールで⇒質問のスキル

　会計事務所の人間と社長の関係はある意味、先生と生徒の関係に似ているところがありますから、大学の授業のように一方通行の会話を行う人がいらっしゃいます。確かに、会計や税のことについては我々会計事務所の人間は専門家ですから、説明をする場面は出てくるのですが、だからといって一方通行にしてしまうと、社長の意図するところとはずれてしまい、頓珍漢な話に終始することがあります。これは双方にとって時間のムダですし、有益なコミュニケーションとはいえません。会話は必ずキャッチボールで行うようにします。

　例えば、社長に「役員給与の損金不算入について説明してよ」と言われたとします。これについていきなり法人税法第34条の内容をつぶさに説明し始めるのはいかがでしょうか。おそらく社長は自身の会社の役員給与についてお聞きしたいと思ってそう質問されるのでしょうが、それについて平べったく一般論を説明し、社長の興味にそぐわない（会社に関係ない）ところを延々と説明されても社長の頭の中は「？？？」でしょう。これは一方通行の会話の典型例です。では、どうすればよかったのでしょうか？この質問が3月決算法人の社長との決算の打合せ（5月）で出たという前提で、私だったらこうします。

私　「あ、社長の会社で何かなさりたいことがあるんですね？」

社長　「うん、そうなんだよね。今年の10月から年金がもらえるようになるんだけど、今までのような金額で役員報酬を取っちゃうと年金がカットになるらしいんだ。そのカット部分を少しでも少なくしたいと思ってね。」

私　「あ、そういうことだったんですね。年金のことは専門外なので細かいことまでは分からないんですが、月々の給与をどのくらいまでにすればよろしいでしょうか？」

社長　「うーん、送られてくる資料などを見てると大体20万円くらいまで下げたいんだよね。」

私　「そうなんですね。もし20万まで下げたら年収240万円になりますが、それで生活の方は大丈夫でしょうか？」

社長　「うーん、ちょっと厳しいな。できればボーナスがあるといいんだよね。」

私　「分かりました。社長の会社は7月と12月に従業員さんにボーナスを支給しておられますから、これと同時期に社長にも賞与を支給する旨の届出書を今のうちに出しておけば税務上は経費にすることができます。ただ、このことが年金の受給額にどのよ

うな影響があるかは分かりませんから、社会保険労務士の先生に
も一度確認なさった方が宜しいと思います。」

　いかがでしたでしょうか？単に「説明してよ」と言われて正直
に説明を始めると一方通行になりますが、この例のように会話の
やり取りをしていけば双方向のキャッチボールになります。こち
らの方が会話の方向がぶれずに済みますし、社長の知りたいこと
にアジャストし続けながら進めることができます。さらに、「説
明してよ」と言われているのに、法人税法第34条の内容はほと
んど出てきませんね。それでも社長から要求されている内容は外
れていません。では、どのようにすれば会話はキャッチボールに
なるのでしょうか？私のセリフの共通点を探してみて下さい。

　最後の部分以外は全て質問で終わっていますね。人間の頭は**質
問されるとその答えを無意識のうちに探し出す**という習性を持っ
ています。これを利用して、**相手の次の会話を引き出している**の
です。これを私は「<u>質問のスキル</u>」と呼んでいます。社長との会
話は質問によりキャッチボールで進めていくことを第一の前提と
します。

(2) 専門用語と曖昧な表現は避ける

　専門用語を避けるということについては論を俟たないと思いま
す。我々も健康診断の結果をお医者さんから専門用語だらけで説
明を受けているときのことを想像するとすぐに分かります。最初
のうちは「そうですか、○○の数値は少し低すぎるんですね」な
どと会話が成立していますが、そのうち分からないことだらけに
なって疲れてしまい、いちいち尋ねたりしなくなります。お医者
さんに「分かりましたか」と言われたら、本当は分からないのに
面倒な会話を避けたいとの一心で「分かりました、有難うござい

ました。」と言うのです。

　これって、我々にも心当たりはありませんか？お客様の「分かりました。」はひょっとすると分かっていらっしゃらないのかもしれませんね。こういったことを避けるために、**中学生にでも分かるくらいの表現**を心がけましょう。例えば、我々がよく使う「損金不算入」をどう伝えますか？「売掛金」をどう伝えますか？これを中学生にでも分かるくらい普通の言葉で説明するとなると結構頭を使うということが分かると思います。ちなみに、私はこのように言い替えています。「損金不算入」は「税金の計算において経費にならない」、「益金」は「税金の対象とされる収入」、「売掛金」は「商品を引き渡した（仕事が終わった）けど、まだ、もらっていない代金」、「所得」は「税金の計算上のもうけ」などなど。ここで注意したいことを一つ。「益金」の言い換えにおいて「収入」と言いました。これは本当は収入ではなく「収益」なのですが、「収益」自体、専門用語ですから、多少のズレはある概念でも相手に理解しやすい「収入」をあえて使うのです。完全な正確性よりも相手の理解しやすさの方を優先すべきです。

　もう一つ、曖昧な表現は避けるようにします。会計や税法は世の中の全ての取引を網羅したものとしなければならないため、あえて明確にせずに、原則的なことだけを記載してあとは解釈で……ということが多いです。我々はそのような世界で仕事をしていますから、ついつい曖昧な表現になりがちですが、社長は曖昧なことを求めているのではありません。特に意思決定に影響を及ぼすようなことについては、最後まで言い切ることを意識しましょう。曖昧な表現となりがちなのは、Ａというやり方とＢというやり方があってどちらがいいのか、という相談があったときです。この場合、どっちつかずになるような表現は避け、「Ａのメ

リットとデメリットについてご説明しますね。」「Bのメリットと
デメリットについてご説明しますね。」と前置きしてそれぞれ説
明します。ここまで明確に言って差し上げれば選択はしやすいで
しょう。社長の要求されるコミュニケーションは確保することが
できると思います。社長との会話では専門用語と曖昧な表現は避
けることを第二の前提とします。

(3) 社長に「教える」ことはしない

　社長は「教えられること」「上から説明されること」が何より
嫌いです。自身の財産上のリスクを取り、自分の判断で企業経営
を行っている社長は人に指図されることなく仕事をなさりたいの
ですから、このことは常に我々の頭の中に叩き込んでおきたいと
ころです。

　しかし、社長は我々に会計や税務の専門的な知識や知恵を求め
て来られますので、教えちゃダメと言われるとどうすればいいの
か悩んでしまいますね。では、どうすればいいのでしょうか？こ
こでは、説明することを2つに分けて考えます。一つは、単な
る取扱いや法律などの説明で、もう一つは意思決定に関するヒン
トの説明です。

　前者については簡単で、「上から教える」ということをせず
に、敬意をもって丁寧に説明すればいいのです。テニスコーチが
プレイヤーに接するようなイメージでしょうか。

　問題は後者です。我々にはこうすればうまくいく、ということ
が経験上分かっていてもそれを「教えては」ダメです。社長はこ
れを嫌うのです。では、どうするか？**「気づいて頂くよう導いて
差し上げる」**のです。どうやって？先ほど出てきた**質問のスキル**
がここでも威力を発揮します。次のような会話例を参考にしてみ
て下さい。

社長　「18万円のパソコンを買おうか、25万円のパソコンを買お

うか迷ってるんだよね。税金のことを考えたらどっちがいいのかな?」

私　(この時点で、この会社の経営成績は分かっていますから即答することもできるのですが)「そうなんですね。今期は確か、まとまった利益が出てますから、法人税のことを考えると、っていうことでいいですか?」

社長　「そうなんだよね。なるべく利益を小さくしたいんだ。」

私　「そうですよね。まず、税金の前に確認しておきたいのですが、18万円のパソコンを買ったとして、機能は十分ですよね!?」

社長　「うん、それは大丈夫。25万円の方はどちらかというとオーバースペック気味なんだよね。」

私　「分かりました。では、税務上の取扱いについてですが、18万円のパソコンについては、3つの処理の仕方があります。一つ目は普通の減価償却をする方法。これだと耐用年数の4年にわたって少しずつ経費にしていくことになります。固定資産税の課税対象になります。二つ目は一括償却資産といって、3年間にわたって3分の1ずつ経費にしていくやり方です。固定資産税の課税対象からは外れます。三つ目は青色申告している中小企業の特典で、事業に使い始めた事業年度で全額経費にすることができます。ただし、この場合も固定資産税の課税対象となります。」

社長　「ふーん、そうなんだ。で、25万円の方は?」

私　「20万円を超えるものについては一括償却資産が使えませんから、普通の減価償却か、中小企業の特典のどちらかですね。」

社長　「うーん、そうなんだ。中小企業の特典っていうのは全額経費にできるけど、固定資産税がかかってくるんだね?どれくらいの負担になるんだろう?」

私　「そうですね。これも4年(実際には除却するまで)にわ

たって評価を下げながら毎年1.4％前後課税されますから、大体、毎年２千円には収まるんじゃないでしょうか。」

社長　「そうか、それなら固定資産税のことはあまり考えなくていいね。あとは18万円のを買うか、25万円のを買うかだね。経費になる分が大きくなるから25万円のにしよう。」

私　「どちらにするかは社長のご判断ですが、確かに25万円のにした方が税額は安くなりますが、いらない機能に７万円ものお金をかけるのも少しもったいないような気がしますけど、大丈夫ですか？」

社長　「うーん、そう言われれば……。どうしたらいいと思う？」

私　「７万円高いパソコンを買うことによって安くなる税額はおよそ２万円ですから、それを参考にしてご判断頂ければと。」

社長　「えっ、そうなんだ。税金を２万円安くするために７万円使うっていうのは何かばかばかしくなってきたな。」←**気づき**

私　「そうですか、私も同感です。では、18万円のパソコンを買って、それを今期で全額経費にするということで進めていきましょう。」

　社長には教えることは避けて、質問のスキルを駆使しながら気づいて頂くということを第三の前提とします。

(4) 解決策は社長の中に既に用意されている

　コンサルティングやコーチングのスキルでもよく言われることですが、解決策は相談者である社長の中に既に用意されているのです。相談相手である我々はそれをうまく引き出し、社長に実際の行動に移して頂くことが我々の仕事です。ここまでいくつか会話例を出してきましたが、何となくそのようなことがお分かり頂けると思います。細かいことは後述しますので、ここでは、社長の中に既に存在している解決策をうまく引き出して差し上げ、実際の行動に移して頂くことを第四の前提とします。

　これら4つの前提により、お客様に求められる「プロ」「頼りがい」ということを意識しながらコミュニケーションのスキルを紹介します。

② プロっぽく伝えるための工夫1（伝聞調）

　社長は上からモノを教えられることを嫌います。単に取扱いや事例などを説明する際に、どうすればこのような事態を避けることができるのでしょうか？

　それは「モノを教えてあげる・与えてあげる」のではなく、「誰かから聞いたことを社長に伝えて差し上げる」というスタンスで接する、というのが答えです。つまり、**伝聞調でものごとをお伝えする**のです。例え、自身が以前から知っていて、誰に教えてもらった訳でもない場合でも伝聞調にするとすんなりと受け入れてもらえます。「○○というふうに言われています」「○○とお聞きしました」「○○ということのようです」などと言うと上からモノを教えるのではなく、同じ目線の高さで右側の人が左側の人に伝える、ということになりますから社長も違和感なく受け入れることができるのです。この伝聞調は意識して多用することをお勧めします。

③ プロっぽく伝えるための工夫2（敬語）

　皆さんも敬語をさらりと使うことができる人に出会ったことがあるでしょう。そんな人の会話をどう思いますか？堅苦しいとか、ちょっと自分とは違う人とか感じられたかもしれませんね。しかし、相談される仕事をしている人がこのように敬語をさらりと普通に使うことができると説得力が増します。つまり、お客様にそれだけ大きな安心感を与えることができるのです。となれば、これを使わない手はないでしょう。

　敬語には一般に三種類あるといわれています。すなわち、「尊敬

語」「謙譲語」「丁寧語」です。このうち、特に説得力に直結するのは「尊敬語」と「謙譲語」です。この二つの特徴を簡単に説明すると、尊敬語は相手を自分より高めて表現する言葉で、**主語は自分（自分の側）以外の人**になります。謙譲語は逆に自分を相手や一般の人より低めて表現する言葉で、**主語は自分（自分の側）**になります。

　私がお客様に対してよく使う敬語には次のようなものがあります。

尊敬語

・おっしゃる（言う）

　（例）「社長が今おっしゃいましたように……」

・ご入り用（必要とする）

　（例）「明日、決算書をお届けしますが、何部ご入り用ですか？」

・ご存知（知っている）

　（例）「よくご存知ですね」「○○のこと、ご存知でしょうか？」

・いらっしゃる（来る）

　（例）「奥様がいらっしゃいました」

・尋ねる（問う）

　（例）「また、分からないことがありましたらお尋ね下さい」

謙譲語

・申し上げる（言う）

　（例）「このことにつきましては私の方から申し上げます」

・差し上げる（与える）

　（例）「よければ、このメモ、差し上げますよ」

・存じ上げる（知っている）

　（例）「すみません、その人のことは存じ上げません」

・伺う（行く）

　（例）「明日の14時にお伺いしても宜しいでしょうか？」

《参考》敬語の用法の2大NG集

(1)尊敬語と謙譲語を間違えること

　　尊敬語は動作の主体を高める表現となりますから、主語は必ず自分以外の、例えば、あなたなどになります。「あなた」がおっしゃるのであり、ご存知な訳です。これに対して謙譲語は動作の主体を低める表現ですから、主語は必ず自分になります。「私」が申し上げるのであり、存じ上げるのです。これを逆にすると失礼極まりない表現となります。「あなたが申し上げる」というと、下に位置するあなたが上に位置する私に対してうやうやしく発言を行い、それを私はあたかも苦しゅうない、とばかりに聞くといったようなことがイメージされる表現となるのです。また、「私がご入り用」というと、上に位置する私が必要としているのだから下に位置するあなたが持ってよこせ、というようなイメージになります。いずれも立場が逆ですね。相手から敬語で「ご入り用ですか？」と聞かれたときに「はい、ご入り用です」などととっさに返してしまうことがあると思いますが、気を付けたいものです。

　　ただし、「申し付ける」や「申し出る」「申し込む」は一見、謙譲語のように見えますが、用例上、相手が主語のときに使ってもOKです（特に「申し付ける」は尊敬語なので自分が主語のときには使えません）。

(2)二重敬語を使用すること

　　一つの動作に敬語を重ねて使うと一見、丁寧なように思えますが、実は嫌味となります。そこまで丁寧な言葉遣いは例えば帝に奏上するような特殊な場合ならまだしも、帝でない一般の人に帝に対するときのような言葉遣いをするのは現代語でも嫌味として捉えられますね。よくやるのは「社長が今おっしゃられたように……」というやつです。「おっしゃる」と「られる」が二重になっていますね。正しくは「社長が今おっしゃったように……」です。気を付けましょう。

4 プロっぽく伝えるための工夫3（その他キラーワード）

　さらに皆さんがお客様に寄り添った形となり、お客様に「この人の話、もっと聴きたい」と思って頂けるような言葉をランダムに紹介します。

▶ **残念ながら……**

　我々会計事務所は税法などの法律に沿って仕事をしていますから、お客様のご要望を叶えて差し上げたいのはやまやまなんだけど、そうはできない決まりになっている、ということをお伝えしなければならない場面は時々出てきます。このようなときに「これは決まりですからダメです」とか「法人税法でそれは経費にならないことになってますからムダになっちゃうんですよね」などとやってしまうと角が立つ言い方と捉えられる向きもあるでしょう。では、どうすればこの相手の意向に反することをすんなりとお伝えすることができるのでしょうか？それは、相手の側に立って話をする、というのが答えです。つまり、**「残念ながら……」を前置きする**のです。すると、「本当はあなたのご要望通りにして差し上げたいんだけど、八方手を尽くした結果、ダメだったということをお伝えしなければならなくなりました。残念です……」といったニュアンスとなり、お客様の側に立ってご説明していることになります。前半で示した例はお客様と相対する側から説明しているのがよく分かると思います。言葉一つで自分の立ち位置ががらりと変わり、お客様の印象も随分変わりますから、相手の意に反することを言わなければならないときは必ず「残念ですが」もしくは「残念ながら」を前置きして下さい。

▶ **と、おっしゃいますと？**

　これは相手がどんな方向性で話を進めたいと思っているのかを確認するときに使うと便利な言葉です。相手の意向確認ができないまま話を進めてしまうと肝心なところで頓珍漢なことを言って

しまい、話がかみ合わない、時間のムダ、というのは避けたいところですから、時折、この一言で確認しながら話を進めていくと方向性を誤ることなくコミュニケーションできることになります。また、この言葉は「**あなたの言いたいことを喜んで聴きますよ**」ということの意思表示なので、言う方も話しやすくなります。

▶**おっしゃる通りです**

　相手の発言を肯定的に受け止めたということを伝える言葉です。人間誰しも自分の言ったことを否定されるとムッときますが、肯定されて嫌な気分になることはありません。あいづちを打つときにこの言葉を添えるとその後のコミュニケーションがスムーズに取れるようになるでしょう。

▶**いい方法がありますよ**

　これは、お客様に期待されている「**税のプロフェッショナル**」を感じさせるための一種のキラーワードです。なぜなら、お客様は「オーダーメイドの、自分のために特別に用意されたウルトラＣのような解決策」を求めていますが、この言葉は正にこれからその期待されているものを出しますよ、という前置きとなるからです。また、この言葉の前置きに続く解決策や提案事項は迷っている相手の背中をそっと押して差し上げるという、決断を促す効果があります。

⑤ お客様を納得に導くのは「プロだからこそ知っている事例」を紹介すること！

　人間誰しも自分の未来は分かりませんから、意思決定で迷っているときに頼りにするのは「過去の類似事例とその結果」です。ところが、お客様は他の事業者の取引や意思決定プロセスは分かりませんから、こういうときに会計事務所が過去の類似事例を紹介すると

大変喜ばれます。また、これによりメリットとデメリットが明確になり、決断を促す効果があります。やはり、人間の意思決定には「納得」が不可欠であり、過去の類似事例ほどこの「納得」に近づけるものはありません。プロだからこそ知っている事例というのは、プロっぽさを強く感じて頂けるとともに、お客様の感謝に直結する大事な武器です。ただし、守秘義務に注意が必要なのは言うまでもありません。

⑥ さらにお客様とのコミュニケーションでマインドを強く持つコツ

　これはお客様との会話の準備をするということですが、お客様との会話でビクビクするとしたら、それは「何を言われるのかな」「分からないことが話題になったらどうしよう」という心理が働くからです。これについて備えをしておきましょう。すなわち、**会話の内容を予想し、「こう言われたらこう言う」と決めておくの**です。これにより、事前に心の中でお客様との会話をシミュレーションすることができます。このことはすごく大事なことで、お客様と会話するためのマインドが形成された状態で会話するのと、そのマインドがないままに会話するのとでは話し方、話の内容、印象ともに大きく異なることになります。

　そこまでやってもさらに困るのが、「想定外」の話題になったときです。このときには大体、言うことを決めておくといいです。しかし、決して軽く流すという意味ではなく、あくまで、お客様と対立する側に立つことなく、同じ側に立っているということを感じてもらえれば大事には至らないでしょう。

▶私の「こう言われたらこう言うと決めていること」

　・こんなにお金のやり繰りに苦労しているのに、どこに利益が出てるって訳？

　⇒**お気持ちはよく分かります**。それ、よく言われるのでちょっ

と説明させて頂きますと、利益は出ているのに資金は増えてないっていうときは、その利益の行き先は実は4つしかないんです。①売掛金が増えているか、②在庫が増えているか、③設備投資をしたか、④借入金の返済に充てられたかのどれかです。**中小企業の場合、利益が借入金の返済に充てられることが多いので、つらいんですよね。**

・私たちがこんなに苦労して払っている税金ってどうせ無駄遣いされてるんでしょ?

⇒そういう話も聞きますよね。まぁ、我々は市民の**義務を果たした**上で無駄遣いの指摘や改善要求をしていくという、地道なことをやっていることになるんでしょうね。

・税務申告なんて、バレなきゃいいんでしょ?

⇒うーん(困)。結果的にバレないということもあるかもしれませんけど、ウソをついたらバレないようにするためにさらにいろんなウソを考えないといけないことになりますからねぇ。向こう側(税務署)も反面調査などいろんな権力や情報網を駆使してきますので。その後の信用のことも考えると、「**損して得とれ**」の精神で、こんなところまで細かくやってるんだということが分かるようにしておくのがベストだと思いますよ。

・お宅さんたちはいいねぇ、不景気でもちゃんと報酬がもらえるんだから

⇒いえいえ、お蔭さまで何とかやらせて頂いております。お客様の仕事は今後も精一杯やらせて頂きますので宜しくお願いします。

・お宅らはお客さんの味方なの?税務署の味方なの?

⇒我々は基本的に作成した決算書や申告書の間違いを税務署に指摘されたらそれに対して様々な答弁を行います。これは、お客様の味方だから、ということもあるのですが、どちらかとい

うと自分が作成したものだから、という部分が強いです。ですから、作成時にいろいろ厳しいことをお客様に申し上げることもありますよね。それは、このような処理をすると税務署に対して説明がつかなくなると思われることを先につぶしておきたいからなのです。申告書の作成時は税務署の目で見て作り、税務調査時にはお客様の目で説明するというところが事実でしょうか。

⑦ 一日も早く「頼りになる存在」となるためのコツ

開業したて、又はこれから開業を考えようとする皆さんは一日も早くお客様や見込み客の「頼りになる存在」となって活躍したいと考えておられると思います。そのために是非、実行して頂きたいコツがあります。

それは、周りの諸先輩方の中から尊敬することができ、頼りがいのある人（なるべく身近にいる同業者の方がいいです）を一人ピックアップし、その人になりきってしまうというものです。常日頃からその人の真似をすることによって、お客様から不意に相談があったときでも「あの人だったらこんな時、どういう対応をするのかな」ということを想像し、なりきろうとすれば、実経験以上にしっかりしている人と見られるでしょう。それが自信につながり、コミュニケーションスキルがさらに上達していくのです。お客様に「私もプロですから」とさらりと言うことができるようになればお客様の安心度も飛躍的に高まり、もはや達人の域です。ここまでくればお客様との信頼関係はかなり堅固なレベルで構築されているといえるでしょう。

3 お客様とのコミュニケーション事例集（基礎編）

Q1 どうやったら売上が伸びるの？

　これは、社長の3つの悩みの一つである「お金に関すること」ですね。これについて悩まない社長はほとんどいらっしゃらないでしょう。

A1 売上は経営の中でも最も大きな課題の一つです。会計事務所はお客様の仕事分野のプロではありませんから直接的なアドバイスには限界があります。しかし、会計事務所は様々な業種・業界の取引を事例として持っていますから、お客様の役に立ちそうなものをご紹介して差し上げると喜ばれるでしょう。

　売上アップの方法は実にいろんな考え方がありますが、一つ例を挙げるとすれば、一般に「売上は掛け算で表される」といわれています。つまり、「**売上＝客単価×客数×リピート率**」というものです。こう考えると、売上アップのあらゆる手段は「**客単価を上げる**」「**客数を増やす**」「**リピート率を上げる**」のいずれかに**帰結している**ことになります。これら3つのうち1つが1.5倍になり、他の2つが据え置きであれば売上は1.5倍になります。3つとも1.26倍になれば売上は2倍（1.26の3乗）になります。お客様への説明は次のように行うといいでしょう。

　「この前行ったコンビニで700円以上買った人にスクラッチくじでおまけが当たる、ってのをやってました。これって3つの対策のうち、どの対策でしょうかね?!」（客単価）

　「私が行っているジムでは年に何度か『お友達紹介キャンペーン』をやるんですよ。紹介した方とされた方の両方に景品がもらえるんですが、これって3つの対策のうち、どの対策でしょうかね!?」（客数）

「この前、２年ぶりくらいに行ったラーメン屋さんで会計の時に、次回お使い下さいということで150円割引券をもらったんですよ。これには使用期限があって、半年くらいしか使えないみたいでした。これって３つの対策のうち、どの対策でしょうかね?!」（リピート率）

「この３つの例を挙げましたが、社長のところではどんなことができそうですかね!?」

いかがでしょうか。我々会計事務所は経営コンサルタントでもその道のプロでもないのですが、逃げ腰にならずにこうやってヒントを与えるだけでもお客様の有難味は違うのではないでしょうか。売上アップの方法は星の数ほどあって、頭の中が整理できなくなりがちなのですが、こうやって３つに整理すると絞りやすくなると思います。なお、補足として次のことを付け加えるとさらにお客様の納得を得やすいでしょう。

「この３つには実は、優先順位があって、一番後にした方がいいものが１つあるんです。どれだと思います？」

「実は、客数対策なんですよ。売上アップ＝新規顧客数の増加と考えがちですが、実は違います。客単価とリピート率の対策は既存客に対して行うものですが、客数対策は見込み客に対して行うものです。すでにお客様になって頂いている人に対して行うアクションと、これから関係性を構築していかなければならない人に対して行うアクションはどちらが効率的でしょうか？」

この質問には「会計事務所はその道のプロではないため出過ぎたことは言わない」ということと「親身になって役に立つ情報を差し上げる姿勢を見せる」ということが大事と考えます。

Q2 ┃ 最近、いい業種ってある？

A2 ┃ 以前は業種全体で良くなったり悪くなったりしていた時期も

あったようですが、最近は産業全体が悪くなりつつある傾向にあります。お客様も経営に苦しいですからこのような質問はよく頂くのですが、「ある業種全体がいいということはなくなってきましたね」とお答えすることにしています。「ただ、個々の会社を見ていくと不況の○○業界といっても独自色を出して頑張っておられる会社さんもありますよ。例えば……」などと続けます。この質問に対する答えは事実をお伝えするというよりもお客様に元気になって頂くことが目的ですから、うまくやっていらっしゃる会社の実例を守秘義務に注意しながらご説明すると思わぬヒントがお客様にもたらされるかもしれません。独創的なアイデアを持っているお客様の事例は他のお客様の元気にもつながるのです。

Q3 個人と法人、どっちでやるのがいい?

A3 個人事業者が法人成りする際の理由については様々ありますが、概ね次の6つに要約されるようです。これらを総合的に判断して選ぶのがいいでしょう。

(1) 法人の方が個人より社会的信用を得やすいから（見栄を含む）

　個人事業者は社長に万が一のことがあったら社長個人としての取引は終了してしまいますが、法人は関わっている人が複数いる（一人会社もできるようになりましたが）というイメージが根強いため、そのうち一人に万が一のことがあっても会社そのものがなくなる訳ではなく、比較的信用を得やすいというところがあります。金融機関からの融資も個人事業者よりも法人の方がなされやすいと言われています。

(2) 従業員を社会保険・厚生年金に加入させたいから

　個人事業者は業種や規模によっては社会保険の適用事業所になるのが困難となる場合もありますので会社にして適用事業所

となり従業員を社会保険・厚生年金の被保険者とするといった福利厚生のためということです。

(3) 事業承継をしやすいから

　個人事業者の場合にはもし自分に万が一のことがあったらその事業承継について悩まされるところですが、法人にしてしまえば事業承継は株式を通じて比較的簡単に行うことができます。

(4) 決算日を任意に決められるから

　個人事業者であれば強制的に12月31日で決算となるのに対し、法人では任意に決算日を決めることができます。例えば、在庫が少なくなる時期や仕事が一段落する頃を見計らって決算を行うことができるということは大きなメリットといえます。

(5) 事業用の財産と家事用の財産を明確に分けて管理したいから

　個人事業の場合、事業用のものと家事用のものの明確な区分はしにくいこともあります。そこで、事業用のものは全て会社のものとして管理することによりこの区分をはっきりさせたい、というものです。

(6) 節税のため

　社長自身の給与を損金算入することができ、社長個人においてももらった額そのものに課税があるのではなく、給与所得控除がありますから全体的な税負担が軽減されることになります。また、社長自身や家族従業員への退職金も損金算入が認められていること、一定の生命保険料も損金とすることができることなどについては税の取扱いを考えるとメリットは大きいと言えます。資本金を1,000万円未満に抑えておけば設立最大2年間は原則として消費税が免税になることも見逃すことができないでしょう。この場合の一つの法人成りの目安として、(個人には少額しかかかってこないが法人にはまとめてかかってく

る）法人市県民税の均等割と（個人事業者にはまともにかかって
くるが法人ではコントロールが効く）個人事業税の額を比較
する方法などがあります。

Q4 廃業を考えているんだけど……

A4 残念ながらお客様が廃業を考えるケースは年に何度か遭遇しま
す。社長が年金をもらうようになられ、仕事に対する情熱がなく
なってきた場合とか、跡継ぎがいなかったり利益が出なくなって
きたりしたためやめられるうちにやめる場合などがこれに該当し
ます。

　廃業を口にされるということは、決心は既に固まっていらっ
しゃると思われますから、その背景をお聞きしながら、会社組織
でやっておられたのであれば会社を清算するのか売却されるの
か、その後の社長の生活資金の手当はどうするのかなどいろんな
相談に乗って差し上げるといいでしょう。

　長い間お世話になったお客様ですから、感謝の心だけは忘れず
に接したいものです。

Q5 月いくら売上を上げればうまくいくんだろうか

A5 月（又は一年）いくら売上があれば損益がトントンになるのか
という売上金額のことを損益分岐点売上といいます。また、収支
がトントンとなる売上金額のことを収支分岐点売上といいます。
どちらも経営分析のイロハの部分になりますが、大変重要な考え
方ですし、お客様もこの当たりのことをアドバイスして欲しいと
思っておられます。是非、この考え方をマスターしておきたいも
のです。

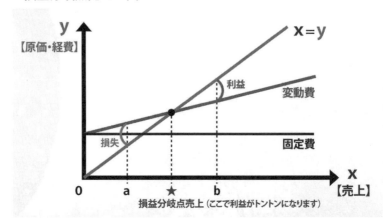

<損益分岐点売上の図>

《損益分岐点売上の計算》

(1)まず、費用・損失を変動費と固定費に分類します。変動費というのは、売上が計上されるにつれて比例的に発生する費用のことをいいます。ですから、売上がゼロであれば変動費もゼロとなります。例を挙げると、売上原価や外注費、運送業の燃料費などがこれに当たります。固定費というのは、変動費以外の費用・損失のことをいい、売上があってもなくても生じるものがほとんどです。支払利息、減価償却費、リース料などが代表例です。人件費は一般的に固定費ですが、売上と比例的な関係にあり、売上がゼロのときには人件費もゼロとなる場合には変動費に含めることもあります。

(2)売上から変動費を差し引いて限界利益（言葉は難しいですが、粗利益のことと思って下さい）を計算します。そして限界利益の売上に対する割合（限界利益率；粗利率と思って下さい）を計算します。売上が100で変動費が60であれば限界利益は40、限界利益率は40%です。

(3)固定費の合計額を計算します。

(4)固定費の合計額を限界利益率で割るとそこが損益分岐点売上で

す。例えば上記(2)の例で固定費が320であれば損益分岐点売上は320÷40%=800となります。つまり、800の売上があって初めて損益がトントンとなり、これ以下だと損失が発生することになります。逆に、売上が800を超えるとその超えた分×限界利益率の利益が計上されることになります。

《収支分岐点売上の計算》

収支分岐点売上は損益ではなく、お金がうまく回っていくための売上を計算するものです。基本的な考え方は損益分岐点売上と同じなのですが、損益と収支の違いは大きく分けて2つあります。それは、「減価償却費」と「借入金の返済元本」です。

減価償却費は費用には違いありませんが、支出は過去に終わってしまっているため、「お金が出て行かなかった費用」ということになります。ですから、収支計算には関係のない項目です。逆に借入金の返済元本については支出はしているけれども損益には出てこない項目ですから「費用にならなかった支出」ということになります。ですから、収支分岐点売上を考えるときは損益分岐点売上にこの2点の修正を加えてやればいいことになります。

(1)損益分岐点売上の計算同様、まず費用と損失を変動費と固定費に分類し、限界利益率を求めます。

(2)固定費から減価償却費を差し引き、借入金の返済元本を加えたものを計算します（これを「固定支出」と呼ぶことにします）。

(3)固定支出を限界利益率で割ったものが収支分岐点売上です。

「減価償却費＜借入金の返済元本」という状態であれば「利益は出ているけれどもお金は返済に流れて苦しい経営」ということになります。

Q6 ┃ 経費の削減ってどこから手をつければいいの？

A6 ┃ 経費削減は大きく分けて2つあり、変動費の削減と固定費の
削減ということになりますが、これらの性質は大きく異なりま
す。まず、変動費の削減は限界利益率を向上させますから会社の
利益体質を変化させます。これにより売上が上がれば上がるほど
多額の利益が残るようになりますから、いわば攻めの経費削減と
言えるでしょう。材料の値下げ要請、副資材（梱包材などの消耗
品）などの合理化、運送費など流通コストの見直しなどがこれに
該当します。

　一方、固定費の削減は損益分岐点売上を低くしますから、利益
トントンとなるハードルが下がることになります。これにより売
上が落ちてきたときにも利益を確保することができるようになり
ますから、いわば守りの経費削減と言えるでしょう。人件費や借
入利息などの効率化がこれに該当します。

　経費削減の優先順位はケースバイケースですが、概ね次のよう
になると考えます。
①やりやすいもの
②やると大きなコストダウン効果が期待できるもの
③自社だけでできるもの
④その他

Q7 ┃ 助成金について教えて

A7 ┃ 助成金や補助金というのは貸付などとは異なり、返済の必要の
ないものをいいます。つまり、もらえるお金です。助成金や補助
金は実に様々なものが用意されており、所轄機関も様々です。主
に雇用、経営安定、創業、技術開発などを促進するために設けら
れているものが多く、それぞれに要件があります。モノによって

は支給対象期間や支給期間が設けられていたり、現状報告が必要であったりするものもあります。いずれにせよ、諸官公庁のホームページや郵送物などでこまめに該当しそうなものをチェックする癖を普段からつけておくとよいでしょう。

Q8 借入れをするに当たって条件のいいものを教えて

A8 中小企業の場合、借入れ先は割とたくさんありますが、次の順番で借入先を考えることをお勧めしています。

(1) 公的貸付

　日本政策金融公庫の貸付や県、市などが行う制度融資がこれにあたります。これらは市中銀行とは異なり、営利目的ではなく中小企業の支援という位置づけで貸付を行っているため、要件に該当すればスムーズに借入れが行われるかもしれません。公的貸付の特徴は、固定金利のものが多いこと、モノによっては元本返済据置期間が設定されているものがあること、原則として信用保証協会の保証付き融資となること、決算書を提出するのは借入れの時だけだということなどが挙げられます。ただし、公的資金を原資としている以上、焦げ付きは困りますから厳格な審査があります。また、設備資金の場合、使途の追跡調査が入ることがあります。

　商工会議所のマル経融資は無担保無保証で運転資金なら最高2,000万円まで借りられる（7年以内返済；設備資金は10年以内返済）など、かなり有利なものもあります。

(2) 信用金庫、信用組合、農協など

　都市銀行や地方銀行がリテールに力を入れてきたとはいえ、やはり中小企業に親身になって支えてくれるのはこれらの組合系金融機関です。「身の丈に合った」ということでは最も頼りになる金融機関で、制度融資の窓口にもなってくれます。ただ

し、組合という性質上、出資金の拠出が求められ、一企業に対する融資額は上限が定められているのがこれらの金融機関の特徴です。

(3) 地方銀行・都市銀行

中小企業の場合、これらの銀行からも融資を受けることはできますが、組合系に比べると条件が厳しくなったり金利が大きくなったりすることがあります。資金量は豊富なのですが、身の丈に合わない銀行をメインにすると苦しい時に思ったように助けてもらえないこともあります。

これらのことを参考にしながら、金利、保証率、返済期間、担保などを考慮して考えてみてはいかがでしょうか？

Column　コミュニケーションのスキルは一日にして成らず

第2章の内容を受けて、社長とのコミュニケーションを具体的に解説してみましたが、いかがでしたでしょうか？我々会計事務所のお客様は社長や社長の奥様が相手となりますので、この方々に対してどう接していけばいいのかというところにフォーカスしました。

私は、今でもそういうところがありますが、初めてお会いする人とうまく打ち解けるのに時間がかかります。打ち解けてしまえばとてもざっくばらんないい関係を築くことができるのですが、そこに辿り着くまではどうしても警戒感があちこちに出てしまうのです。こういう私ですから、勤務時代にはどうしても苦手なお客様が何人かいらっしゃいました。それこそ、月次処理で月に一度お邪魔するだけなのですが、その日は朝から憂鬱で、お客様に対する作り笑い

もどこかわざとらしいところが見え隠れしていたと思います。

　今にして思えば、打ち解けるのに時間がかかるのは仕方ないにしても、その時間を少しでも短くできればお互いに気持ちよくお会いすることができていたはずです。そのために大事なのは「お客様は頼りがいのあるプロの対応」をして欲しくて、それを提供するためには「プロのマインドづくり」が必要なのだということに気が付いたのです。お蔭さまで、今は人様にビジネスコミュニケーションを自身の経験からお伝えすることができるようになりましたが、これも苦手意識があった分野について何とかしよう、と考えたことが現在につながっているのだと思います。

　この章の内容はすぐに全てをやろうとする必要はありません。本当に基礎の部分から高度なことまで盛り込んでありますから、今週はこれをやってみよう、来週はこれを……といった具合に、少しずつ慣れていけばいいと思います。頭で分かっているだけ、というのは最も良くないパターンです。「知っている」ということと「できる」ということ、さらに「いつもやっている」ということは全く別物です。実践あるのみ！気楽にやってみましょう。

第4章

会計を知る

1 決算って何だろう？

　会計事務所の仕事の根幹は決算を行い会社の利益を計算することといっても過言ではないでしょう。会計事務所といえば決算、決算といえば利益というくらい会計事務所と利益というのは密接なつながりがあります。このセクションでは、決算や利益の概念から会計の目的まで幅広く確認していくこととします。

　会計事務所と聞いてピンとくるのは「決算」「申告」「税金」といった言葉ではないでしょうか？決算という言葉は専門用語ではなく、時折経済ニュースなどでも聞かれるものです。そういうことから考えると決算というのは社会的にも重要なものと認識されているということが分かります。そこで、決算とは何なのか、何のためにやるのか、月次処理などの会計とのかかわりはどんなものなのかを考えてみます。

1 決算って何？

　決算とは、営業年度（通常は1年）に獲得した「利益を計算」し、それを「損益計算書（経営成績）」という形でまとめるとともに、事業年度末に企業内に存する「資産及び負債の状態（財政状態）」を「貸借対照表」という形でまとめて企業内外の関係各位に「開示」することを言います。

2 決算は何のためにやるの？

　決算の目的は法人と個人事業者によって異なりますので、それぞれ見てみることにします。

(1) 法人の決算

　法人の決算の目的に入る前に法人（会社）について考えてみましょう。皆さんにお聞きします。**法人って何ですか？何のために存在するのですか？**

　私は中学校の歴史の授業で世界初の株式会社はオランダの東イン
ド会社だと習いました。この会社の設立は1602年です。徳川
家康が征夷大将軍となり江戸幕府を開いたのが1603年ですから、
その頃の話です。この頃、オランダをはじめとするヨーロッパで
はインドの胡椒に大きな需要があったようです。当時は冷蔵庫が
ありませんから、肉を塩漬けにして保存していました。塩漬けに
するだけなのでそのうち、臭みが出てきます。しかし、胡椒をか
けて保存しておけばこの臭みが消え、味もスパイシーになるとい
うことで熱狂的な人気商品となったのです。

　さて、この胡椒ですが、ヨーロッパから遠くインドまで行って
仕入れなければなりません。航路はヨーロッパから南下し、赤道
を越えて喜望峰を回り、インド洋に出てようやくインドにたどり
着く訳です。このためには当然、船がいるのですが、当初は国の
王様のような大金持ちが船を仕立てて貿易を行っていたのかもし
れません。しかし、インドへの航海となるとこのようにはるか遠
くまで荷物を運ばなければなりませんし、その間に嵐に遭って沈
没してしまったら元も子もありません。そこで大きな船を造ると
いうことが考えられたのでしょう。大きな船だと小さい船よりは
沈みにくいでしょうし、一度にたくさんの荷物を運べますから、
往復する回数もうんと少なくて済みます。しかし、大きな船を造
るのには問題がありました。それは、大金持ち一人の財産では到
底造ることができないということです。

　そこで、有志を募りお金を出し合ってみんなで船を造ることに
なりました。その船を使って胡椒を買ってきてヨーロッパで売り
ます。そこで得られた利益をお金を出した人全員で拠出金額に応
じて配分するということが行われたのでしょう。しかし、この方
法も問題があります。このように組合的な仕組みで船を造るのは
いいのですが、仮に2艘目の船を造ろう、となったときに構成員

のうち一人でも反対があると造るのが難しくなるということです。そこで、考えられたのが法人という架空の人物です。この架空の人物は出資者が運営者（現代の取締役）を選出し、拠出したお金の運営を任せます。そして、運営者は定期的（ひと航海ごと？）に出資者が拠出したお金がどれだけ増えたか（減ったか）を報告し、増えた分は出資者に配当するということが行われたのではないでしょうか。

　こう考えると、出資者はなぜ法人に出資するのかということが分かります。出資に対する配当を得ることによって自身の財産を増やすためです。現代では値上がり期待ということもあるのでしょうが、株式会社が始まった当初の出資というものはやはり配当目当てであったと考えざるを得ません。

　先述の運営者による定期的な報告というのは決算にほかなりません。これにより出資者は配当を得、運営者には財産を増やした報酬（現代の役員報酬）が与えられたのです。

　このストーリーは全く私の想像で、史実とは異なるかもしれませんが、このように法人の成り立ちを考えると法人の決算の目的は２つあるということが分かります。まず一つ目は**決算書を作成し株主その他の利害関係者に開示するため**です。二つ目は**法人税等及び消費税の申告のため**です。つまり、**法人の決算は税金の計算のためだけにある訳ではない**ということです。

　会計事務所の仕事をしているととかく、中小零細企業の決算については税法基準が幅を利かせるため「税金のための決算」になりがちですが、そうではありません。あくまで法人決算の第一目的は株主総会の提出にある訳ですから、「一年に一度は会社自身の姿を鏡に映してありのままを見てみる」ために行うのです。決して「税務申告のためにお国からやれと言われるから仕方なく」

やる訳ではありません。

(2) 個人事業者の決算

　法人と違って、個人事業者の決算の目的は主に**所得税等や消費税の申告のため**です。銀行などから借り入れをするときには確かに収支内訳書や青色申告決算書を持っていきますが、これらは利害関係者のために作っているのではなく、あくまで税務申告のために作っているのです。それを信用目的のため便宜的に流用しているということになります。

❸ 月次処理と決算の関係

　決算は営業年度全ての取引を記録し、整理して貸借対照表及び損益計算書にまとめるのですが、これを一年に一度だけやっていたのでは期中においてはそのお客様の経済活動が全く分からなくなり、経営判断の拠り所がなくなってしまいます。そこで、ひと月を一営業年度のような形で捉えてその間の経済活動を記録しまとめるのが月次処理です。つまり、月次処理は決算という一年に一度の定期健診を受ける前に細かくチェックしておく毎月のかかりつけ医の診断のようなものです。また、逆にいうと本決算は12回行ってきた月次処理の仕上げで、いわば13月目の月次処理のような位置づけができると思います。

❹ 決算を考えた場合の月次処理のあるべき姿

　月次処理は本決算にたどり着くまでの期間を12に分け、月ごとに決算を行い現在の状況を確認するためのものですが、これを行うにあたって注意しなければならないことがあります。それは、**経営者の経営判断を誤らしめるような処理は絶対にしない**ということです。具体例を上げると、売掛金・未収入金、棚卸資産、前払費用などの経過勘定項目、減価償却、買掛金・未払金など期中大きく動く

数字について前決算の数字のままにしておくと、月次決算を締めたときの実残とそれらが大きくかけ離れていた場合、利益の金額が大きく異なったものとなるため経営判断に大きな影響を及ぼすということです。これをなるべく手間を掛けずに実際の利益の近似値を表示するためには次のことを心がけるとよいでしょう。

(1)売掛金や買掛金は面倒でも毎月末の残高を確定する（大きな金額でなければ締め後分は来月に回してもよいでしょう）
(2)発生はしているが、未請求となっている売掛金や買掛金は見積もりで計上するようにする
(3)前払費用などの経過勘定項目で金額の大きいものや減価償却費については年総額を12で割ったものを毎月予定計上する
(4)税込経理をしている場合、月々の負担すべき消費税額を予定計上する
(5)棚卸資産については、実際の棚卸金額がいいのは間違いのないところですが、大変な手間がかかるので、前期の実績や今期の手ごたえなどを会社から聞いておき、粗利益から逆算して月末在庫を推定するという方法もあります。

　本決算で決算整理仕訳を入れるという作業がありますが、この**決算整理仕訳の数が少なく済めば済むほどよい月次処理**ということになります。ここで利益の金額が大きく変わらない限り、月々の処理が実際の決算並みに正確だったということになるからです。

2️⃣ 利益の概念を知ろう！

　会計事務所の仕事を端的に表すと、「利益を計算すること」です。では、釈迦に説法ですが、皆さんにお聞きします。**利益って何でしょうか？**

　利益と聞くと、「売上－原価－販管費±営業外項目±特別損益－法人税等」という式を思い浮かべますが、実態として今ひとつピンときません。確かに計算式としては合っているのですが、利益そのものの説明にはなっていないのです。

　結論から先に述べますと、

> **利益とは「期間の初めと末の純資産（≒企業価値）の増加額」**

というのが正解です。これはしっかりと覚えておいて下さい。なお、配当や増資、減資のことはここでは考えないこととします。

　会社が持っているものを資産（積極財産）といい、他人に対して返済などの支払い義務があるもの（消極財産）を負債といいますね。そしてその差額が純資産です。こう考えると、この純資産が企業価値だということが分かります。この部分が期間の始めと終わりを比べて増えていればその増加額を「利益」、減っていればその減少額を「損失」と呼んでいるのです。また、純資産は資産と負債の差額であるということから、利益の金額を正しく計算するためには当然に資産と負債の残高が正しいものになっていなければならないということになります。

<＜利益の概念図＞>

＜利益の概念図＞

期首Ｂ／Ｓ

| 資　産
1,000 | 負　債
800 |
| | 純資産
200 |

期末Ｂ／Ｓ

| 資　産
600 | 負　債
300 |
| | 純資産
300 |

純資産が100増えた＝利益

　この図を参考に事例で説明します。資産は全部現預金、負債は全部借入金と考えて下さい。期首の段階でこの会社を全部買って欲しいといわれました。いくらで買いますか？通帳に1,000あるからといって1,000で買う人はいませんね。やはり、その時点の負債額800を差し引いた200で買うというのが正解でしょう。では、なぜ200で買うのかというと、この時点の企業価値が200だからと言い換えることができるでしょう。

　しかし、この時点では買いませんでした。そして１年が経過し、期末の状態になったとき、もう一度この会社を全部買って欲しいと言われました。いくらで買いますか？当然、期首のときと同様、純資産額の300で買うことになるでしょう。なぜ？その時点の企業価値が300だから。

　ここで、期首と期末の企業価値がどれだけ上がったかに注目してみましょう。200から300に100だけ増えていますね。この企業価値の増加額が利益の正体なのです。

　ここでは、利益とは期間始めと終わりの純資産の差額であり、貸借対照表の各残高が全て正しいものでないと正しく計算されないという

ことと**損益計算書**とはその企業価値の増減の原因を記載したものであるということをしっかり覚えておいて下さい。

3 一般に公正妥当と認められる会計処理の基準

1 企業会計原則の一般原則と注解一

　法人税法第22条第4項に規定されている通り、法人税の課税標準を求めるにあたっては「まず初めに企業会計ありき」です。では、この企業会計、すなわち一般に公正妥当と認められる会計処理の基準とはどのようなものなのでしょうか？ここでは、一般的に我が国の会計基準とされている「企業会計原則」のうち、一般原則と注解1の内容を見てみることにしましょう。

企業会計原則（抄）

　一　（真実性の原則）
　　企業会計は、企業の財政状態及び経営成績に関して、真実の報告を提供するものでなければならない。

　この原則は、会計は虚偽の処理・記載を強く戒めることはもとより、会計には処理に幅があるため、絶対的真実を要求するのではなく相対的真実の範囲で処理方法を選択することを認めているものです。

　二　（正規の簿記の原則）
　　企業会計は、すべての取引につき、正規の簿記の原則に従って、正確な会計帳簿を作成しなければならない。

　この原則は、正確な会計帳簿を作成するために「企業の経済活動の全てが網羅されていること（網羅性）」「会計記録が検証可能な証拠資料に基づいていること（検証性）」「全ての会計記録が継続的・

<u>組織的に行われていること</u>（秩序性）」の３つの要件を満たすこと
を要求しているものです。

三　（資本取引・損益取引区分の原則）
　　資本取引と損益取引とを明瞭に区別し、特に資本剰余金と
利益剰余金とを混同してはならない。

　　この原則は、企業財務の健全性を保つために資本部分を配当する
いわゆるタコ配当や逆に利益部分を資本として処理する利益隠しが
行われないように種の部分（資本）と果実の部分（利益）を明確に
区分するよう要請しているものです。

四　（明瞭性の原則）
　　企業会計は、財務諸表によって、利害関係者に対し必要な
会計事実を明瞭に表示し、企業の状況に関する判断を誤らせ
ないようにしなければならない。

　　この原則は、会計とはそもそも財務諸表によって投資家、債権者
その他の利害関係者に会社に対する判断材料を提供すべく、企業の
状態を明確に開示することで経営者の説明責任を果たすためのもの
であるから、財務諸表自体を明瞭で分かりやすいものとするための
工夫（総額主義や注記など）を求めるものです。

五　（継続性の原則）
　　企業会計は、その処理の原則及び手続を毎期継続して適用
し、みだりにこれを変更してはならない。

　　この原則は、企業会計は一般に公正妥当とされる範囲での自由な
経理処理が認められている一方で、毎年処理基準を変更することに
より利益操作の余地を与えることを戒めるとともに財務諸表の期間
比較性を確保することを求めているものです。

六　（保守主義の原則）
　　企業の財政に不利な影響を及ぼす可能性がある場合には、こ
れに備えて適当に健全な会計処理をしなければならない。

　　この原則は、未実現の収益は計上せず予想される損失は先に計上
することにより企業体質の保全を図っているもので、発生主義会計
の拠り所となっているものです。

七　（単一性の原則）
　　株主総会提出のため、信用目的のため、租税目的のため等
種々の目的のために異なる型式の財務諸表を作成する必要が
ある場合、それらの内容は、信頼しうる会計記録に基づいて
作成されたものであって、政策の考慮のために事実の真実な
表示をゆがめてはならない。

　　この原則は、財務諸表を様々な目的で作成することはあっても、
その源はただ一つとすること（実質一元・形式多元）により二重帳
簿などの不正経理を戒めるものです。

《注解一（重要性の原則）》

　　企業会計は、定められた会計処理の方法に従って正確な計算
を行うべきものであるが、企業会計が目的とするところは、企
業の財務内容を明らかにし、企業の状況に関する利害関係者の
判断を誤らせないようにすることにあるから、重要性の乏しい
ものについては、本来の厳密な会計処理によらないで他の簡便
な方法によることも、正規の簿記の原則に従った処理として認
められる。

　　重要性の原則は、財務諸表の表示に関しても適用される。
　　重要性の原則の適用例としては、次のようなものがある。
(1)消耗品、消耗工具器具備品その他の貯蔵品のうち、重要性の
　乏しいものについては、その買入時又は払出時に費用として
　処理する方法を採用することができる。
(2)前払費用、未収収益、未払費用及び前受収益のうち、重要性

の乏しいものについては、経過勘定項目として処理しないことができる。

(3)引当金のうち、重要性の乏しいものについては、これを計上しないことができる。

(4)たな卸資産の取得原価に含められる引取費用、関税、買入事務費、移管費、保管費等の付随費用のうち、重要性の乏しいものについては、取得原価に算入しないことができる。

(5)分割返済の定めのある長期の債権又は債務のうち、期限が一年以内に到来するもので重要性の乏しいものについては、固定資産又は固定負債として表示することができる。

　この原則は、一般原則の緻密性、正確性を確保しつつ、科目の重要性、金額の重要性の乏しいものについてはその手間を考慮し、簡便な処理・表示を行うことも一般原則に反しないとするものです。大変重要なことを言っている原則ですが、「しなければならない」という規定ではなく「することができる」という規定になっているため一般原則ではなく注解に記載という取扱いにされているものと思われます。

② 企業会計の目的って何？

　こうやって企業会計原則の一般原則や注解一を改めてみてみると企業会計の目的がよく分かります。注解一の中に「企業会計が目的とするところは、企業の財務内容を明らかにし、企業の状況に関する利害関係者の判断を誤らせないようにすることにある」と記載されており、一般原則四「明瞭性の原則」の内容がその目的なのだということが明確にされています。ここに我々が会計をやるときに最も気を付けなければならないことが書かれているのです。

3 企業会計原則を本当に仕事に生かすために

皆さんは企業会計原則を勉強してこられました。しかし、企業会計原則を仕事の現場で生かしていますか？生かしてないとすれば、単なる情報、知識として頭の中にあるに過ぎないということになり、もったいないような気がします。せっかく苦心して勉強した企業会計原則を仕事に生かしてみましょう。そのためのコツを紹介します。それがこれです。

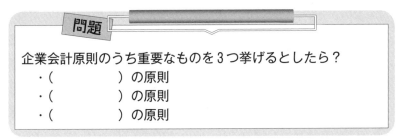

問題

企業会計原則のうち重要なものを3つ挙げるとしたら？
・(　　　　　　　) の原則
・(　　　　　　　) の原則
・(　　　　　　　) の原則

この3つを座右の銘とし、いつも意識しながら忘れないようにするのです。選ぶものに正解はありません。なぜそれを選んだのかという理由さえはっきりさせればどれでもいいのです。

参考までに、私は「真実性の原則」と「正規の簿記の原則」と「重要性の原則」としています。理由はそれぞれ、会計の正解は唯一ではなく複数の処理の仕方が認められているということを謳っているから、網羅性・検証性・秩序性といった会計に必要な性質（特に検証性）を明らかにしているから、企業会計の目的を明らかにしメリハリのある処理を認めているから、となります。

4 B／Sの見方

貸借対照表はある一時点での会社の財政状態を表す財務諸表ですから、資産、負債とその差額である純資産を表示します。「時刻」と

「時間」の概念に例えると、「時刻」のようなイメージです。そのため、ある期間の財務内容をB／S面で分析するためには期間の初めと終わりの2つのB／Sが必要となります。

1 B／Sはどのような形が望ましいのか？

　B／Sは期間の初めと終わりの比較によって何がどう動いたかという視点で評価を行うことになるのですが、どう変化すると望ましいと思いますか？資産は？負債は？細かく見ていくとキリがないのですが、お客様に説明することを念頭にここではざくっと触れておくことにします。その前にB／Sの資産、負債各勘定科目の並び順を押さえておく必要があります。B／Sの資産、負債の各勘定項目は**流動性配列法**といって、**資産はお金になりやすい順に、負債は支払期限の到来が早く訪れるもの順**にそれぞれ並んでいます。資産であれば、一番上に現預金（お金そのもの）、売上債権、棚卸資産、その他の一年以内に現預金化又は費用化する資産、固定資産、繰延資産の順に並んでいます。また、負債であれば、支払手形、仕入債務、その他の一年以内に支払が到来する負債、固定負債の順です。このことを念頭にB／Sはどのような形になっているのが望ましいのかを考えた場合、次のような結論に至るでしょう。

(1)資産全体

　資産は期首と期末を比べて上の方（資金や売上債権など）が相対的に大きくなっていればいいのでしょうか？それとも、下の方（固定資産）が相対的に大きくなっていればいいのでしょうか？

　この答えはインフレ時とデフレ時で異なります。インフレ時は下の方が相対的に大きくなっていればいいのです。なぜなら、現預金で持つより不動産や株式などで持った方が資産が増える（つまり、貨幣価値が時の経過とともに下落する）ので、現預金はあまり持たない方がいいのです。これに対し、デフレ時は上の方が

相対的に大きくなっていればいいということになります。この場合、インフレ時とは逆に貨幣価値が時の経過とともに増加し、資産の価格は下がるので、なるべく不要な固定資産などは資金に換えておくのが正解となります。

⑵負債全体

　負債の形としてはインフレ時、デフレ時ともに答えは同じとなります。少し考えれば分かると思いますが、上の方（支払手形や短期借入金、仕入債務など）は相対的に小さく、下の方（長期借入金や役員借入金など）は相対的に大きくなっていた方が経営は安定します。これは、上の方が大きいと自転車操業になることからも明らかです。

❷ B／S項目の増減と損益

　ここと次の❸ではB／S項目の増減を経営に役立てることができるよう、頭の体操をしてみたいと思います。

```
┌─────[ 問題 ]─────────────────┐
│                                      │
│  次の（　）のうち正しい方を選んで下さい。 │
│   ①利益を増やすためには……資産を（増やす・減らす） │
│                  負債を（増やす・減らす） │
│   ②利益を減らすためには……資産を（増やす・減らす） │
│                  負債を（増やす・減らす） │
│   ③固定資産の購入があった場合、その購入期の利益が小さく │
│    なるのは（税込経理・税抜経理）          │
│                                      │
└──────────────────────────┘
```

　決算予測や決算対策を行う際には、P／Lばかりではなく、B／Sで考える視点を持つといろんなことが見えるようになり、視野が広がります。P／Lは純資産の増減の原因をまとめたものであるため、**実態がないものしか出てこない**のに対し、B／Sは資産や負債

といった**実態があるものばかり**なので、イメージがしやすいのです。その際に必要となる感覚が上の問題1の見方なのです。

　この見方のコツは次の2点です。一つ目は「**資産の増加は利益が出る方向にある**」ということで、二つ目は「**負債の増加は利益が減る方向にある**」ということです。当たり前といえば当たり前なのですが、この2つのことを頭に叩き込んで下さい。

　従って、問題1の答えは①利益を増やすためには資産を「増やす」、負債を「減らす」、②利益を減らすためには資産を「減らす」、負債を「増やす」、③固定資産の購入があった場合、購入期の利益が小さくなるのは「税抜経理」となります。

　③について補足しておきます。税込経理と税抜経理についてはどちらによって処理しても基本的に損益には影響を及ぼさないこととされています。しかし、期をまたいで費用化していく棚卸資産と固定資産、繰延資産については損益に差が生じます。例えば、税込み1,100万円の機械の購入をしたとしましょう。これが税込経理だと1,100万円で機械が資産に計上され、この1,100万円を基礎に減価償却費が計算されます。一方、税抜経理だと1,000万円で機械が資産に計上され、この1,000万円をも基礎に減価償却費が計算されます。この場合、税抜経理の方が購入期末の残高が税込経理の場合の残高の100/110となり、資産が小さく計上されることになります。資産が小さく計上されれば利益は小さくなります。税込経理の場合の消費税相当額部分は資産計上され、耐用年数を通じて減価償却費となっていくのです（つまり、後から少しずつ費用となる）。このことは繰延資産についても同様です。

3 B／S項目の増減と資金

問題

次の（　）のうち正しい方を選んで下さい。
①資金以外の資産が増え、負債、純資産ともに増減なしだと
　……資金は（増える・減る）
②負債が増え、資金以外の資産、純資産ともに増減なしだと
　……資金は（増える・減る）
③純資産が増え（増資又は利益計上）、資金以外の資産、負
　債ともに増減なしだと……資金は（増える・減る）

　会社経営において資金はとても重要ですから、資金の視点からB
／Sを考えるのは同様に重要なものとなります。ここでは、資産を
資金と資金以外の資産の２つに分けて考えます。ご案内の通り、
B／Sの貸方は資金調達源泉を、借方はその運用形態をそれぞれ表
します。具体的にいうと、負債と純資産（資本と利益）は資金調達
源泉、資金以外の資産は資金以外の運用形態を示すことになるので
す。
　こう考えると、①資金調達源泉の増減がない状態で資金以外の資
産が増えるとその分、資金を圧迫しますから資金は「減る」。例え
ば、自己資金のみで土地を買った場合がこれに当たります。②負債
という資金調達源泉が増え、資金以外の資産、純資産ともに増減な
しだとその分、資金として残ることになりますから、資金は「増え
る」。例えば、借入が実行されて通帳にそのお金が入金した場合が
これに当たります。③純資産という資金調達源泉が増え、資金以外
の資産、負債ともに増減なしだと②と同様にその分が資金として残
ることになりますから、資金は「増える」。例えば、増資した場合
や利益が発生した場合がこれに当たります。
　実際の決算は上記の①～③の現象が複雑に絡み合っていますが、

資金以外の資産全体は増えたのか、減ったのか、負債全体で増えたのか、減ったのか、利益は出たのか、出なかったのかということで資金の出所や流出原因を大雑把に把握することができます。

5 P／Lの見方

損益計算書は一定期間における貸借対照表の純資産の増減の原因を発生別にまとめ、利益の金額（経営成績）を計算する財務諸表です。「時刻」と「時間」の概念に例えると、貸借対照表とは異なり、「時間」のようなイメージです。損益計算書は期間の経営成績を表示するため一つだけでもその期間の動きは分かります（もちろん、他の期との比較を行う場合に複数期の損益計算書を使用・分析することは非常に有効です）。また、売上から徐々に引いたり足したりして最後に残ったものが利益という表示になっていますからB／Sに比べて一目で理解しやすいものとなっています。

■ P／Lの表示順

企業会計原則によると、P／Lは上から「営業損益の部」「営業外損益の部」「特別損益の部」の３つに区分されており、基本的に売上から原価や経費などを差し引きしていく構造となっています。それぞれの計算区分で出てきた利益をそれぞれ「営業利益」「経常利益」「当期純利益」と呼んでいますが、「営業損益の部」には「売上総利益」が、「特別損益の部」には「税引前当期純利益」がそれぞれ別途計算されることになっています。

■ それぞれの計算区分と５つの利益

P／Lでは大きく分けて３つの計算区分がなされており、途中で

5つの利益が出てきます。ここでは、それぞれの意味を確認します。

(1) 営業損益の部

▶売上総利益

　企業の本来業務から得られた収益である「売上」から売上と個別的対応関係にある「売上原価」を差し引いたもので、粗利益又は粗利とも呼ばれます。これはいくつもある「利益」の中で一番初めに出てくる利益ですから、全ての利益の元といっても過言ではないでしょう。この利益がうまく取れない場合、本業以外の臨時的な収益がないと経営が苦しくなります。経営環境が激変しなければ売上高に対するパーセンテージは毎期ほぼ一定になる傾向にあります。

▶営業利益

　「売上総利益」から売上と期間的対応関係にある「販売費」と「一般管理費」を差し引いたものです。一言でいうと、「通常の営業から得られた利益」ということができるでしょう。

(2) 営業外損益の部

▶経常利益

　「営業利益」に主に金融収益や金融費用といった本業以外の収益・費用で、毎年経常的に発生するものを加減することにより計算された利益です。一言でいうと、「通常の経営を行って一営業年度に得られた利益」ということができるでしょう。本業とその付随的な経済行為から得られた利益という意味で最も重視される利益の一つです。

(3) 特別損益の部

▶税引前当期純利益

　「経常利益」に子会社株式売却損益、固定資産売却損益、固定資産除却損などの臨時的な損益を加減することにより計算された

利益です。特別損益はたまたまその期に実現した損益であるため
その期の経常利益に含めると期間的な比較を困難にしてしまうた
め、このように別表示することになっています。とはいえ、当期
に実現した損益を処理しない訳にはいかないため、ここで表示し
てそれらをも含めて計算したのが「税引前当期純利益」です。一
言でいうと、「（臨時的なものも含めて）当営業年度に実現した全
ての取引から得られた利益」ということができるでしょう。

▶当期純利益

　「税引前当期純利益」から法人税、事業税及び住民税を差し引
いたものです。難しい言葉でいうと「処分可能な利益」というこ
とになりますが、「当期の利益から税金（法人税など）を引いて
残ったもの」と言った方が分かりやすいでしょう。来期に繰り越
すということで翌期以降の財務に影響を及ぼす唯一の利益です。

③ 収益とは？

　損益計算書に出てくる順番でいうと売上、営業外収益、特別利益
の３つがこれに該当しますが、これらは全て純資産を増やす原因と
なっています。

④ 原価・費用・損失とは？

　損益計算書に出てくる順番でいうと、原価、販売費・一般管理
費、営業外費用、特別損失の４つがこれに該当しますが、これらは
全て純資産を減らす原因となっています。

⑤ P／Lの望ましい表示のための工夫

　各利益とも小さいより大きい方が望ましいといえますから、「最
終的に利益は同額となるけれども、その途中の各利益を大きく表示
させることができないか？」ということについて考えてみます。P

／Lは一番上の売上から徐々に経費などを差し引いていく形を採っていますから、可能であれば**収益項目はなるべく上の方**に表示をし、**費用項目はなるべく下の方**に表示をするという工夫ができます。例えば、雑収入として計上しているものを会社の事業目的による収益と捉えて売上として表示するとか、一見、一般管理費のようなものだけれども臨時性が認められるということであれば営業外費用とするというような処理が挙げられます。前者については売上総利益と営業利益が、後者については営業利益がそれぞれ大きく表示されます。ただし、利害関係者に誤った判断をさせることはご法度ですから、この方法は認められている範囲に限られることを忘れないで下さい。

6 お客様にお伝えしたい5つの経営指標

世の中には実に多くの様々な経営指標があり、それぞれお客様にフィードバックすることができればいいのかもしれませんが、お客様ごとに必要とされるものが異なることもありますから、私は次の5つに絞ってお客様にお伝えすることにしています。説明に入る前に一つの単語を定義づけしておきたいと思います。それは、「粗利（経営分析の専門用語でいうと限界利益）」です。

粗利（限界利益）とは第3章のQ5で解説した売上から変動費（売上が増えるにつれ、比例的に増える費用）を差し引いたものなのですが、これを一言でいうと**「会社が自由に使うことのできる利益」**です。これを使えば「固定費」となり、使わなければ「利益」となる訳です。このことを踏まえて、5つの経営指標を見てみることにします。

1 粗利率（限界利益率）

　これは粗利を売上で割ったものですが、一言でいうと「売上のうち、どのくらい会社で自由に使うことができる利益となっているか」を表したもので、もちろん、大きければ大きいほど良い数字となります。この数字は業種によって大きく変わります。

2 労働分配率

　これは人件費を粗利で割ったものですが、一言でいうと、「会社で自由に使うことができる利益のうち、どのくらい人件費に使われているか」を表したもので、これが大きいと会社の経営を圧迫します。この数字が適正とされる目安は50％くらいを中心に、労働集約型の業種であれば70％くらいまででしょうか。よく「リストラによって経営体質の改善を図る」といったようなフレーズを聞くことがありますが、単純に人件費を削ると通常、粗利もそれ以上に減少します。これでは経営はさらに苦しくなるだけです。リストラの正しい考え方は、許容できる粗利の減少に収まる程度に人件費を削減するというものです。ここでもやはり人件費と粗利のバランスが重視されていることになります。

3 対フリーキャッシュフロー借入金倍率

　これは期末の借入金残高を当期のフリーキャッシュフロー（当期純利益＋減価償却費）で割ったものですが、一言でいうと、「期末借入金残高は当期のフリーキャッシュフロー（今期ベース）の何年分で完済できるか」を表したもので、この数字が小さいと借入余力があることになります。私の経験上、中小企業の場合には8年分以下に収まっているのが望ましいと思います。

❹ 当座比率

　これは現預金残高を流動負債で割ったもので、一言でいうと、「今すぐこの流動債務を決済して欲しいと言われたら、どの程度実行できるのか」を表したもので、短期的な資金の支払い能力を示す指標です。この数字はもちろん、高い方がいいということになります。これも私の経験ですが、90％は欲しいところです。

❺ 自己資本比率

　これは純資産を資産（負債及び純資産）合計で割ったものですが、一言でいうと、「会社の資産のうち、どのくらいが返済をしなくてもいいのか」を表したもので、この数字が大きいほど経営は安定します。私はこの数字が40％を超えたお客様には「おめでとうございます」ということにしています。

◤7 会計のまとめ……会計をやる際の3つの掟‼

❶ 会計の正解は一つじゃない！

　相対的真実というところで見てきた通り、取引一つでも認められる会計処理は複数存在し、どれを採用しても正解ということになります。例えば、8万円の事務椅子を買ってきた場合にこれを消耗品として処理しても正解ですし、備品として固定資産に計上し減価償却しても正解です。このように認められる処理は複数ありますから、正しい利益というのも複数存在することになります。こう考えると会計そのものが捉えどころのないものに思われがちですが、事務所の標準的な処理方針というのがあると思います。例えば、「取得価額10万円未満のものについては原則として消耗品費として計上する」などというのがそれです。そういったものを自分の基準

（ものさし）として、まずはそれに合うように処理し、必要であれば決算の打ち合わせのときに認められた範囲内で別の処理にするのです。このものさしというのも、簡単に考えると「どこまでを資産・負債とし、どこまでを費用・収益とするか」の線引きをする基準ですから、<u>正しい貸借対照表を作ろうと意識すればおのずと正しい会計となります。</u>

> 正しい会計処理を行う近道は正しい貸借対照表を作るよう意識すること

2 判断を誤らせないように

　月次処理にせよ決算にせよ、その目的は見た人の判断を誤らせないようにするところにあります。利益が出ていると思っていてフタを開けてみたら損失だった（又はその逆）というのは言語道断ですが、その他にも代表例として次のようなものがありますから、会計のプロとしてやってはいけない間違いは絶対に避けるようにしましょう。

《決算書を見た人の判断を誤らせる例》
---
(1)月次処理を期中現金主義で収益・費用を計上しているため期中で利益が出ているのかどうかが分からない
(2)月次処理で売掛金や買掛金を発生主義に基づいて管理・計上しているが、棚卸資産の額が前期末のままとなっており、本当の利益が分からない
(3)民事再生法の申し立てや破産法の手続きの開始があった得意先の債権について通常の受取手形・売掛金として表示してあるため不良債権がどのくらいあるか分からない
(4)棚卸資産の金額が毎年売上の額くらい（又はそれ以上に）計上されている
(5)役員に対する貸付金が返済もなされないまま毎年同じ額で計上

されている

(6)仮払金や仮受金の残高が計上されている

(7)実態不明の繰延資産（開業費など）がずっと何年も計上されて
いる

(8)未払法人税等の金額が毎年〇〇万円といった「丸い数字」に
なっている

(9)役員からの借入金が長期借入金勘定に含まれているため実質的
な対外債務がどのくらいあるのか分からない

(10)十年に一度ほどの割合でしか起こらない多額の貸倒損失を販売
費及び一般管理費に計上してあるため営業利益以下の利益の前
期比較が困難

(11)雑費の金額が人件費以外の販売費及び一般管理費の額の半分以
上を占めており、何に使われているのか分からない

(12)年度によって製造原価として表示されていたり販売費及び一般
管理費として表示されていたりする

など

3 後から見てもその処理が分かるように

　上記2つは会計の本質部分について述べてきましたが、我々職業
会計人が仕事をするときに最も忘れてはならないのはこれだと思い
ます。例えば、まれにしか出てこないような取引について難しい仕
訳を入れたとします。これが正しい処理だとしても、この仕訳につ
いて問題視されたり、説明を求められたりするのは数ヶ月後であっ
たり数年後であったりします。その時にその仕訳の意味や処理の理
由、残高の明細などの説明ができなかったらその処理の正確性に疑
問符がつきます。処理した本人も「本当にこれで正しかったんだろ
うか？」と冷や汗をかくことになりますし、事務所の信用にもかか
わるところです。会計の落とし穴はここにあります。仕訳を入れた
時は全て分かっているのですが、数日すると忘れます。処理した本

人が忘れてしまうとその取引の真実は歴史の砂に埋もれてしまい二度と戻ってこなくなります。だから、その取引の記憶がまだあるうちに紙に中学生でも分かるように記しておくのです。

　今一度言います。その取引を処理して数日後にその記憶を無くした後のあなたは処理した当時のあなたではありません。全くの別人です。その別人にも分かるようにその処理の理由と顛末を書いておいて下さい。この最後のツメの仕事ができる人が最後まで信頼されるプロの会計人なのです（みんな分かっていることなのですが、なかなかできていないものです）。

Column 税理士となった後も利益の本質を理解していなかった私

　我々会計事務所の仕事は利益を計算し、各税目の課税標準を求め、正しく税額を計算することにあるといっても差し支えないでしょう。この最初のステップが利益の計算なのですが、この計算に会計の技術を使います。ところが、会計の仕組みをよく分かっているのかというとあまりよく分かっていない人がいます。何を隠そう、私もその一人でした。

　私が独立して3年目くらいの頃、税理士会支部の会合の休憩時間に税理士会本会の常務理事の先生に呼ばれ、「坂野上君、利益って何か知ってる？」と聞かれたのです。「はい、売上から原価を引いて、そこから経費を引いて……」と損益計算書の上から順に答えていくと、「いや、それは測定の方法であって、利益とは何かという本質に触れてないよね。もう一回聞くよ。利益って何？」

　30歳を少し回った頃の私が60くらいのバリバリの先生にそう詰め寄られるとたじたじになりました。こういうときはこう言うしかありませんね。「すみません、分かりませんから教えて下さい」。す

ると、「そうでしょ、あなた、税理士試験は受かったけどこういうこと知らないでしょ？こういうことは試験には出ないもんな！」で、本章で触れた内容へと続いた訳です。言ってみれば本章はこの先生に教わったことをベースに書かせて頂いたのですが、それ以来、会計を貸借対照表で考えるようになりました。やはり目に見えないもの（＝損益項目）より目に見えるもの（＝貸借項目）の方が測定に適しているというのはよく分かりますよね。この時の出来事によって、以後の私の職業会計人としての資質が大いに高まったと思っています。今でもこの先生には感謝しています。

第5章
税法を知る

1. 税務の性格

1 会計と税務の基本的スタンスの違い

　会計は保守主義の原則に基づき純資産を小さく表示するよう処理することを求めています。つまり、**資産や収益は小さく負債や費用は大きく処理することで利益の額を小さく表示させ**、それにより配当や税など社外への流出を抑えることで社内留保を多くし、**財政の健全性を確保する**こととしています。

　これに対し、**税務は課税ベース確保のため税務上の純資産や所得が小さくなる取引や処理については要件を設けています**。例えば、法人税では損金算入するためには確定した決算で費用又は損失として処理することを求めたりしていることなどが挙げられます。

　このように、特に法人税においては会計と税務が乖離する部分が大きいですから、決算を意識して会計処理に望むのとそうでないのとでは結果に大きな差が出ることもあります。

2 少額不追及

　企業会計原則の「重要性の原則」同様、厳密にいえば緻密な処理が必要なんだけれども、細かく手間暇かけてやったはいいけれども簡便な処理に比べてもあまり影響がなかったということもありますから、これに考慮して重要でないものについては課税の公平を損ねない限り簡便に処理してもいいという考え方が税法にもあります。これを少額不追及と言っています。これについては、きちんと法定されている部分と実務上簡便な処理をしているものに分かれますが、「少額だから課税対象から外してもいい」ということではありませんので注意が必要です。

《法定化されている少額不追及の例》

(1)譲渡所得、山林所得、一時所得の特別控除額

(2)控除対象配偶者や扶養親族のその38万円以下の所得

(3)贈与税の基礎控除

(4)取得価額10万円未満の資産の一時償却

(5)年10万円以下の配当の申告不要制度

(6)少額支払の場合の支払調書の提出義務の免除　　他多数あり

③ 資金の出処が問われる

　いずれの税目にかかわらず、税務を考えた場合には資金の出処をきちんと分かるようにしておくことが肝要です。「国民に収入があったらその一部を国庫に納めさせること」が税務当局の仕事ですから、その収入した人や内容に応じて法人税として課したり所得税・贈与税・相続税などとして課したりする訳です。月次処理においても時折、どこから入金したのか分からないお金が通帳の預り金額のところにポツンと印字されていたりしますが、これを「役員借入金」とか「事業主借」といった勘定で処理するのは簡単です。しかし、これが本当に社長からの個人的な資金の移動だったのか、それとも外からの入金なのかはっきりさせておく必要があります。税務当局は確認もとらないで「あ、これ社長からなのね。分かったよ」とは絶対に言ってくれません。もしそれが外部からの収入だった場合にはその一部を国庫に納めさせることができるからです。

　また、家を買ったとか土地を買ったとかの場合には登記事項に異動がありますから、税務当局はその購入の事実を知っています（登記異動事項は定期的に法務局に確認を入れています）。これは収入ではなく支出だから関係ないと思われるかもしれませんが、「これを購入するための収入はどこから出てきたのか」ということを勘ぐられます。借入なら銀行に行けば分かりますし、事業や給与の収入

からであれば金額的につじつまが合うかどうか見ます。つじつまが合わないほど高額なものを購入したとなると、所得税の申告漏れか贈与税などを課するきっかけとされるのです。

４ 実質基準と形式基準

　税法は基本的に実質基準による課税といわれます。これは、事実をはっきりさせ、その事実通りに課税を行うということで課税の公平を保つことを目的としています。しかし、税務当局の担当者や会計事務所の職員が納税者を四六時中観察していて一つ一つの取引を見ている訳ではありませんから、事実というのはその当事者にしか分からない場合がありますし、後づけで事実を捻じ曲げても後からは本当にその取引があったのかどうかやその内容が分からない場合も出てきます。そういう場合に備えて形式基準を適用し、損金算入要件等とすることもあります。

　また、取引自体は確実に行われているということが確認できても、税法以外の法律の要件に従っていないものを損金などとする訳にはいかないという事情もあります。例えば、役員給与が過大かどうかについては１．その職務内容、類似法人の支給状況などから判定する基準と、２．株主総会や定款で定められている支給限度額から判定する基準があり、これらのうちいずれか少ない方の基準額を超えるとその超える部分の金額が損金不算入となりますが、前者の基準が実質基準、後者の基準が形式基準となります。

　また、消費税の原則課税による仕入税額控除の要件である「帳簿及び請求書等の保存」は実質取引を裏付ける形式要件といえるでしょう。

５ 期ズレと永久差異

　所得計算において期ズレなのか永久差異なのかという区分は十分

に意識しておかなければなりません。所得や利益というのは、個人や法人の経済活動の期間を人為的に区切ってその期間（通常は1年）の全ての収益とそれに対応する費用の差額として計算されるものです。ですから、この収益はいつの期間の分なのか、この費用はいつの期間の分なのかということをはっきりさせる必要があります。しかし、この期間を間違えると当然に利益や所得の金額は違ってきます。これを期ズレといっています。具体的には、売掛金の計上漏れ、棚卸資産の計上漏れ、減価償却の超過、貸倒引当金の繰入超過、負債（翌期以降のもの）の計上などがあります。これらは計上する期を間違えているだけなので、数年のうちに適正にしていけば税負担も原則として変わりません（延滞税や過少申告加算税がかかることはあります）。今年申告漏れがあってもその漏れた所得は翌期以降の損金や必要経費となり、取り戻しが効くからです。

　しかし、永久差異といわれるものはこのような取り戻しが効きません。例を挙げると役員給与や交際費等の損金不算入額、延滞税や加算税の損金不算入額、青色繰越欠損の9年（2018年4月1日以後開始事業年度分については10年）経過による消滅などがこれに当たります。永久差異項目の金額が増えると会計上の利益と税務上の積立金額に差異が生じ、**特に会計上の欠損がある場合などには税負担に耐えながら（税引き後の発生利益で）繰越損失を埋めていかなければならなくなり、苦しい経営を強いられることになります。**特に、繰越損失を抱えながら借入によって経営をつないでいる会社は一刻も早く利益でこれを解消しなければならないため、税務上の青色欠損金が期限切れとなる期については是非とも利益を出して繰越欠損を消化するようにコントロールしておきたいものです。

2 所得計算における収入金額・益金と必要経費・損金の関係

　所得税や法人税は「もうけの一部を納める」という税目です。この「もうけ」というのは様々な基準があって、それを各税法や会計基準によって定めているといえます。所得税や法人税は我々会計事務所が取り扱う税目の中でも根幹を占める部分ですから、きちんと理解して処理に臨まなければなりません。ここでは、この2つの税目に絞って収入金額や益金、必要経費や損金の中身とこれらの関係について確認します。

■ 条文の確認

(1) 所得税法第36条、第37条（第38条は割愛）

> （収入金額）
>
> 　第三十六条　その年分の各種所得の金額の計算上収入金額とすべき金額又は総収入金額に算入すべき金額は、別段の定めがあるものを除き、その年において収入すべき金額（金銭以外の物又は権利その他経済的な利益をもつて収入する場合には、その金銭以外の物又は権利その他経済的な利益の価額）とする。
>
> 　2　前項の金銭以外の物又は権利その他経済的な利益の価額は、当該物若しくは権利を取得し、又は当該利益を享受する時における価額とする。
>
> 　3　無記名の公社債の利子、無記名の株式（無記名の公募公社債等運用投資信託以外の公社債等運用投資信託の受益証券及び無記名の社債的受益権に係る受益証券を含む。第百六十九条第二号（分離課税に係る所得税の課税標準）、第二百二十四条第一項及び第二項（利子、配当等の受領者の告知）並びに第二百二十五条第一項及び第二項（支払調書及び支払通知

書）において「無記名株式等」という。）の剰余金の配当（第二十四条第一項（配当所得）に規定する剰余金の配当をいう。）又は無記名の貸付信託、投資信託若しくは特定受益証券発行信託の受益証券に係る収益の分配については、その年分の利子所得の金額又は配当所得の金額の計算上収入金額とすべき金額は、第一項の規定にかかわらず、その年において支払を受けた金額とする。

（必要経費）

第三十七条　その年分の不動産所得の金額、事業所得の金額又は雑所得の金額（事業所得の金額及び雑所得の金額のうち山林の伐採又は譲渡に係るもの並びに雑所得の金額のうち第三十五条第三項（公的年金等の定義）に規定する公的年金等に係るものを除く。）の計算上必要経費に算入すべき金額は、別段の定めがあるものを除き、これらの所得の総収入金額に係る売上原価その他当該総収入金額を得るため直接に要した費用の額及びその年における販売費、一般管理費その他これらの所得を生ずべき業務について生じた費用（償却費以外の費用でその年において債務の確定しないものを除く。）の額とする。

2　山林につきその年分の事業所得の金額、山林所得の金額又は雑所得の金額の計算上必要経費に算入すべき金額は、別段の定めがあるものを除き、その山林の植林費、取得に要した費用、管理費、伐採費その他その山林の育成又は譲渡に要した費用（償却費以外の費用でその年において債務の確定しないものを除く。）の額とする。

⑵ 法人税法第21条、第22条

（各事業年度の所得に対する法人税の課税標準）

第二十一条　内国法人に対して課する各事業年度の所得に対する法人税の課税標準は、各事業年度の所得の金額とする。

第二十二条　内国法人の各事業年度の所得の金額は、当該事業年度の益金の額から当該事業年度の損金の額を控除した金額とする。

2　内国法人の各事業年度の所得の金額の計算上当該事業年度の益金の額に算入すべき金額は、別段の定めがあるものを除き、資産の販売、有償又は無償による資産の譲渡又は役務の提供、無償による資産の譲受けその他の取引で資本等取引以外のものに係る当該事業年度の収益の額とする。

3　内国法人の各事業年度の所得の金額の計算上当該事業年度の損金の額に算入すべき金額は、別段の定めがあるものを除き、次に掲げる額とする。

一　当該事業年度の収益に係る売上原価、完成工事原価その他これらに準ずる原価の額

二　前号に掲げるもののほか、当該事業年度の販売費、一般管理費その他の費用（償却費以外の費用で当該事業年度終了の日までに債務の確定しないものを除く。）の額

三　当該事業年度の損失の額で資本等取引以外の取引に係るもの

4　第二項に規定する当該事業年度の収益の額及び前項各号に掲げる額は、別段の定めがあるものを除き、一般に公正妥当と認められる会計処理の基準に従って計算されるものとする。

5　第二項又は第三項に規定する資本等取引とは、法人の資本金等の額の増加又は減少を生ずる取引並びに法人が行う利益又は剰余金の分配（資産の流動化に関する法律第百十五条第一項（中間配当）に規定する金銭の分配を含む。）及び残余財産の分配又は引渡しをいう。

❷ 必要経費・損金の個別的対応と期間的対応

　　所得計算においては、まず、収入金額や益金の帰属年度を確定させ、それに個別的又は期間的に対応する支出や価値の減少を計上す

ることになっています。

(1) 収入金額・益金の計上時期

この場合の収入金額や益金の帰属年度は、**資産や目的物の引き渡しがある取引についてはその引き渡しの時**（引渡基準）、**役務の提供に係る取引についてはその完了の時**（完了基準）の属する年度とされています。さらに引渡基準については2つあって、**出荷基準と検収基準のいずれかを継続適用**することとされています。さて、一体、なぜ引渡基準や完了基準によって収入金額や益金を計上することとされているのでしょうか？

それは、税法が**権利確定主義**（発生主義会計における実現主義とほぼ同義）を採っているからです。権利確定主義においては、権利が発生した時点で収入金額や益金が認識されるのです。これにより、現金の収入とは関係なく事実が発生した時点で収入金額や益金を計上することとなり、恣意的な所得操作を防いでいるのです。資産や目的物の引き渡しが行われたら引き渡した側に、役務が完了したら提供した側にそれぞれ債権という権利が発生、確定します。この時をもって収入金額や益金にその権利確定額が算入されるのです。

以上が所得税法第36条第1項の「その年において収入すべき金額」と法人税法第22条第2項「資産の販売、有償又は無償による資産の譲渡又は役務の提供、無償による資産の譲受けその他の取引で資本等取引以外のものに係る当該事業年度の収益」の意味するところです。

(2) 必要経費・損金の計上時期

必要経費や損金については、その年度に計上された収入金額・益金と個別的関係又は期間的関係にあるものが計上されます。個別的対応というのは、売上原価と売上のような関係で、直接ひもがつくような関係といえます。つまり、この支出がなければ収入

金額や益金が計上されないというような強い関係です。**個別的対応関係にあるものは売上が計上されたときに必要経費・損金の額に算入され**、それまでは棚卸資産などとして計上されます。また、簿価200万円の車両が250万円で売却された場合、決算書には差引50万円が固定資産売却益として計上されますが、税法上の処理によると、250万円の収入金額又は益金と200万円の必要経費（正確にいうと取得費）又は損金が計上されることになります。この関係も個別的対応関係に該当します。

　また、個別的対応関係にないものについては、収入金額・益金が計上された年度に発生したものを必要経費又は損金に算入します。給与や消耗品費、支払利息などは言わずもがなですが、減価償却費や前払費用を考えるとピンとくると思います。これらの支出は当初の購入や支払のときにまとめて行われているのでしょうが、その時点で全額経費になるのではなく、**耐用年数や契約期間にわたって費用を配分して計上**します。そして来期以降の経費となる部分は資産に計上されます。これはなぜかというと、収入金額や益金と計上時期を同じものだけをその年度に計上しないとやはり利益操作につながりますし、期間比較も困難になるので適正な処理とはいえなくなるからです。また、期間的対応関係にあるものについては所得税、法人税ともに年度末までに債務が確定しないものについてはいかに事実が発生していてもその年度の必要経費又は損金に算入しないこととされています（個別的対応関係があるものについてはこの制限はありません）。

　以上が所得税法第37条第1項の「総収入金額に係る売上原価その他当該総収入金額を得るため直接に要した費用の額及びその年における販売費、一般管理費その他これらの所得を生ずべき業務について生じた費用」と法人税法第22条第3項第一号から第三号までの意味するところです。

3 所得税の収入金額と法人税の益金の範囲の違い

　所得税は生身の人間に課する税目であるため、担税力に配慮し、税負担が生活を脅かすことのないようにするという建前があります。このため、収入金額を10に区分し、所得控除を設けてさらに超過累進税率を採用することによりこれを実現しているのです。これに対し、法人税は架空の人物に課する税目であるためこのような配慮は不要で、いわゆるグロス計算によって計算された所得金額に比例税率を適用して税額を求めることになっています。このように同じ「もうけの一部を納めさせる」という税目であってもそのスタンスには大きな違いがあるのです。

　さて、このような違いから所得税の収入金額と法人税の益金にも範囲に差があります。端的な例を挙げると、損害賠償金の取扱いが両者では全く異なります。所得税では**資産に対して突発的に加えられた損害について取得した保険金や賠償金**は非課税であるのに対し、法人税では益金の額に算入することになります。また、**無償による役務の提供**についても所得税では収入金額不算入で OK なのに対し、法人税では時価相当額を益金の額に算入することになります（いわゆる認定利息、認定地代などと言われるもの）。こう考えると、所得税の課税対象よりも法人税の課税対象の方が広いといえるでしょう。

4 所得税の必要経費と法人税の損金の範囲の違い

　何をさておいても、所得税の必要経費と法人税の損金の範囲の最も大きな違いは**損失の取扱い**でしょう。**法人税では第22条第３項第三号において原則損金算入**となっているのに対し、**所得税では第37条にその記載がないことから原則必要経費不算入**となっており、資産損失などを限定列挙の形で必要経費算入を規定しています。これは、所得税における損失は家事費となるものがほとんどであるた

めこのような取扱いとなっており、生活に通常必要な資産の損失については所得控除の一つである雑損控除において救済することとされているのです。

3 会計事務所が取り扱う主な税目1（法人税関係）

ここからは、会計事務所が実務で取り扱う主な税目についてその特徴を抑えていきます。

1 何に課される税金なのか

所得金額（法人税法で定めた「もうけ」の金額）に課されます。税率は所得金額にかかわらず23.2％の比例税率ですが、期末資本金1億円以下の中小法人については年800万円までの金額について軽減税率が採用されています。

《法人税の所得金額とは？》

所得金額≒利益の金額といえますが、少し違います。所得金額とはいわば「税金を計算する上での利益金額」とでも言えるでしょうか。つまり、会計上の収益・費用と税法上の益金・損金は範囲が異なるのです。例えば過大役員給与の損金不算入とか受取配当等の益金不算入などが該当します。過大役員給与は会社から流出して還ってこないものですから会計では費用として計上するしかないのですが、税法上は損金とならないものですし、一定の受取配当金については会社に入ってきているものなので収益に計上しますが、税法上では二重課税の排除という理由からこの全部又は一部について課税しないこととされています。これら会計と税務の取扱いの差額は別表四にて調整を行うこととされています。

❷ 確定決算主義

　法人税関係の税は所得金額の計算について確定決算主義を採っています。確定決算主義とは、「法人税の所得金額は株主総会で確定した決算において承認された利益を基にして計算する」という考え方です。わが国の法人税が確定決算主義を採っている理由は次の3つと言われています。

---

(1)所得金額は株主の承認を得た利益金額を基礎として計算されるため税額についても間接的に株主の承認を得たものと解することができるため

(2)会社法上の計算書類は一般に公正妥当とされる会計慣行に基づいて作成されたものということになっているためそこから誘導的に計算される課税所得についても適正なものであることが期待されるため（課税の安定性）
　　⇒これにより減価償却費や引当金といった見込み経費の損金算入には確定した決算において費用又は損失として経理すること（損金経理といいます）を求めているのです

(3)所得金額は一旦計算された利益の金額に税務調整を加えるだけなので納税者側、課税者側ともに事務の簡便化を図ることができるため（課税の便宜性）

　これら3つの理由のうち、納税者に有利なのは(3)だけで、(1)から(3)全て課税当局有利なものとなっています。特に(2)は損金算入の制限という見地からみた場合に注意しなければなりません。それは、こういうことです。

　経営者の本音とすれば、税務署には利益を少なく記載した決算書を、銀行には利益を多く記載した決算書を提出したいという希望があります。もちろんこれは不正なのですが、銀行に提出する決算書を税務署に提出してそこには記載しなかった経費を別表四で減算すれば希望通りの効果が出る、と考える人も出てくる訳です。この処

理を直接禁じている条文はないのですが、税務調査などでこのように言われたらどうしますか？「我が国の法人税は確定決算主義を採っていることはご存知ですよね？その理由の一つに『会社法上の計算書類は一般に公正妥当とされる会計慣行に基づいて作成されたものということになっているためそこから誘導的に計算される課税所得についても適正なものであることが期待されるため』というのがあるのですが、ここで減算されている経費はどうして決算書に掲載されていないのでしょうか？もしかして、適正なものではないのではないですか？」と。

3 地方税

　法人税の所得金額又は税額を課税標準とする地方税には法人事業税（含・特別法人事業税；国税）、法人都道府県民税、法人市町村民税があります。

　法人事業税（含・特別法人事業税）は法人税の所得金額を課税標準として税額を計算します（いずれも翌期の損金算入）。また、法人都道府県民税と法人市町村民税の「法人税割」はいずれも法人税の額を課税標準として税額を計算し、また、所得が出ても出なくても課される「均等割」というものがあります（これらは全て損金不算入）。

《考察》法人税・地方法人税・法人住民税は損金不算入なのに、なぜ法人事業税（含・特別法人事業税；ここではまとめて「法人事業税」と呼びます）だけは損金算入が認められるのか？

　法人税や地方法人税、法人住民税の３税は一切損金の額に算入されないのに対し、法人事業税だけは翌期の損金の額に算入することとされています。これは何故なのでしょうか？
　まず、法人税などの３税について損金不算入となる理由です。この理由はいくつかあるのですが、代表的なものを一つ紹介しま

す。これら3税は「利益の一部を納めよ」というものです。つまり、会計でいうところの税引前当期純利益が課税対象となっているといえます。ですから、これら3税について損金算入を認めることは税引後の当期純利益を課税対象としているのと同じとなりますからこれを避けるために損金不算入となっているのです。

では、法人事業税はどうなのか？これも法人税の計算過程で求めた所得金額を課税標準としています。しかし、法人税などの3税とは課税の趣旨・意味合いが全く異なります。そもそも、法人事業税は何のために課されるものなのかということですが、事業を行っていれば都道府県から何らかの行政サービスを受けるはずです。例えば、業務で外に出かける際に世話になる信号機は都道府県の組織である警察が設置・運営しています。これがあるから事故なくスムーズに目的地にたどり着くことができるのですが、こういった都道府県の**行政サービスの対価**として課されるのが法人事業税なのです。ですが、その対価をどのように計算するのかという問題が出てきます。そこで、事業といえばもうけが発生するはずだから、法人税の計算過程で一旦、算出される所得金額を斟酌して法人事業税の課税標準とすることになったのです。このように、行政サービスの対価であって利益の一部を納めているのではないために翌期の損金の額に算入することとされているのです。この取扱いは、市町村内に不動産などを所有しているということは市町村から何らかの行政サービスを受けているはずだからその対価として課される固定資産税と同様です。

　また、なぜ翌期なのかということですが、事業年度が終了した後でないと所得計算ができず、ひいては申告書の提出ができません。そのため、法人税法第22条第3項第二号かっこ書き「償却費以外の費用で当該事業年度終了の日までに債務の確定しないものを除く」という部分に抵触してしまいますから、申告書の提出により債務が確定する翌期の損金となる訳です。この考え方と取扱いについては個人事業税においても同様です。

4 会計事務所が取り扱う主な税目2（所得税関係）

1 何に課される税金なのか

　所得税も法人税と同じく所得に課されますが、法人税は架空の人物に課するのに対し、所得税は生身の人間に課しますから担税力（税を負担する能力）を考慮しないと生活することができなくなるという側面があります。そのため、所得をその収入原因から10に区分し、それぞれ所得の計算方法を定めています。そして、担税力という観点から「その人それぞれの経済的事情を考慮する」「担税力のある人には大きな割合で課税する」という税本来の考え方を取り入れ、所得控除と超過累進税率を採用しています（課税総所得金額、課税退職所得金額、課税山林所得金額についてはこれらの所得が大きくなれば税率も大きくなるという方式になっています）。

　少し複雑ですが、各種所得の金額の計算から税額の計算までをイメージ図で示すと次の通りとなります。

＜所得税のイメージ図＞

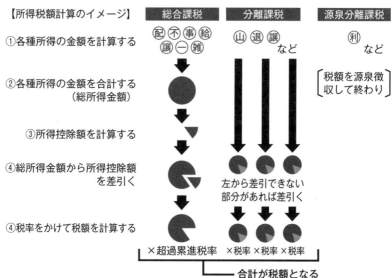

　なお、法人税と違い、所得税は個人事業者に確定決算という概念はないためここで作成する決算書は完全に税法会計（税法上の総収入金額及び必要経費のみで計算するもの）で行われます。つまり、法人の会計と手法は大変よく似ていますが、目的が全く異なることとなります（法人の会計は利害関係者に明確に表示し判断を誤らせないようにするため、個人の会計は専ら税金の計算、申告のため）。

《参考》所得税の計算は5段階？

- -

　所得税の計算は5段階で考えると整理がしやすいと思います。まず、①各種所得の金額の計算を行い、②総所得金額と分離課税に分け、③所得控除額の計算を行い、④総所得金額等から所得控除額と土地等の分離課税の特別控除額を差し引きし、⑤残ったもの（課税総所得金額など課税○○所得金額という表現はこの所得控除を差し引いた計算を行った後のものをいいます）に各税率を掛けて計算します。なお、損益通算や各種繰越控除は②の計算の際に行います。

　※所得税の確定申告書では便宜上、土地等の分離課税の特別控除額は①の計算の際に差し引くように手引きされています。

---

❷ 地方税

　所得税で計算した項目を基に課される地方税は個人事業税（事業的規模の不動産所得と事業所得のうち一定のものについてのみ課税される）、個人都道府県民税、個人市町村民税があります。法人と違って個人のこれらの税目は申告納税方式ではなく賦課徴収方式となっているため、所得税の申告をすれば（給与所得や公的年金の所得しかない人は給与支払報告書などが支払者側から市町村に提出されれば）申告は不要です。このうち個人都道府県民税と個人市町村民税はまとめて市町村が賦課徴収を行います。

3 所得税申告の2つの目的

　いきなりですが、ここで皆さんに質問です。

　所得税申告の目的は2つあるのですが、それは次の2つのものを計算することです。それぞれ○と△に入る漢字一字ずつを考えてみて下さい。

> 所得税申告の目的は「所得○額」と「所得△額」を計算するため

　2つとも分かりましたか？まず、所得税申告と聞いてすぐに思い浮かぶのは所得税額ですね。正解です。一つ目は「税」の字が入ります。所得税は住民税とは異なり、申告納税制度を採っていますから税額まで計算して申告することになりますからね。では、もう一つはどんな漢字が入るのでしょうか？これを考えるのに、我々が提出した所得税申告書はその後、誰がどのように使用するのかを想像してみましょう。

　今では紙の申告も少なくなったかもしれませんが、紙で申告する場合の用紙はどのようになっているかご存知ですか？税務署などで配布されている申告書用紙は2枚複写になっています。提出用と納税者控えです。これも2009年分以前の所得税申告書は3枚複写となっていました。一枚目は税務署提出用、二枚目は納税者が翌年1月1日現在居住している市町村回付用、三枚目が納税者控えです。このことから分かるように、我々が税務署に提出した所得税申告書は紙であれ電子であれ、市町村に回るのです（2010年分以後はOCR部分をスキャンし、電子データで市町村に送られるようになりました）。これを受け取った市町村ではこの申告書をどのように使うのでしょうか？もちろん、住民税の計算に使います。しかし、それだけではありません。行政の仕事の中には「社会的・経済

的弱者に手を差し伸べる」というのがあります。これによって全国民の基本的人権の擁護を実現している部分があるのですが、では、手を差し伸べなければいけない人と何もしなくても自分でやっていける人の線引きは何で行っているのでしょうか？そうです、所得金額です。所得税申告の目的の二つ目は「金」の字が入ります。例えば、国民健康保険税額、後期高齢者医療費の1割負担・3割負担、公営住宅の家賃、子育て世代だったら3歳未満児の保育料や児童手当の支給などにも所得金額が幅広く使われています。市町村役場の方は所得税額には全く興味がなく、所得金額を知りたがっているのです。

　我々税務のプロは所得税額はもちろん、所得金額のもたらす影響も考えて所得税申告に当たるべきなのではないでしょうか？「所得控除がたくさんあって所得税額がゼロになったから特別償却（貸倒引当金の繰入でもいいです）はしなくてOK」ではなく、「特別償却しなくても税額は出てこないんだけど、児童手当の受給ができるかどうかギリギリだからやっておきましょうか？」などと提案することができるようになればお客様のかゆいところに手が届く仕事となり、とても喜んで頂けると思います。

5 会計事務所が取り扱う主な税目3（消費税関係）

1 何に課される税金なのか

　消費税は原則的に「お客様への売上に含まれる仮受消費税（税込対価の10/110）と「仕入、外注、経費、固定資産など業者に支払った金額に含まれる仮払消費税」の差額を納付する税目です。この差額がマイナスの場合には還付されます。ただし、中小事業者の事務負担に配慮し、一定の要件の元に簡易課税を選択して仮受消費税の

○○％を納付することも認められています。なお、消費税のかからない「課税対象外取引（不課税取引）」と「非課税取引」、「免税取引」については特に収入項目について明確に区分しておかなければなりません。

② 消費税における取引の分類

　以前、私の事務所の20代のスタッフに「収入について、課税対象外取引、非課税取引、免税取引、課税される取引をどの順で判断してる？」と尋ねたことがありました。彼女は「まず、消費税がかかっているかどうかを判断して、かかっていなければ、免税、課税対象外、非課税のいずれに当たるのかを判断しています」と言っていました。基本的に消費税はかかる取引がほとんどなので、消費税がかかっていないものについて、輸出取引（免税）は特定のお客様にしか出てこないためパスした上で、実質的には課税対象外か非課税かを考える、ということなのでしょう。これは間違いではないのですが、消費税を理解するためには判断の順序を変えた方がいいと思います。具体的には、消費税が実際に課税される取引と判断するための３つのフィルターを意識するのです。この３つのフィルターのうち一つでも引っかかれば消費税の課税はなく、３つとも全て通過したもののみ課税がなされる、と考えるのです。この３つのフィルターについて図を用いて解説します。

　企業会計で処理すべき取引を消費税においてどのように区分するのかを図にすると次のようになります。

〈消費税における取引の分類〉

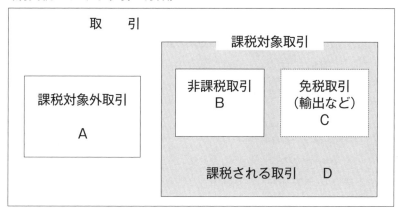

(1) 課税4要件のフィルター

　　まず、一つ目のフィルターは「課税4要件のフィルター」です。すなわち、①国内において、②事業者が事業として、③対価を得て行う、④資産の譲渡・貸付・役務の提供、の4つの要件を全部満たすか一つでも満たさないか、ということなのですが、一つでも満たさないと課税対象外取引（A）となり、消費税の計算の世界には入ってきません。ここに分類される代表的な取引として、損害賠償金や寄附金、保険金、配当などが挙げられます。これらの共通点は課税4要件のうち③又は④を満たさない（このことを「対価性がない」と言います）ということです。なぜ、対価性がないと消費税の課税対象から外れるのでしょうか？

　　一つの仮説ですが、課税権者である国はこう考えたのではないでしょうか？昭和の終わり頃に消費税の導入に舵を切った最大の理由は毎年の税収を安定させるためと言われていますから、その安定財源である消費税の歳入額を予算においてもできるだけ確実な数字としたい。では、どうするか。国内における対価の総取引額は政府の方で把握しているから、その3％（当時）が国庫に納

まるよう立法すればいいのではないか、と。

　もちろん、我が国の消費税はヨーロッパ型付加価値税を模範としていますからそこでの取扱いの影響もあったのかもしれませんが、いずれにせよ、損害賠償金や保険金、配当金といった不安定要素のある取引は消費税の課税取引から外した方が予算立てがしやすいことは間違いありません。

(2) 非課税取引のフィルター

　さて、一つ目のフィルターを通過した取引、すなわち、課税4要件を全て満たした取引は消費税の課税対象取引となります。つまり、消費税の計算の世界に入ってくる取引です。しかし、消費税の課税対象となったからといって即座に全て税率をかけて納税の対象にするというのは国民感情などもあり、いささか乱暴です。そこで、二つ目のフィルター「非課税取引のフィルター」が用意されました。限定列挙という形で非課税取引というものを規定し、これに該当する取引については消費税の課税対象ではあるけれども、あえて消費税を課さないということにしたのです。

　しかし、この非課税取引については問題点がありました。それは、非課税取引に直接ひもが付く課税仕入れの控除の問題です。今でも保険診療報酬に係る薬の課税仕入れなどは控除することができないことから、お医者さんの団体が毎年消費税の取扱いの変更を申し入れているのはこの問題によるものです。例えば、薬局に並んでいるシップ薬（仕入先に消費税相当額は支払ってあります）でも、普通にお客さんが買って行かれたものについては課税売上となりますから、その分の課税仕入れは全額仕入税額控除ができます。しかし、患者さんが処方箋を持って来られた分については非課税売上となりますから課税仕入れの税額控除はできません。では、なぜ非課税取引の直接ひもが付く課税仕入れは仕入税額控除ができないのでしょうか？

これについても課税権者である国の立場になって考えるとよく分かります。非課税売上を収入する事業者はそれ自体、一種の恩恵です。いくらその取引で収入を上げても消費税を納めなくていいからです。しかし、この収入にヒモが付く課税仕入れの仕入税額控除を認めてしまうと還付となり、恩恵を二重に受けることになってしまうため、そこまではしなくていいだろうと考えるのはごく自然なことだと思います。私は、この**二重恩恵を避けるため**に非課税売上に直接ひもが付く課税仕入れを認めていないのだと考えています。

(3) 輸出取引のフィルター

二つ目のフィルターまで通過した取引に全て消費税をかけてもいいかというと、もう一つクリアすべき問題があります。それは、輸出取引です。我が国の消費税は日本国政府を課税権者とする内国税ですからこれを外国の購入者に負担させる訳にはいきません。そこで、①輸出取引については消費税を免除し、②そこに直接ひもが付く課税仕入れの仕入税額控除を全額認めることとしたのです。①についてはよく分かるのですが、②について少し解説を加えますと、輸出する物品の仕入などに係る消費税の控除を非課税取引同様に認めないこととすると、その仕入に係る消費税相当額は輸出価格に転嫁されることになります。こうするとやはり実質的に国外の購入者に我が国の消費税相当額を負担させることになりますから、輸出取引については仕入税額控除を認めて還付することにより国外への消費税の転嫁を防いでいるのです。

3 課税売上割合の正体

課税売上割合の正体に入る前に、原則課税の仕入税額控除について一つ疑問を提示したいと思います。課税売上高5億円以下の場合、なぜ、課税売上割合が95%以上であれば課税仕入れの全額が

仕入税額控除できるのに対し、95%未満になると個別対応方式又は一括比例配分方式によって仕入税額控除に制限がかかるのでしょうか？私なりの答えを先に言っておくと、「仕入税額控除の本来の考え方は個別対応方式であって、これには事務的な手間がかかるため、その簡易的・例外的取扱いとして一括比例配分方式や全額控除を認めている」というものです。ということで、個別対応方式による仕入税額控除のおさらいから始めます。

　個別対応方式による場合、**全ての課税仕入れについて**、①課税資産の譲渡等にのみ要するもの、②非課税資産の譲渡等にのみ要するもの、③課税資産の譲渡等と非課税資産の譲渡等に共通して要するもの、の3つに分類しなければなりません。そして、①の課税仕入れについては全額仕入税額控除することが認められます。これはなぜかというと、次の流通段階に消費税を転嫁しているからです。もう少し具体的にいうと、消費税の仕入税額控除を認めないとした場合、前の流通段階（仕入先）に支払った消費税相当額を次の流通段階（売り先）への売価に乗せることになります。こうなると流通業者を経るたびに消費税相当額が雪だるま式に増えていき、エンドユーザーの手に渡るときには消費税相当額が100%くらいになっていることも考えられます。これではまともな経済を営むことができませんから、消費税の最終負担者（次の流通段階に消費税を転嫁できない人；エンドユーザー及び非課税取引を行う事業者）が10%を負担すればいいということなので、最終負担者の手に渡るまでの流通段階においては、次の流通段階に消費税を転嫁するものについては前の流通段階に支払った消費税相当額を全額控除してその差額を納めることとし、**雪だるま式の課税を避けた**訳です。

　ここまでで、課税売上に直接ひもが付く課税仕入れは全額仕入税額控除ができ、非課税売上げに直接ひもが付く課税仕入れは全く仕入税額控除ができないということがその理由とともに理解できたと

思います。しかし、世の中にはこれらのいずれにも該当しないという課税仕入れがたくさんあります。例えば、本社の電気代や電話代、ガソリン代などです。こういったものの仕入税額控除はどうすればいいのでしょうか？課税売上に直接ひもが付くものではないので、全額控除するのは無理。非課税売上に直接ひもが付くものでもないので、全額控除不可とするのも無理。では、どうするか？そのどちらにも直接ひもが付かない課税仕入れに対して「ある合理的な割合」をかけたものだけ控除してやればいいのではないか、という考え方が出てきます。では、「ある合理的な割合」とはどうやって求めるのか？それは、「消費税の課税対象となる取引全体（分母）のうちに、次の流通段階に消費税が転嫁されている取引（分子）がどのくらいあるのか」ということで求まります。すなわち、分母は課税4要件を全て満たした取引額となりますから、「非課税取引＋免税取引＋課税される取引」（111ページの図のB＋C＋D）となります。分子はこのうち非課税取引以外のもの、すなわち、「免税取引＋課税される取引」（111ページの図のC＋D）となるのです。免税取引については外国に転嫁する訳ではないのですが、全額控除を認めないと外国に消費税が転嫁されてしまいますから、ここでは分子に含めなければなりません。この **「ある合理的な割合」が課税売上割合の正体** です。無論、消費税の仕入税額控除に際し、課税売上割合よりも合理的な割合は当然に存在します。そこで、個別対応方式によって仕入税額控除を行う場合に限り、課税売上割合に代えて「課税売上割合に準ずる割合」の適用を認めているのです（要承認）。

　しかし、個別対応方式は先述の通り、全ての課税仕入れについて3つに区分しなければならず、大変な手間がかかります。そこで、この3つに区分することができなかった場合の簡便的な方法として一括比例配分方式が用意されており、その課税期間の課税仕入れに係る消費税全体に課税売上割合を乗じたものを仕入税額控除とす

ることとされているのです。一括比例配分方式には2点注意することがあって、一つ目は、2年継続要件があることです。一旦、一括比例配分方式によって計算すると次の課税期間（簡易課税又は全額控除の場合を含む）を含め2年は個別対応方式によることができません。二つ目は課税売上割合に準ずる割合を使うことができないということです。手間はかかりますが、個別対応方式の方が納める税額は少なくなることが多いですから、一括比例配分方式を採用する場合には相当な注意が必要です。

　最後に、課税売上5億円以下で課税売上割合が95%以上の場合にはなぜ全額控除を認めているのかということなのですが、課税売上割合95%以上という状態を裏返して見てみるとどうなるでしょう？「非課税売上の割合が5%以下」ということになりますね。つまり、次の流通段階に消費税を転嫁しない取引が5%以下ということです。税法で5%という数字は譲渡所得の概算取得費などに見られますが、「ない訳ではないが、あまり大きくないもの」として取り扱われているイメージですね。ですから、このような場合には原則的な方法（個別対応方式）によらずとも納付税額に与える影響は軽微と考えられるため、全額控除を認めているのでしょう。一方で、課税売上高が5億円を超えると、税率が大きくなってきていることもあり、課税売上割合が95%以上であっても納付税額に与える影響額が無視できなくなるため、個別対応方式又は一括比例配分方式を義務付け、仕入税額控除に制限がかかるのです。現行の消費税法は第30条第1項に全額控除が規定されているため全額控除が原則となっているように見えますが、元々の考え方は個別対応方式なのです。

④ 地方税

　消費税の税率10%のうち7.8%（軽減税率は6.24%）は国税であ

る「消費税」、残りの2.2%（軽減税率は1.76%）は都道府県税である「地方消費税」と区分されています。地方消費税はその名の通り地方税なのですが、申告書が国税と一葉となっており、申告、納付ともに国にまとめて行います。

　軽減税率については、国・地方合わせて8％なので国税と地方税の区分も従前の税率（国6.3%、地方1.7%）をそのまま継続すればよかったのではないかと思うところもあるのですが、地方税法第72条の83において地方消費税の税率は78分の22と定められていますから、これに合わせざるを得なかったのでしょう（6.24×22/78＝1.76）。

6 お客様とのコミュニケーション事例集（税務編）

　ここからは、お客様からよく尋ねられる項目とその一般的な回答例をQ&A方式で説明します。

Q1 保険の満期金って所得になるの（所得税がかかるの）？

A1 生命保険や損害保険の満期返戻金は一時所得になりますから、受取った金額から今まで支払ってきた保険料を差し引いてさらに50万円の特別控除を差し引いたものの半分が所得として課税の対象になります。これについて申告納税の義務が発生します。ただし、保険期間の開始から5年以内に解約したものや満期となるものについては預金の利子のように差益の20%が源泉徴収されて課税関係が完結しますから申告納税の義務はありません。

　この申告によって納税者に及ぶ影響は2点あります。一つ目はその一時所得について納税額が出てくるということです（所得税額からの視点）。二つ目は普段、所得が基礎控除額以下となる

ため控除対象配偶者や控除対象扶養親族となっている人に申告義務のある満期金などがあると金額によっては**扶養親族に該当しなくなったりすることもあります**から注意が必要です（所得金額からの視点）。

　なお、100万円を超える生命保険金や解約返戻金・満期返戻金などは生命保険会社から税務署に支払調書が回ることになっていますので、当局はこれらの受領の事実を把握していることになります。

Q2 ┃お母さんをお父さんの扶養から息子の扶養に移そうと思うんだけど、健康保険はお父さんの扶養になっているんだけど大丈夫？

A2 ┃所得税については扶養親族、健康保険については被扶養者と、いずれも「扶養」という言葉を使いますから混同されがちですが、保険が被扶養者になっているから税金の扶養もその人につけなければならないということはありません。あくまでも税金の計算上、この人の扶養親族とするという意味ですから、必ずしも保険と一致させなくてもいいことになります。ですから、「税金の上だけの話ですから……」などと説明して納得して頂ければ OK です。

Q3 ┃財産を息子に渡すときって、贈与と相続で税金はどっちが安いの？

A3 ┃財産がどのようなものかにもよりますが、贈与と相続では贈与の方が税負担が重くなるのが普通です。贈与税はもらったものが年間110万円の基礎控除を超えるとかかってきますが、相続税は基礎控除が大きいため納税義務がない人が多く、殆どの人は税負担がないのと、税率も贈与税に比べて低く設定されている（正確には、超過累進税率の上がり方が緩やか）ためです。

　ただし、例えば財産をたくさんお持ちの方の想定限界相続税率が45%の場合に贈与税率40%に収まる分の贈与をすることや、相続人でない孫全員に少しずつ贈与することなどによって最終的に税負担が小さくなることもありますから、ケースバイケースといえるでしょう。

Q4 役員報酬や専従者給与の額をどうやって決めたらいい？

A4 役員報酬は原則として事業年度開始から3ヶ月以内に決定しておかないと損金算入に制限がかかることとされていますし、専従者給与は届出をしてその額の範囲内で支給しないと必要経費に算入できないこととされています。いずれも身内に対する給与という性格がありますから、その額の決め方には頭を悩ませるところですが、いずれも他の使用人や同業他社などの支給状況と大きく乖離しない金額に設定することが肝要といえます。

(1) 役員報酬

　役員報酬は会社と役員との委任の対価です。つまり、労務の対価のように時間を拘束したからとか、これだけ働いたからとかいうことを基礎として支払われるものではなく、「会社の経営全般を任せられたことについての報酬」ということです。ですから、働いた時間などではなく、どちらかというと会社の業績と連動する性質のものになります。したがって、<u>役員報酬の額は役員の業務と責任の内容、会社の業績、同業他社の支給状況などを踏まえて決定する</u>のが妥当といえるでしょう。

(2) 専従者給与

　生計を一にする親族に対する対価は、これを無制限に認めると親族への所得分散を図ることにより超過累進税率を採用する所得税の負担を親族全体で抑えるという租税回避行為につながりますから原則として必要経費不算入とされています。しかし、青色申

告者の事業に専ら従事する家族従業員についてその給与を全く必要経費として認めないとすると逆に他の従業員に対する給与との間で公平さを欠く結果となります。そこで、生計を一にする親族に対する対価の例外として、いくつか要件を設けた上で必要経費算入を認めることとしたものです。この専従者給与を決めるポイントは、他の使用人と同じ取扱いとすることを趣旨としていることを踏まえると、「もし、**親族ではない使用人に払うとしたらくらくらい出すか**」ということに尽きるでしょう。無論、同業他社との比較も念頭に置いておかなければならないのはいうまでもありません。

　ところで、税務署は何故こういった同族間取引についてその金額の多寡を問題にするのでしょうか？それは、**同一の利害関係にある者同士の取引をそのまま認めることによって課税の公平を損なう結果となるのを避けるため**と言われています。通常の取引は利害関係が対立する状態で行われます。すなわち、売り手は少しでも高く売りたい、買い手は少しでも安く買いたい、という状態（自分の得は相手の損）で取引が行われるのですが、このような状態下においては、①売り手は買い手、税務署とも利害関係が対立、②買い手は売り手、税務署とも利害関係が対立、③税務署は売り手、買い手とも利害関係が対立ということになります。この状態で行われる取引や申告については自然発生的で恣意性が排除された、正しいものとして取り扱われるのです。

　これに対し、売り手と買い手が同族関係者であれば、利害関係は必ずしも対立せず、同一となることもあり得ます。こうなると、売り手と買い手は利害関係が同一で、税務署はいずれとも利害関係が対立、という状態になります。つまり、恣意性が介入する余地が発生するのです。このため、利害関係が対立する状態で行われる取引、つまり、通常の取引の金額で計算・申告しないと

そうでない状態で同じ取引をした人との間に不公平が生じてしまいますから、これを防ぐ目的で恣意性を排除した金額であるかどうかをチェックするのです。

Q5 領収書がないと必要経費にならないの？

A5 まず、領収書の存在理由というのは 2 つあるのをご存知ですか？一つは、二重請求を防ぐため、もう一つは、その受領・支払を第三者に分かるようにするためです。前者は当事者間のトラブルを避けるためであり、本来、この目的のために領収書というものが世の中にお目見えしたと私は考えています。後者は税務調査などで領収書が利用される理由となりますが、どちらかというと、後づけ的な印象があります。

　さて、所得税や法人税を考えると、領収書の保存は必要経費や損金とするための要件となっている訳ではありません。しかし、その支出があったことの**立証責任**は納税者側にありますから、この立証責任を果たすために最も手軽なのが領収書の保存です。しかし、領収書があれば何でも経費になるかというとそうではありません。事業の遂行上必要ではないものや偽造されたものである場合などには当然、経費性は否認されます。一方、自動販売機で買ったものや鉄道の切符代など領収書のないものについては現金出納帳などに記載しておくことで経費性が相当とされれば経費となります。また、売上と仕入の両方を申告から除外している場合（いわゆる両落とし）にはこれらの税目では粗利部分のみを増差所得とされるのが一般的です。これらのことから、領収書の保存は身を守るためには必要不可欠であることは間違いないものの、必要経費の要件になっているという訳ではないということがお分かり頂けると思います。

　ただし、消費税の原則課税においては請求書等の保存が仕入税

額控除の要件となっていますので分けて考える必要があります。

Q 6 経費ってどこまでが経費なの？

A 6 会社でも個人でも事業をやっているとどこまでが経費として認められるものなのかということが分からなくなることがあります。必要経費として認められるものは事業に直接関係のあるものという説明がなされますが、一言で言うと**「もし仮にその事業をやっていなかったとすると出てこなかったであろう支出」**と思って頂ければいいと思います。例えば、私は自宅とは全く別のところに事務所を構えて税理士業を営んでいますが、この事務所に係る減価償却費、固定資産税、町会費などは全て税理士業をやっていなかったら発生しないものとなります。このような事情下で発生したものは経費性あり、です。一方で、身内に対する見舞金や香典、出身校の同窓会費などは事業をやっていなくても発生する支出です。こういった支出は経費性なし、です。

多少の例外はありますが、概ねこの基準で考えて頂ければいいと思います。

7 節税をめぐるお客様とのコミュニケーションの研究

〜面倒で本当はやりたくないことをお客様から進んで「やる」と言って頂くために

社長は上からものを教えられるのが嫌なだけでなく、面倒な事務的な作業も嫌いな人が多いです。しかし、税法ではこの面倒なことを要件としているものが多くあります。誰しも、誰かに言われてやらされるより自分でやる気になってやる方が精神的負担が少ないものです。ここでは、面倒で本当はやりたくない作業について少しでもお客様の

精神的負担を軽減して差し上げるコミュニケーションを紹介します。

◆お客様（社長）が会計事務所の職員（Aさん）に節税相談をしています。この場合のAさんの対応を中心に考えてみます。なお、お客様の会社は3月末決算で、今日は3月5日とします。

社　長：Aさんね、今月の20日過ぎに得意先を何社か接待して飲みに行こうと思うんだけど、どう思う？

Aさん：それはいいですね。（注1）で、どうしてそう考えられたんですか？（注2）

社　長：（頭をかきながら）うーん、実はAさんも知ってる通り、ウチの会社、今期利益がたくさん出ちゃってるでしょ？節税したいと思ってさ。

Aさん：そういうことですね。うーん、残念ながら今期の交際費、既に800万円を超えちゃってますね。交際費は年間800万円を超えるとそれ以上は税金の計算上、経費にならないことになってるんですよね……。（注3）（注4）

社　長：えっ、じゃ、接待して飲みに行っても税金安くならない訳？

Aさん：ええ、残念ですが、そういうことです。

社　長：なーんだ、面白くないな……。

Aさん：でも社長、いい方法がありますよ。（注5）

社　長：えっ、何？何？

Aさん：実は、得意先や仕入先の人たちと飲食した場合、一人当たり5千円以下であればさっきの800万円とは関係なく経費になるんですよ。

社　長：えっ、本当？

Aさん：何年か前の改正（実は2006年度改正）でこのような取扱いになったんですよ。（注6）

社　長：なんだ、それ先に言ってよー。

Ａさん：ただし、条件があるんです。（注７）

社　長：何？

Ａさん：実は、一人当たり５千円以下ということを後から証明できるように参加者の名前や所属先、立場、それと人数などを全員分について記録しておかないといけないんです。

社　長：あー、一人当たりの計算だから仕方ないよね。お店の領収書の裏にでも書いときゃいいんでしょ？

Ａさん：そうですね。あと、相手の所属先について取引先だということが証明できればいいかと……。（注８）

社　長：なーんだ、簡単だね。じゃ、それで行こう。

Ａさん：ただ、社内の人だけで行ったとかの場合はこれに当てはまりませんからね。（注９）

社　長：それは大丈夫だよ。

Ａさん：あと、２次会などがあるときは店を替えれば基本的にそれぞれで一人当たりの金額を計算することになります。社長の会社は税抜き経理をしてますから、消費税抜きで５千円以下となっていれば OK です。（注10）

社　長：ありがとう、助かったよ。

Ａさん：ちなみに、何でこの一人当たりの金額が５千円になったか知りたくありません？（注11）

社　長：うーん、何で？

Ａさん：５千円札が樋口一葉で、女性だから飲食が好き……だからではありませんよ（笑、注12）。合ってるかどうかは分かりませんが、何やら、公務員の倫理基準のようなものに合わせたんじゃないかって聞いたことがあります。（注13）公務員は民間の方と飲食するときに確か５千円までならOKだとか……。（以下、雑談続く）

いかがだったでしょうか。少しうまくいき過ぎと思われるかもしれ
ませんが、このように事が進めばお互いに楽だと思いませんか？会計
事務所の仕事はお客様にやって頂くことがたくさんあり、自然、お願
いすることが多くなります。この際、お客様に「義務だからやらない
といけない、やらなくて損をするのはお客様ですよ」というスタンス
でお願いするのは仕事だから仕方ないとはいえ、逆の立場で考えると
言われている方は何か押し付けられたようで嫌な気分がすると思いま
す。少なくとも、ここに配慮を感じることはないでしょう。

そこで、相手に少しでも負担感を和らげ、できれば気分よく動いて
頂くようにして差し上げるのが今回例に挙げたコミュニケーションで
す。

このようなコミュニケーションはいろんなことを意図しないとでき
ません。今回使ったのは「一旦落として、引き上げるテクニック」で
す。ご期待に応える方法はあるんだけれども、いきなりそれを紹介し
たのでは、その要件となっている面倒な事務作業はうやむやにして
やってもらえないだろうと推測されるとします。そのような場合、一
旦、「ご期待に応えることは残念だけどできません」というようなこ
とを匂わせるのです。それで一旦、残念と思って頂いた後、「でも、
いい方法があるんです」と引き上げるのです。こうすると、一度ダメ
だと思ってあきらめかけていたところに救いの手が差し伸べられたこ
とになりますから、聞いている方は前にも増して前のめりになりま
す。あとは要件や細かいことを少しでも相手の頭に残るように工夫し
て差し上げるだけです。細かい会話の意図については次の（注１）か
ら（注13）にまとめましたので参考にして下さい。

（注１）お客様のおっしゃる提案などは、まず肯定的な姿勢を示すこ
とが重要です。これによって徐々に親身度が伝わります。
（注２）必ず、どういう意図でそうおっしゃっているのかを確認しま

す。これをやらないと頓珍漢な会話になることがあります。

（注3）お客様に不利なことや、お客様の意図と異なることを申し上げなければならない場合には必ず「残念ですが」と前置きします。

（注4）原則ではお客様の意図の通りにはならないけれども、例外によって結果的にお客様の意図の通りになる場合には、まず、「原則によるとダメなんだ」ということをお伝えします。

（注5）その後、「実は、ある方法によれば思い通りに進むんですよ」と言います。

（注6）つい最近の改正であれば改正の年度をアバウトでもいいですから言うとプロっぽく聞こえます。改正から時間が経っているようでしたらこのようにぼかしてもいいですから、「改正があった」ということを伝えると「ちゃんと勉強してるんだな」という印象を持たれます。

（注7）何もしないで意図の通りに進む訳ではないので条件を後から言います。これを言うのを忘れるととんでもないことになります。

（注8）法律の趣旨から重要なことをいくつか伝えておきます。

（注9）適用の対象にならないことをいくつか伝えておきます。

（注10）尋ねられそうなことを尋ねられる前にさらりとお伝えしておくと、いくつも事例を経験しているという感じが伝わり、お客様が感じるプロ度が格段にアップします。

（注11）さらにプロ度をアップするためには、その改正の経緯を雑談として加えておきます。お客様の興味を引くためにやることですから、ここは噂でもいいのですが、確証が持てなければ「○○と聞いています」と付け加えること‼

（注12）たまにはバカなことも言うと親密度が上がります（場合と程度によりけり）。5千円札の肖像画となっている樋口一葉の

名前を出しておくと、お客様はこの後「5千円」ということを忘れないでしょう。

(注13) 目上の方に説明するときは「教えてあげる」という空気が出ないように、「〜と聞きました」「〜のようです」「〜だそうです」といった伝聞調でお伝えするとスムーズに伝わります。

Column　枝葉末節と根幹

　私は子供の頃から何でも疑問に思う癖があって、単純に何かを教えられても、どうしてそうなんだろう？と考えることが多かったのを覚えています。我々の仕事は会計のきまりと税法に沿って行わなければなりませんから、各自の裁量に委ねられている仕事なのか、決められたことに従って進める仕事なのか、と言われるともちろん、後者に当たります。この「決められたことに従う」というのは大変なことで、どう決まっているのかを知らないとこのような仕事はできません。税理士試験のときに税法の暗記はしましたが、それでも税法全体からすればほんの僅かの部分だけで、改正があったりすると都度、理解しなおさなければなりません。すごく膨大な作業を必要とする仕事ということになるのです。

　そこで、私は税法の枝葉の部分ではなく幹の部分を押さえようと考えたのです。一本の大きな木に例えていうと、我々を悩ませる個々の事象・事案は枝葉の部分で、それらは一本の幹から枝となって分かれています。ということは、幹の部分を押さえてしまえば、その原則に従って枝葉が存在している訳ですから、取扱いの大きなヒントがそこにあるのではないかと考えたのです。ここでいう「幹」を税法に落とし込んでみると、「税法の趣旨や考え方、そして、何を求めているのかということ」がこれに当たるでしょうか。

次の章では誰もが身構える「税法を読む」という部分に入っていきますが、条文にいきなり入る前に、本章で述べた税法の趣旨や考え方、どうしてこのような規定・取扱いになっているのかということを理解しておくとすっと頭に入ってくるでしょう。将来、スタッフさんに税法を教えるときもこのようなスタンスで説明すると、比較的少ない負担感で習得してもらうことができるはずです。

第6章

税法を読む

1 税法を読む際の基礎知識

　このセクションでは会計事務所の仕事において拠り所となる税法の読み方について確認します。税務に関する処理の判断は商慣習とか会計慣行などいろいろ考えることが出てきますが、最後に辿り着くのはやはり税法です。会計事務所の仕事をしていると税法の奥深さはよくお分かりだと思います。税法はしばしば「**一読理解、二読誤解、三読不可解**」などといわれます。これは、一読すれば日本語としては理解できるのですが、具体例が出てきて二回目に読むと誤解が生じ、さらに分からなくなって三回目ともなると何が何だか分からなくなってしまうということを示したものです。

　税理士試験にチャレンジした経験のある皆さんは当然に分かっている部分かとは思いますから釈迦に説法となるかもしれませんが、スタッフさんに税法の読み方を教える際の参考にもなりますので億劫がらずに読んでみて下さい。

■1 「法律」と「施行令」と「施行規則」

　「**法律**」は条文が国会で諮られ、賛成多数の決議を経て施行されているものです。ところが、法律の施行上細かい点などについてはたびたび変更になることがありますが、その都度国会に諮っていたのでは大変な手間となりますから、法律では大まかなことを決めておいて、その下位に「**施行令**」と「**施行規則**」を補助的に置いています。「**施行令**」は内閣が出す命令のことで、「政令」とも言います。また、「**施行規則**」は各省庁の大臣が出す命令のことで、「省令」とも言います。税法はそれぞれ「法律」と「施行令」と「施行規則」の3つがセットになっており（この3つを合わせて「法令」と呼びます）、この順に従って内容が細かくなっていきます。

2 「○○税法」と「租税特別措置法」

どちらも税に関する法律なのですが、「○○税法」というのは恒久法であり、改正があるまでは生き続けるものです。これに対し、「租税特別措置法」というのは時限立法がほとんどで、期限が設けられているものが多いです。ここに記載されている内容については毎年税制改正のときに「延長」又は「廃止」が議論されますが、期限切れとなるにもかかわらずその後何も触れられなかった場合には、その部分は「廃止」ということになります。また、全ての税法の特別措置がこの法律の中に収められているため条文数も多く、「第○条の△の×」などやたらに長い条数が出てくるのもこの法律の特徴です。

3 法令と通達

通達は法令に比べてかなり具体的に細かく書かれているため、特に税法関係は通達により取扱いや解釈がなされています。しかし、通達はあくまで行政機関内部の文書で、上級官庁が下級官庁に対して「このように取扱いなさい」と命令するものに過ぎませんから、法令とは異なり、直接我々納税者を拘束するものではありません。ただ、権力側である税務署が通達によって動いている以上、結局は納税者に影響が及ぶため、その内容を公開して処理などの参考にしているのが現状です。

4 条、項、号

税法に限らず、法律の条文は箇条書きとなっています。その箇条書きの一番基本となる条文を「条」で表します。これは、条文の前に「第○○条」と必ず書いてあるので分かるかと思います。法律に改正があり、例えば第12条と第13条の間に追加の条文が入ったときに条数を繰り下げると以下の条数が全て書き換わり、いつの第○

○条かが分からなくなっては困りますから、「第12条の2」とか、さらに「第12条の2の1」とかが設けられることがありますが、これらは全て「条」と同順位となります。

その「条」の中での小見出しとなるのが「項」です。条文中では算用数字で書いてありますが、ただ算用数字が書いてあるだけで「第△△項」とは書いてありません。なお、条文は必ず第1項から始まりますから、第1項の「1」は書かないことになっています。

「条」又は「項」の中に漢数字が書かれていることがあります。これが「号」です。位置づけとしては「項」の次の小見出しに当たります。これも「項」と同じく漢数字しかかかれていません。なお、「項」と違い、第一号の「一」は書かれています。

「号」の下位に位置するものにはイ、ロ、ハ……などがあります。租税特別措置法などでよく見られるのですが、法人税申告書に「租税特別措置法第○条第△項第×号のイ該当」などということを書く場合があるのはまさしくこの部分です。

5「する」と「みなす」と「推定する」

これら3つは全て「法律上、このように取り扱う」という意味で使われますが、それぞれ同じようで全く違う意味を持っています。

(1) **する**

法律上での**定義づけ**、つまり、イコールを表します。例えば、「……法人税の課税標準は、各事業年度の所得の金額とする（法法第21条）」という表現は「法人税の課税標準イコール各事業年度の所得の金額」というように、定義づけている訳です。

(2) **みなす**

本当はそうじゃないんだけど、法律上はそのように取り扱いますよ、という意味です。例えば、「中間申告書を提出すべき事業

者がその中間申告書をその提出期限までに提出しなかった場合には、その事業者については、その提出期限において、税務署長に第42条第1項各号、第4項各号又は第6項各号に掲げる事項を記載した中間申告書の提出があったものとみなす（消法第44条）。」という表現は「中間申告書の提出は本当はないんだけれども、期限内に前課税期間の実績による中間申告書の提出があったものとして取り扱う」という意味になるのです。ここでのポイントは、本当はそうじゃない、ということで、事実と異なる法律上の取扱いをするというところにあります。

(3) **推定する**

　何が事実かは分からないんだけど、分からない、では法律の取扱いが不可能であるから、一旦、推定されることを事実として法律を適用するが、後から反例が出てきたらそちらを正しいものとして取り扱うという意味です。例えば、「国内に居住することとなった個人が次の各号のいずれかに該当する場合には、その者は、国内に住所を有する者と推定する。

一　その者が国内において、継続して一年以上居住することを通常必要とする職業を有すること（所得税法施行令第14条第1項、抄）」という条文については、国内に住所があるかどうか分からない人について、国内で継続一年以上居住しなければならないような職業に就いている場合には、本当は住所があるかどうか分からないながらも、国内に住所を有するものとして取り扱うということになります。しかし、当初はそう思っていたけど、途中で海外出張が頻繁かつ長期になるなど国内に住所を有することとして取り扱うことは不適当であるということが判明した場合にはそうではなかった（国内に住所がない）という取扱いになるのです。

⑥「控除した金額」と「控除した残額」

どちらも同じような意味ですが、「AからBを控除した金額」というと、単純に「A－B」のことを指します。これに対して「AからBを控除した残額」というと、「A－Bだけど、結果が**マイナスになった場合にはゼロとして取り扱う**」ということになります。例えば、「給与所得の金額は、その年中の給与等の収入金額から給与所得控除額を控除した残額とする（所得税法第28条第2項）。」と規定されていますが、給与所得控除額は最低55万円となっているところ、給与収入が50万円の場合、給与所得はマイナス5万円になるのかというとそうではありません。給与所得控除額を控除して控除し切れない分は切捨てとなりますから、給与所得額はゼロとなります。このような場合に「控除した残額」という表現を使います。この「残額」という表現は所得税法や相続税法によく見られます。

⑦「経過する日」と「経過した日」

経過する日というと応当日の前日をいい、経過した日というと応当日の当日をいいますから、両者の間には一日の差が生じます。例えば、8月2日から1か月を経過する日というと9月1日を指しますし、経過した日というと9月2日を指すことになります。

2 条文を読む練習1（所得税法第120条から第123条）

ここからは実際の条文に触れていきます。まずは所得税法第120条から第123条までを読んでみましょう。この部分を取り上げる理由は、**分かりにくい条文を整理して理解するため**です。

《確定所得申告》

第百二十条　居住者は、その年分の総所得金額、退職所得金額及び山林所得金額の合計額が第二章第四節（所得控除）の規定による雑損控除その他の控除の額の合計額を超える場合において、当該総所得金額、退職所得金額又は山林所得金額からこれらの控除の額を第八十七条第二項（所得控除の順序）の規定に準じて控除した後の金額をそれぞれ課税総所得金額、課税退職所得金額又は課税山林所得金額とみなして第八十九条（税率）の規定を適用して計算した場合の所得税の額の合計額が配当控除の額を超えるときは、第百二十三条第一項（確定損失申告）の規定による申告書を提出する場合を除き、第三期（その年の翌年二月十六日から三月十五日までの期間をいう。以下この節において同じ。）において、税務署長に対し、次に掲げる事項を記載した申告書を提出しなければならない。

（略）

⋮

一　その年分の総所得金額、退職所得金額及び山林所得金額並びに第二章第四節の規定による雑損控除その他の控除の額並びに課税総所得金額、課税退職所得金額及び課税山林所得金額又は純損失の金額

（以下略）

　この条文は一読理解どころか、一読目から不可解ですね。私が教えている法科大学院の学生にこの条文の読解をさせてみたところ、いまだに一人も一読目で読解できた人はいません。

　まず、なぜこの条文があるのかというところから確認します。所得税は個人に課される租税ですから、国民全員に申告義務を課すと赤ちゃんからお年寄りまで明らかに所得がない人も含め、全ての人が確定申告しなければならなくなり、とても非現実的です。そこで、確定申告しなければならない人を限定する必要があるため、その要件を定めたのがこの条文なのです。

この条文の個別具体的な内容に入る前に、税法を読むときの工夫をまとめてみます。

①タイトルを見て条文の趣旨を大まかにつかんでから読み始める

②税法はカッコ書きが多いので、まず、**カッコは青色で囲み**、一度目は飛ばして読む

③日本語は文末に指示がある言語なので、文末で義務規定なのか、禁止規定なのか、できる規定なのか判断する

④途中、分からない専門用語が出てきても気にせずに一旦は最後まで読んで、文の構成をつかむ

⑤要件が複数に及ぶときは、「又は」なのか「かつ」なのか意識して読む

さて、第120条に戻ります。よく読んでみると、要件が二つ書かれていて「○○の場合において……△△のときは」という表現から「かつ」の関係になっていることが分かります。さらに文末は「しなければならない」となっているため義務規定なのだということが分かります。つまり、「AかつBの場合には確定申告書を提出しなければならない」という表現になっているのです。

まず、Aはどこからどこまでかというと、「その年分の総所得金額、退職所得金額及び山林所得金額の合計額が第二章第四節（所得控除）の規定による雑損控除その他の控除の額の合計額を超える場合において」という部分がこれに当たります。また、Bは少し長いですが、直後の「当該総所得金額、退職所得金額又は山林所得金額からこれらの控除の額を第八十七条第二項（所得控除の順序）の規定に準じて控除した後の金額をそれぞれ課税総所得金額、課税退職所得金額又は課税山林所得金額とみなして第八十九条（税率）の規定を適用して計算した場合の所得税の額の合計額が配当控除の額を超えるときは」という部分です。Bの部分に所得税の専門用語がありますので解説を加えておきます。課税○○所得金額というのは、○○所得の金額から

所得控除額を決められた順序（まず、総所得金額から）に従って控除した後の金額をいいます。

　具体的な内容については所得税の確定申告書を見ながら解説した方が分かりやすいので、申告書Ｂ（138ページ参照）の記載番号を使って説明します。なお、簡素にした方が理解しやすいため、総所得金額のみの場合で説明します。まず、Ａの要件はこういうことを言っています。「⑨の金額が㉕の金額を超えること」。そしてＢの要件はこういうことを言っています。「㉗の金額が㉘の金額を超えること」。まとめると、⑨の金額＞㉕の金額、かつ、㉗の金額＞㉘の金額の場合には申告義務があるのです。一言でいうと、**年税額が発生する人にのみ確定申告義務を課している**のです。それを文章で表現するとこのような訳の分からないものになるのです。なお、確定申告の義務はこの二つの要件をいずれも満たす人だけなので、源泉徴収税額や予定納税額の還付になる人についてもこの二つの要件を満たせば申告義務はあります。勘違いしないようにしましょう。

　次に進みますと、「確定損失申告の規定による申告書を提出する場合を除き」と除外の文言が入っています。確定損失申告は純損失の金額や雑損失の金額を翌年以降に繰り越す場合に提出するもので（申告書の様式は同じ）、義務ではなく、できる規定となっているものです。例えば、前年に多額の雑損失が生じており、その繰越額を今年の所得から控除しても控除し切れないという場合は、その控除し切れなかった金額を翌年に繰り越したいはずです。このような場合には「その年分の」⑨の金額＞㉕の金額、かつ、㉗の金額＞㉘の金額となっているのですが、損失申告書を提出するのであればあえて義務づける必要がないということで除外されているのでしょう。

　最後に「第三期において」とありますが、義務規定である以上、期限を定めておかないと強制力が働きませんから、それを定めているのです。

＜所得税確定申告書Ｂ様式＞

税務署長
令和　　年　　月　　日　令和 ⓪ 年分の 所得税及び の 申告書Ｂ　　FA0125

第一表 (令和元年分以降用)

住所
又は事業所事務所居所など

令和　年1月1日の住所

個人番号

フリガナ

氏名

性別（男・女）　職業　　　屋号・雅号　　世帯主の氏名　　世帯主との続柄

生年月日

電話番号（自宅・勤務先・携帯）

（単位は円）　種類　　　　　　　　　特農の表示　　整理番号

復興特別所得税額の記入をお忘れなく。

収入金額等

事業	営業等	㋐
	農業	㋑
不動産		㋒
利子		㋓
配当		㋔
給与		㋕
雑	公的年金等	㋖
	その他	㋗
総合譲渡	短期	㋘
	長期	㋙
一時		㋚

所得金額

事業	営業等	①
	農業	②
不動産		③
利子		④
配当		⑤
給与	区分	⑥
雑		⑦
総合譲渡・一時 ㋘+{(㋙+㋚)×½}		⑧
合計		⑨

所得から差し引かれる金額

社会保険料控除		⑩
小規模企業共済等掛金控除		⑪
生命保険料控除		⑫
地震保険料控除		⑬
寡婦、寡夫控除		⑭
勤労学生、障害者控除		⑮～⑯
配偶者（特別）控除 区分		⑰～⑱
扶養控除		⑲
基礎控除		⑳
⑩から⑳までの計		㉑
雑損控除		㉒
医療費控除 区分		㉓
寄附金控除		㉔
合計 ㉑+㉒+㉓+㉔		㉕

税金の計算

課される所得金額（⑨-㉕）又は第三表		㉖
上の㉖に対する税額又は第三表の⑨		㉗
配当控除		㉘
	区分	㉙
（特定増改築等）住宅借入金等特別控除 区分		㉚
政党等寄附金等特別控除		㉛～㉝
住宅耐震改修特別控除等		㉞～㊲
差引所得税額（㉗-㉘-㉙-㉚-㉛-㉞-㉟-㊱-㊲）		㊳
災害減免額		㊴
再差引所得税額（基準所得税額）（㊳-㊴）		㊵
復興特別所得税額（㊵×2.1%）		㊶
所得税及び復興特別所得税の額（㊵+㊶）		㊷
外国税額控除 区分		㊸
源泉徴収税額		㊹
申告納税額（㊷-㊸-㊹）		㊺
予定納税額（第1期分・第2期分）		㊻
第3期分の税額（㊺-㊻）	納める税金	㊼
	還付される税金	㊽

その他

配偶者の合計所得金額	㊾
専従者給与（控除）額の合計額	㊿
青色申告特別控除額	51
雑所得・一時所得等の源泉徴収税額の合計額	52
未納付の源泉徴収税額	53
本年分で差し引く繰越損失額	54
平均課税対象金額	55
変動・臨時所得金額	56

延納の届出

申告期限までに納付する金額	57
延納届出額	58

還付される税金の受取場所

銀行・金庫・組合・農協・漁協　本店・支店・出張所・本所・支所

郵便局名等

預金種類　普通　当座　納税準備　貯蓄

口座番号記号番号

区分　A B C D E F G H I J K　L

整理欄　異動　管理　補完　名簿　確認

税理士署名押印　電話番号

納税　専業　保留　資産　総合　分離　国税　還付　記入年月日　通信　確認

《確定所得申告を要しない場合》

第百二十一条　その年において給与所得を有する居住者で、その年中に支払を受けるべき第二十八条第一項（給与所得）に規定する給与等（以下この項において「給与等」という。）の金額が二千万円以下であるものは、次の各号のいずれかに該当する場合には、前条第一項の規定にかかわらず、その年分の課税総所得金額及び課税山林所得金額に係る所得税については、同項の規定による申告書を提出することを要しない。ただし、不動産その他の資産をその給与所得に係る給与等の支払者の事業の用に供することによりその対価の支払を受ける場合その他の政令で定める場合は、この限りでない。

一　一の給与等の支払者から給与等の支払を受け、かつ、当該給与等の全部について第百八十三条（給与所得に係る源泉徴収義務）又は第百九十条（年末調整）の規定による所得税の徴収をされた又はされるべき場合において、その年分の利子所得の金額、配当所得の金額、不動産所得の金額、事業所得の金額、山林所得の金額、譲渡所得の金額、一時所得の金額及び雑所得の金額の合計額（以下この項において「給与所得及び退職所得以外の所得金額」という。）が二十万円以下であるとき。

（以下略）

　次の第121条は給与所得者の特例と呼ばれるもので、第120条の例外規定となっています。勤務先1か所からの給与収入しかなく、年末調整されている人（年税額あり）の確定申告について考えてみましょう。第120条の規定には2つの要件が掲げられていましたが、年税額があるということは、この2つの要件をともに満たします。ということは、この給与所得者は申告義務あり、となります。しかし、このような人の確定申告には確かに年税額は出てくるのですが、源泉徴収税額で精算され、申告納税額はゼロとなります。つまり、ゼロ申告書を提出しなければならないことになってしまうのです。5,900万

人を超える給与所得者の大部分はこのような人だと類推されますが、これは不毛な行為です。そこで、収入金額2,000万円以下の給与所得がある人については、その給与について源泉徴収されていることを要件に、給与所得と退職所得以外の所得が20万円以下であれば原則である第120条にかかわらず、確定申告が不要とされているのです。

次にただし書き以下の部分についてですが、給与所得と退職所得以外の20万円以下の所得（収入ではない）であっても、例えば、会社の社長が自分の会社から受領する家賃や利息などに係る所得がある場合にはこの例外規定（第121条）は適用しないという意味になります。

第121条は割と日本語が難しくないので一読理解、となるのではないでしょうか。では、二読誤解の部分に入っていきますので、次の二問について考えてみて下さい。

問題1

会社の社長が自分の会社から役員報酬を得ており、年末調整されています（年税額はゼロ）が、これ以外に役員借入金の利息（雑所得）を受領しています。社長は所得控除が大きいため、この雑所得を加えたところで確定申告書Ｂの⑨の金額よりの金額の方が大きくなるのですが、このような場合にも確定申告義務はあるのでしょうか？

問題2

給与所得と退職所得以外の所得が20万円以下であれば申告義務がないということなのですが、この20万円以下の判定において次のものは適用前で判断するのでしょうか、適用後で判断するのでしょうか？
①青色申告特別控除の65万円
②青色申告特別控除の10万円
③総合譲渡や一時所得、山林所得の50万円の特別控除額

④長期譲渡所得や一時所得の総所得金額算入時の2分の1
⑤収用の特例の5,000万円控除

　いかがでしょうか？日本語は明瞭に規定されていても、具体例が出てくるとたちまち難解になり、誤解を生じるところです。

　まず、問題1ですが、これは法令解釈の話で、第120条は原則規定、第121条はその例外規定ですから、第121条において例外が適用除外となった場合には原則規定が適用されます。ですから、第120条に従うことになるため、⑨の金額より㉕の金額の方が大きいと同条の一つ目の要件を満たさないことになるので申告義務はありません。会社から給与以外の対価を受領していたら必ず申告しなければならないというのは誤解です。

　次に問題2ですが、これについては申告しなくてもいいかどうかを判断する訳ですから、申告しないことを前提に考えます。このように考えると、申告要件があるものについては適用がなされませんから原則、適用前で判断し、申告要件がないものについては申告しようがしまいが適用がありますから適用後で判断することになります（所得税法基本通達121-6）。この基準によると、①は期限内申告が要件となっているため、適用前で判断、②から④は全て申告要件がないため適用後で判断することとなります。ここまでは原則的な取扱いといえるのですが、原則があれば例外もある訳で、⑤については申告要件が規定されているのですが、分離譲渡所得については特別控除の適用後で判断することになっています。分離譲渡所得の特別控除は収用にせよ、居住用にせよ、納税者を保護する目的で設けられているものですから、この部分についても一定の配慮がなされているのでしょう（租税特別措置法施行令第20条第4項、第21条第7項）。無論、申告しない場合においても特別控除の要件を満たすことを後から証明できるようにしておかなければなりません。

《還付等を受けるための申告》

第百二十二条　居住者は、その年分の所得税につき第百二十条第一項第四号、第六号又は第八号（確定所得申告）に掲げる金額がある場合には、同項の規定による申告書を提出すべき場合及び次条第一項の規定による申告書を提出することができる場合を除き、第百三十八条第一項（源泉徴収税額等の還付）又は第百三十九条第一項若しくは第二項（予納税額の還付）の規定による還付を受けるため、税務署長に対し、第百二十条第一項各号に掲げる事項を記載した申告書を提出することができる。

（以下略）

　第122条には「源泉所得税額等や予定納税額の還付を受けるため……」と書かれているため、てっきり我々税理士の申告などはこれに該当すると思い込み、これはできる規定なので源泉所得税が還付となる税理士に確定申告の義務はないと思っていらっしゃる方に何人かお会いしたことがあります。しかし、同条には「同項（第120条第1項のこと）の規定による申告書を提出すべき場合……を除き」と規定されています。ですから、年税額があって源泉所得税の一部が還付となる税理士は原則である第120条が適用されますので、申告義務はあることになります。第122条はあくまでも年税額がない納税者のための規定なのです。例えば、上場株を所有していて年30万円の配当があり、それ以外の所得がない人のことを考えます。この人は合計所得金額が30万円と基礎控除額以下なので確定申告書Bの⑨の金額＜㉕の金額となり、申告義務がありません。しかし、この配当からは61,260円の源泉所得税が控除されています。この規定がないと、第120条に規定する申告義務がない納税者はこの源泉所得税の還付を受けることができません。このことは予定納税額についても同様です。**所得税は自然人に対して課する税金ですから、税が生活を脅かすことのないよう**

に、という配慮があります。消費税のように納税義務がない者には還付しない、とはいいません。申告義務がなくても、源泉所得税や予定納税の還付を受けられる人については還付を受けるための申告ができますよ、と規定しているのが第122条なのです。

　また、同条は**申告時期を限定していません**。ここにも所得税による自然人の生活に対する配慮が感じられます。ただし、国税通則法第74条第1項の規定により5年間還付請求権を行使しなければ時効消滅となります。

《確定損失申告》

第百二十三条　居住者は、次の各号のいずれかに該当する場合において、その年の翌年以後において第七十条第一項若しくは第二項（純損失の繰越控除）若しくは第七十一条第一項（雑損失の繰越控除）の規定の適用を受け、又は第百四十二条第二項（純損失の繰戻しによる還付）の規定による還付を受けようとするときは、第三期において、税務署長に対し、次項各号に掲げる事項を記載した申告書を提出することができる。

一　その年において生じた純損失の金額がある場合

二　その年において生じた雑損失の金額がその年分の総所得金額、退職所得金額及び山林所得金額の合計額を超える場合

三　その年の前年以前三年内の各年において生じた純損失の金額及び雑損失の金額（第七十条第一項若しくは第二項又は第七十一条第一項の規定により前年以前において控除されたもの及び第百四十二条第二項の規定により還付を受けるべき金額の計算の基礎となったものを除く。次項第二号において同じ。）の合計額が、これらの金額を控除しないで計算した場合のその年分の総所得金額、退職所得金額及び山林所得金額の合計額を超える場合

（以下略）

　第123条は第120条の説明において既出なので、詳しい説明は割愛

します。これもできる規定ですから、義務ではなく権利の行使としての申告となりますが、「第三期において」と規定されていますから、期限内申告が求められています。

3 条文を読む練習2（消費税法第19条）

　続いて消費税法第19条を読むことにします。この部分を取り上げる理由は、**条文から期間を正確に読み取ることができるようにするため**です。我々の仕事は期限が厳密に決められています。申告期限にせよ、書類の提出期限（特に、消費税の届出関係）にせよ、一日読み違えるだけで取り返しのつかない失敗となる可能性があります。このようなことにならないよう、期限を正確に把握することは必須となります。

1 第1項

《課税期間》

- -

　第十九条　この法律において「課税期間」とは、次の各号に掲げる事業者の区分に応じ当該各号に定める期間とする。

一　個人事業者（第三号又は第三号の二に掲げる個人事業者を除く。）　一月一日から十二月三十一日までの期間

二　法人（第四号又は第四号の二に掲げる法人を除く。）　事業年度

三　第一号に定める期間を三月ごとの期間に短縮すること又は次号に定める各期間を三月ごとの期間に変更することについてその納税地を所轄する税務署長に届出書を提出した個人事業者

　一月一日から三月三十一日まで、四月一日から六月三十日まで、七月一日から九月三十日まで及び十月一日から十二月三十

一日までの各期間

三の二　第一号に定める期間を一月ごとの期間に短縮すること
又は前号に定める各期間を一月ごとの期間に変更することにつ
いてその納税地を所轄する税務署長に届出書を提出した個人事
業者　一月一日以後一月ごとに区分した各期間

四　その事業年度が三月を超える法人で第二号に定める期間を
三月ごとの期間に短縮すること又は次号に定める各期間を三月
ごとの期間に変更することについてその納税地を所轄する税務
署長に届出書を提出したもの　その事業年度をその開始の日以
後三月ごとに区分した各期間（最後に三月未満の期間を生じた
ときは、その三月未満の期間）

四の二　その事業年度が一月を超える法人で第二号に定める期
間を一月ごとの期間に短縮すること又は前号に定める各期間を
一月ごとの期間に変更することについてその納税地を所轄する
税務署長に届出書を提出したもの　その事業年度をその開始の
日以後一月ごとに区分した各期間（最後に一月未満の期間を生
じたときは、その一月未満の期間）

　第1項の第一号と第二号はペアのようなもので、これが原則で
す。すなわち、個人事業者の課税期間は1月1日から12月31日、
法人の課税期間は事業年度として、所得税と法人税に合わせてある
のです。これらの規定については、実際に事業を行っていた期間は
問いません。例えば、個人事業者が1月1日から7月31日までは
給与所得者で、9月1日から12月31日までが事業所得者だったと
しても課税期間は定められている通り1月1日から12月31日まで
となります。

　第三号と第四号は課税期間を3か月ごとに短縮する場合、第三
号の二と第四号の二は課税期間を1か月ごとに短縮する場合の規
定で、第一号と第二号の例外規定となりますが、いずれも言ってい
ることは期間以外のことは同じなので、ここでは第三号と第四号に

ついて見てみます。

　第三号は個人事業者が課税期間を 3 か月に短縮する場合について規定しています。まず、原則にかかわらず課税期間を短縮するためには税務署長に届け出（消費税課税期間特例選択届出書）が必要と規定されており、3 か月ごとに短縮する場合には 1 月 1 日から3 月31日、4 月 1 日から 6 月30日、7 月 1 日から 9 月30日、10月1 日から12月31日となります。これもいつ事業を開始したかなどにかかわらず、規定された期間の通りですから、個人事業者の課税期間ははとても簡単です。

　第四号は法人が課税期間を 3 か月に短縮する場合について規定しています。法人は事業年度があり、1 年未満のものもありますから規定が個人事業者に比べてやや複雑なものとなっています。まず、事業年度そのものが 3 か月以下だと 3 か月ごとに短縮することができませんから「3 か月を超える事業年度」と限定しています。課税期間を短縮することについて税務署長に届け出が必要なのは個人事業者と同じです。この届出が効力を生じると、事業年度開始の日以後 3 か月ごとに区分した期間に沿って課税期間が決まるというのです。最後に 3 か月未満の期間ができれば、その 3 か月未満の期間も課税期間ということになります。3 月末決算法人が6 月16日に設立され、当初から課税期間を 3 か月ごとに短縮することを考えてみましょう。3 か月ごとに区切るとなると、我々の頭は 4 月から 6 月、7 月から 9 月……という固定観念がありますから、ついつい 6 月16日から 6 月30日、7 月 1 日から 9 月30日……というふうに考えがちですが、これは誤りです。正解は 6 月16日から 9 月15日、9 月16日から12月15日、12月16日から 3 月15日、3 月16日から 3 月31日の各期間となります。半端は一番後ろにもってくるのです。

＜課税期間の短縮＞

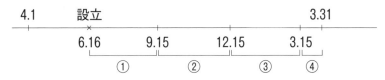

2 第2項

> 2　前項第三号から第四号の二までの規定による届出の効力は、これらの規定による届出書の提出があつた日（以下この項において「提出日」という。）の属するこれらの規定に定める期間の翌期間（当該提出日の属する期間が事業を開始した日の属する期間その他の政令で定める期間である場合には、当該期間）の初日以後に生ずるものとする。この場合において、次の各号に掲げる場合の区分に応じ当該各号に定める期間をそれぞれ一の課税期間とみなす。
>
> 一　前項第三号又は第三号の二の規定の適用を受けていない個人事業者が、これらの規定による届出書を提出した場合　提出日の属する年の一月一日から届出の効力の生じた日の前日までの期間
>
> 二　前項第四号又は第四号の二の規定の適用を受けていない法人が、これらの規定による届出書を提出した場合　提出日の属する事業年度開始の日から届出の効力の生じた日の前日までの期間
>
> 三　前項第三号の規定の適用を受けている個人事業者が、同項第三号の二の規定による届出書を提出した場合　提出日の属する同項第三号に定める期間開始の日から届出の効力の生じた日の前日までの期間
>
> 四　前項第四号の規定の適用を受けている法人が、同項第四号の二の規定による届出書を提出した場合　提出日の属する同項第四号に定める期間開始の日から届出の効力の生じた日の前日までの期間

第 2 項は第 1 項で規定されている課税期間短縮の届出の効力についての規定で、本文は二つの文章から成っています。まずは一文目についてですが、理解を楽にするために課税期間を 3 か月ごとに短縮する個人事業者（第 1 項第三号）について規定を追ってみましょう。

　前項（第 1 項）第三号の規定による届出の効力はこの規定による届出書の提出があった日の属する「これらの規定に定める期間」の翌期間の初日以後に生ずるものとする、とあります。「これらの規定に定める期間」とはいつの期間のことをいうのでしょうか？今回は第三号について確認していますから、第三号に定める期間のこと、すなわち、1 月 1 日から 3 月31日、4 月 1 日から 6 月30日、7 月 1 日から 9 月30日、10月 1 日から12月31日までの期間のことを表しています。例えば、9 月20日に課税期間を 3 か月ごとに短縮する届出をした場合には、9 月20日は第三号に定める期間のうち、「7 月 1 日から 9 月30日までの期間」に属することになります。この期間の翌期間というと「10月 1 日から12月31日までの期間」となりますから、その初日となると、10月 1 日です。ですから、9 月20日に提出した届出書の効力は10月 1 日に生ずることとなり、翌期間からの適用選択となるのです。ただし、事業を開始した日の属する期間については、納税者の選択により届出をした日の属する期間から適用することができます。

　次に二文目についてですが、この届出書の効力が生じた場合には次の第一号から第四号までの期間をそれぞれ一の課税期間とみなす、と規定されています。みなす規定が出てきました。みなす、というのは本当はそうではないけれども、法律の施行においてはそうだったとして取り扱うというものでした。つまり、ここでいう第一号から第四号までの期間というのは本当は課税期間ではありません。しかし、それでは課税期間に穴が開いてしまいますからこれを

ふさぐためにみなす規定を置いているのです。一文目と同じく9月20日に課税期間を3か月ごとに短縮する届出をした個人事業者を例にとります。この届出の効力が生ずる日は10月1日で、第1項第三号の規定によって10月1日から12月31日までの期間が課税期間とされるのでした。では、この年の1月1日から9月30日まではどうなるのでしょうか？これについて第2項第一号で「提出日（9月20日）の属する年の1月1日から届出の効力の生じた日の前日までの期間」と規定しています。「届出の効力の生じた日の前日」って、具体的にいうと何月何日ですか？届出の効力が生じた日が10月1日ですから、その前日は9月30日ですね。だからここでは提出日の属する年の1月1日から9月30日までを課税期間とみなす、となる訳です。

　このように、**期間を規定する条文を確認する際は必ず日付を超具体的に一つ一つ確定して読み進めて下さい。この時には棒線が非常に役に立ちます。**

＜届出の効力＞

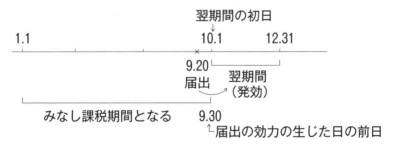

3 第3項

> 3　第一項第三号から第四号の二までの規定による届出書を提出した事業者は、これらの規定の適用を受けることをやめようとするとき又は事業を廃止したときは、その旨を記載した届出

書をその納税地を所轄する税務署長に提出しなければならない。

　第3項は、課税期間を3か月ごと又は1か月ごとに短縮する旨の届出書を提出した個人事業者又は法人が課税期間の短縮をやめようとするときや事業を廃止したときは、その旨を記載した届出書（消費税課税期間特例選択不適用届出書）を税務署長に提出しなければならないということを規定しています。

4 第4項

　4　前項の規定による届出書の提出があつたときは、その提出があつた日の属する課税期間の末日の翌日以後は、第一項第三号から第四号の二までの規定による届出は、その効力を失う。この場合において、次の各号に掲げる場合の区分に応じ当該各号に定める期間をそれぞれ一の課税期間とみなす。
　一　第一項第三号の規定による届出書の提出をしている個人事業者がその年の一月一日から九月三十日までの間に前項の規定による届出書の提出をした場合又は第一項第三号の二の規定による届出書の提出をしている個人事業者がその年の一月一日から十一月三十日までの間に前項の規定による届出書の提出をした場合　当該翌日から当該提出があつた日の属する年の十二月三十一日までの期間
　二　第一項第四号の規定による届出書の提出をしている法人がその事業年度開始の日からその事業年度の三月ごとに区分された期間のうち最後の期間の直前の期間の末日までの間に前項の規定による届出書の提出をした場合又は第一項第四号の二の規定による届出書の提出をしている法人がその事業年度開始の日からその事業年度の一月ごとに区分された期間のうち最後の期間の直前の期間の末日までの間に前項の規定による届出書の提出をした場合　当該翌日から当該提出があった日の属する事業

年度終了の日までの期間

　第4項は消費税課税期間特例選択不適用届出書の提出があった場合の課税期間がどうなるのかということを規定しています。引き続き、課税期間を3か月ごとに短縮した個人事業者を例にとります。この個人事業者が6月29日に消費税課税期間特例選択不適用届出書を提出したとします。すると、その提出があった日の属する課税期間の末日の翌日以後、消費税課税期間特例選択届出書は効力を失う、とされています。具体的に日付を入れると、その提出があった日（6月29日）の属する課税期間というと「1月1日から6月30日」となりますから、その末日は6月30日です。その翌日である7月1日以後、課税期間短縮の届出は効力を失い、課税期間の短縮は解除されるのです。この場合も課税期間の短縮を開始するときと同様、翌期間からの適用選択となります。

　また、課税期間の短縮をやめようとするときもみなし課税期間の規定があります。今回の例の場合、7月1日から課税期間の短縮は解除されるのですが、第4項第一号により、この日からその年の12月31日までの期間を課税期間とみなすことになっています。つまり、この年は1月1日から3月31日、4月1日から6月30日、7月1日から12月31日の3つの課税期間が存在することになるのです。

5 第5項

　5　第一項第三号から第四号の二までの規定による届出書を提出した事業者は、事業を廃止した場合を除き、これらの規定による届出の効力が生ずる日から二年を経過する日の属するこれらの規定に定める期間の初日（同項第三号又は第四号の規定による届出書を提出した事業者が同項第三号の二又は第四号の二

> の規定の適用を受けようとする場合その他の政令で定める場合
> には、政令で定める日）以後でなければ、同項第三号から第四
> 号の二までの規定による届出書（変更に係るものに限る。）又は
> 第三項の届出書を提出することができない。

　第5項は消費税課税期間特例選択不適用届出書の提出の制限に
ついて規定しています。読み解いていくと、消費税課税期間特例選
択届出書を提出した個人事業者又は法人は、その効力を生ずる日か
ら2年を経過する日の属する第1項第三号から第四号の二に規定
する期間（課税期間の初日から3か月ごと又は1か月ごとに区分
した各期間のこと）の初日以後でなければ消費税課税期間特例選択
不適用届出書又は課税期間を3か月ごとから1か月ごと若しくは
1か月ごとから3か月ごとに変更する届出書を提出することがで
きない、と規定しているのです。
　また、日付けを入れて考えてみましょう。個人事業者が課税期間
を3か月ごとに短縮する届出をしたのが2019年9月20日だったと
します。するとこの届出の効力が生ずる日というのは2019年10月
1日です。この日から2年を経過する日（応当日の前日）という
のは2021年9月30日です。この日の属する3か月ごとの期間とい
うのは「2021年7月1日から2021年9月30日」ですから、この期
間の初日は2021年7月1日です。この日以後でないと消費税課税
期間特例選択不適用（又は変更）届出書の提出はできないのです。
そして、2021年7月1日から2021年9月30日までの間に消費税課
税期間特例選択不適用届出書を提出すれば2021年10月1日に課税
期間の短縮は解除されます。
　ただし、事業を廃止した場合にはこのいわゆる2年しばりはあ
りません。

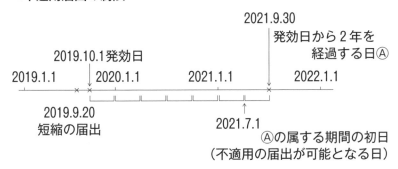

＜不適用届出の制限＞

2021.9.30
発効日から２年を
経過する日Ⓐ

2019.10.1発効日

2019.1.1　2020.1.1　2021.1.1　2022.1.1

2019.9.20
短縮の届出

2021.7.1
Ⓐの属する期間の初日
（不適用の届出が可能となる日）

4 条文を読む練習３（法人税法第21条、第22条と第74条）

　最後に法人税法第21条と第22条、そして第74条を読むことにします。第21条と第22条を取り上げる理由は、**法人税の課税対象の原則について正確に理解するため**です。法人税の処理で分からなくなったらここに戻ってくるように、と言われますが、本当にその通りだと思います。今回は触れませんが、所得税法には第36条から第38条にかけて同様の規定があります。第74条を取り上げる理由は、**法人税の申告義務者を所得税のそれと対比しながら確定決算主義を採用していることを確認する**ためです。こちらは所得税法の申告義務とは異なり、大変にシンプルな条文となっています。法人は生身の人間と違い、生活することがないので所得税ほど担税力への配慮がなくてもいいと考えているのでしょう。

《各事業年度の所得に対する法人税の課税標準》

第二十一条　内国法人に対して課する各事業年度の所得に対する法人税の課税標準は、各事業年度の所得の金額とする。

　第21条は非常にシンプルです。

「とする」規定ですから定義づけをしていることになります。各事業年度の所得に対する法人税の課税標準＝各事業年度の所得の金額、だそうです。ここで専門用語が出てきました。「各事業年度の所得に対する法人税」と「各事業年度の所得の金額」です。

　前者について、一言に法人税といってもいくつかに分類されており、現行法人税法には「各事業年度の所得に対する法人税」「各連結事業年度の連結所得に対する法人税」「退職年金等積立金に対する法人税」の3つがあります。これらのうち、通常我々が取り扱うのが「各事業年度の所得に対する法人税」です。

　後者については、次の第22条に詳しく規定されています。

第二十二条　内国法人の各事業年度の所得の金額は、当該事業年度の益金の額から当該事業年度の損金の額を控除した金額とする。
2　内国法人の各事業年度の所得の金額の計算上当該事業年度の益金の額に算入すべき金額は、別段の定めがあるものを除き、資産の販売、有償又は無償による資産の譲渡又は役務の提供、無償による資産の譲受けその他の取引で資本等取引以外のものに係る当該事業年度の収益の額とする。
3　内国法人の各事業年度の所得の金額の計算上当該事業年度の損金の額に算入すべき金額は、別段の定めがあるものを除き、次に掲げる額とする。
一　当該事業年度の収益に係る売上原価、完成工事原価その他これらに準ずる原価の額
二　前号に掲げるもののほか、当該事業年度の販売費、一般管理費その他の費用（償却費以外の費用で当該事業年度終了の日までに債務の確定しないものを除く。）の額
三　当該事業年度の損失の額で資本等取引以外の取引に係るもの
4　第二項に規定する当該事業年度の収益の額及び前項各号に掲げる額は、別段の定めがあるものを除き、一般に公正妥当と認められる会計処理の基準に従つて計算されるものとする。
5　第二項又は第三項に規定する資本等取引とは、法人の資本金

等の額の増加又は減少を生ずる取引並びに法人が行う利益又は剰余金の分配（資産の流動化に関する法律第百十五条第一項（中間配当）に規定する金銭の分配を含む。）及び残余財産の分配又は引渡しをいう。

　第22条は第21条の内容を受け、第1項から第5項にかけて少しずつ用語が定義されていくという構成になっています。

1 第1項

　第1項では各事業年度の所得の金額＝その事業年度の益金の額—その事業年度の損金の額、と定義されています。「控除した金額」ですから、マイナスになったらそのままマイナスとして取り扱うのだということが分かります。ここでも専門用語が出てきました。「益金の額」と「損金の額」です。これらも第2項と第3項にかけて用語が定義されています。

2 第2項

　第2項は益金の額の定義ですが、「別段の定めがあるものを除き」という記載がありますから、逆にいうと、別段の定め（例外）がなければここに定める原則に従って処理することになるのです。ここでは益金の額に算入すべきものを①資産の販売、②有償又は無償による資産の譲渡又は役務の提供、③無償による資産の譲り受け、④資本等取引以外のものに係る当該事業年度の収益、の4つとしています。

　まず、①資産の販売は、仕入れてきたものや自社で製造したものを売り渡す行為をいいます。つまり、棚卸資産の売上ということになるのですが、これは益金の額に算入すべきと言っています。

　次の②有償又は無償による資産の譲渡又は役務の提供は少し難し

いのですが、4つのことを言っています。すなわち、「有償による資産の譲渡」「有償による役務の提供」「無償による資産の譲渡」「無償による役務の提供」はいずれも益金の額に算入すべきとのことです。一つずつみてみましょう。まず、「有償による資産の譲渡」は①資産の販売とは違います。資産の販売は棚卸資産の譲渡だったのに対し、ここでいう資産の譲渡は例えば固定資産の譲渡のように棚卸資産以外のものの譲渡ですので、範囲が異なります。次の「有償による役務の提供」はよろしいかと思います。我々会計事務所の仕事もそうですが、モノを売り渡している訳ではなく、サービスの対価を売上としている場合です。これも益金の額に算入するのは頷けるところです。よく分からないのが「無償による資産の譲渡」です。税法では無償取引についても課税を行うよう取り扱われる場面が多く、これもその一つです。例えば、自社で所有している土地を誰かに贈与したとします。こういった取引については取引自体を2つに分解して考えます。つまり、「土地を売り渡し、（本当は金銭のやり取りはないのですが）その対価（時価）を受け取った」という取引と「その対価相当額の金銭をそのまま相手に贈与した」という取引に分解するのです。こう考えると、前半部分の取引については有償による資産の譲渡そのものとなりますから、これを益金の額に算入しなさい、ということをここで言っているのです。もっと分からないのが「無償による役務の提供」です。これも2つの取引に分けて考えることになります。例えば、誰かに無利子で資金を貸し付けたとします。これが無償による役務の提供です。これも「相手から（本当は金銭のやり取りはないのですが）利子の支払いを受けた」という取引と「その支払われた利子相当額の金銭をそのまま相手に贈与した」という取引に分解します。すると、前半部分の取引については有償による役務の提供そのものとなりますから、これを益金の額に算入しなさい、となるのです。**認定利息や認**

定地代家賃などを決算などで計上するのはこの規定によるのです。

　次の③無償による資産の譲り受けについては受贈益について益金の額に算入しなさい、ということなので理解しやすいと思います。

　④資本等取引以外のものに係る当該事業年度の収益については、例えば、保険金収入とか賠償金収入、債務免除益なども益金の額に算入するよう規定したものです。

3 第3項

　第3項は損金の定義ですが、こちらも第2項同様、「別段の定めがあるものを除き」という文言がありますから、別段の定めがないものについてはここに定める原則に従って処理をすることになります（損金については別段の定めは多いです）。

　第一号では「当該事業年度の収益に係る売上原価、完成工事原価その他これらに準ずる原価の額」と規定し、収益とひもが付く原価は損金だと言っています。これには通常我々が認識している売上原価のほか、例えば簿価50万円の車両を70万円で譲渡した場合の50万円といったものも含まれます（70万円は「有償による資産の譲渡」として益金算入）。

　第二号では「前号に掲げるもののほか、当該事業年度の販売費、一般管理費その他の費用（償却費以外の費用で当該事業年度終了の日までに債務の確定しないものを除く。）の額」としており、その事業年度に帰属する費用は損金だと言っています。ただ、原価とは異なり、償却費以外の費用で事業年度終了の日までに債務確定しないものはその事業年度の損金から外されています（原価は債務確定しなくてもOK）。

　第三号は「当該事業年度の損失の額で資本等取引以外の取引に係るもの」とされており、法人税と所得税の異なるところです。法人税では損失の額は原則損金算入ですが、所得税では損失の額は原則

必要経費不算入とされています（所法第37条）。ここには固定資産除却損・滅失損や貸倒損失、盗難損失などが含まれます。

4 第4項

　第4項には、益金の額や損金の額の計算に当たっては別段の定め（例外）があるものを除いて一般に公正妥当と認められる会計処理の基準に従って計算する旨規定されており、企業会計原則その他広く一般に受け入れられている基準によって処理することが求められています。

5 第5項

　第5項は第2項と第3項で出てきた専門用語「資本等取引」の定義が記載されています。これは会社の純資産を種と果実に区分した場合の種の部分の取引や果実の部分の配当のことを指すこととし、このような取引については益金にも損金にも関係させないものとしているのです。

《確定申告》

第七十四条　内国法人は、各事業年度終了の日の翌日から二月以内に、税務署長に対し、確定した決算に基づき次に掲げる事項を記載した申告書を提出しなければならない。
一　当該事業年度の課税標準である所得の金額又は欠損金額
（以下略）

　第74条では主語が内国法人とされていますから、所得税と違い、原則として全ての法人が申告しなければならないことが分かります。また、期限は各事業年度終了の日の翌日から2か月以内とされており、確定した決算の内容を受けて申告書を提出しなければならない旨、規定されています。

Column 条文への慣れ親しみを !!

　まずは、お疲れ様でした。この部分を読むのには結構な体力と集中力を要したことと思います。本当はあといくつか紹介したい条文があったのですが、特にお伝えしたい内容から絞り込んだ上で取り上げさせて頂きました。

　ここでは、いきなり条文に入ることはせず、基礎知識的な部分から説明させて頂いたのですが、特に税法特有の表現（「控除した金額」と「控除した残額」の違いなど）については弁護士さんもあまりご存知ない部分です。

　次章では税務調査に触れますが、ここにおいて事実確認と同様に大事になるのは法令解釈の部分です。ここでも「どこに書かれている」ということとともに、「どういう意味合いでこう書かれている」ということが重要で、この部分について深い知識があると変化球への対応も可能となります。また、税務調査で不服があり、国税不服審判所を経て訴訟となった場合には完全に法令だけの世界となります。税理士も補佐人として法廷に立つことが許されている現在、いつこのような場面に遭遇しないとも限りませんから、条文には慣れ親しんでおく必要が日に日に増しているといえるでしょう。

第 **7** 章

税務調査を知る

1 国税の組織を知る

　ここでは、税務調査の主体となる国税の組織や、調査官などそこで働く人を「彼を知り、己を知れば百戦殆うからず」の「彼」と位置付けて見てみることとします。

1 組織全体

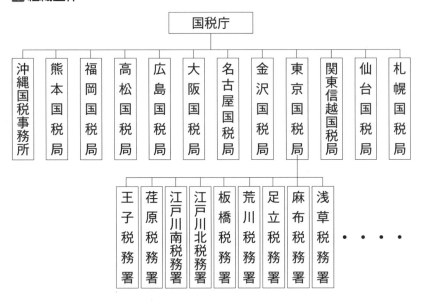

　国税の組織は財務省の外局である国税庁を頂点に、全国に11の国税局と沖縄国税事務所があり、さらにその下部組織として全国各地に524の税務署があります。

　国税庁は国税の賦課徴収、酒類業の健全な発達、税理士業の適正な運営の3つを主な任務としており、税務行政の執行機関の最上部に位置する官庁です。

　この下には国税局及び沖縄国税事務所があり、大規模納税者の税務調査を行ったり、査察を行ったり、税理士試験を実施したりするもの

です。有名なマルサは税務署ではなく、国税局の部署です。

　さらにこの下に税務署があります。ここでは申告書などの受理や小規模納税者の税務調査を行ったりしています。税理士からすると税務署は上の方にあるイメージがありますが、実は、税務行政ピラミッドの最下層に位置する役所なのです。

2 内部の組織（モデル）

(1) 国税局

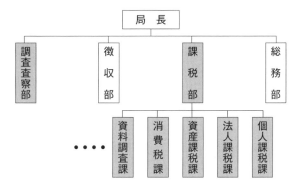

(2) 税務署

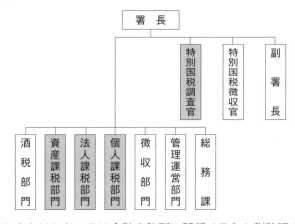

※スミをかけたところは会計事務所に関係する主な税務調査に関係する部署

2 国税組織の一年

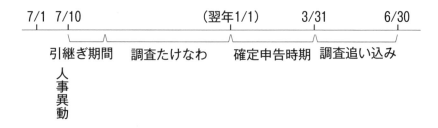

　通常、役所の年度は4月1日から翌年3月31日までなのですが、国税の場合、3月末は所得税の確定申告が済んだばかりで3月決算法人の決算と申告がこれから、という時期に当たりますから、国税の年度を3月末締めとしてしまうといろいろ不都合が生じます。そこで、国税の年度は3か月ずらし、7月1日から翌年6月30日までとしています。これを**事務年度**と呼んでいます。このことは税務調査を知る上で非常に重要なこととなりますのでしっかりと覚えておいて下さい。

　事務年度の上期（7月～12月）は7月10日に発令される人事異動から始まり、異動があった職員はしばらく新しい赴任先で引き継ぎを受けることになります。引き継ぎがない職員については通常通り税務調査に着手し、進めていくことになります。以前は事務年度が開始してからお盆までの時期を引き継ぎ期間に充て、本格的な税務調査はお盆明けからという空気があったのですが、最近では引き継ぎがない職員を中心に7月から調査をやっているようです。

　お盆を過ぎると調査たけなわの時期となります。事務年度が6月で終わる関係上、基本的に税務調査は6月までに終了させることとなっており、特殊な事情がない限りは事務年度を超えて持ち越すことはできないようです。つまり、事務年度の上期は税務調査に最も腰を落ち着けて取り組むことができる時期なのです。この時期にある税務

調査はじっくりと進められることと覚悟する必要があるでしょう。また、この時期は今年の4月に就職し、研修を受けた新人が現場デビューする時期でもありますから、先輩に連れられて総勘定元帳の確認をしたり原始帳票の資料取りをしたりする姿を見ることができます。

　下期（1月〜6月）に入るとすぐに所得税の確定申告時期に入っていきますから、特に2月に入ってから個人課税部門や資産課税部門の調査官が新たに税務調査を手掛けることはありません。最近では法人課税部門の職員も何日かは確定申告の手伝いをするようになっているようですが、法人課税部門に所得税の確定申告期は関係がないのでこの時期も新たに着手する調査はあります。

　確定申告明けは事務年度最後の追い込みとなります。3月下旬くらいからは個人課税、資産課税とも新たな調査に着手し始めますが、この時期は上期とは異なり、事務年度終了まで時間の余裕がありませんから、じっくりと時間をかけて行う調査は比較的少ない傾向にあります。

3 税務署側の税務調査の位置づけ

1 税務調査の種類

（1）一般の調査（任意調査）

　税務署の法人課税部門などが行うもので、国税通則法に規定されている税務当局の質問検査権（第74条の2〜第74条の6）と納税者の受忍義務（第128条第1項第二号及び第三号）を拠り所として執行されるものですから任意とはいえ、調査自体を拒否することはできません。また、任意調査は納税者が行った申告の内容が適正であるかどうかを確認するために行われるものとされて

います。次の特別調査も含め、任意調査については日時や場所などを納税者の都合に合わせて納税者側から指定することができます。

(2) 特別調査（任意調査）

　　国税局の資料調査課や税務署の特別調査部門が行うもので、税務署内での準備調査の結果　①多額の申告漏れがありそうな場合、②事業規模が大きい場合、③他の税務署と連携して調査する必要がありそうな場合、④取引先の不正経理などに寄与しているような場合などに行われるものです。執行の拠り所は一般の調査と同じく国税通則法に規定されている質問検査権です。

(3) 査察（強制調査）

　　国税局の査察部（マルサ）が行うもので、国税犯則取締法の規定にもとづき裁判所の令状とともに執行されるものですから当然、調査自体を拒否することはできません。強制調査は悪質な脱税の取り締まりを目的とし、脱税犯を刑事告発することを目的としています。施行の拠り所は上記(1)(2)とは異なり、国税犯則取締法です。

(4) 反面調査

　　ある調査先の取引について疑義があり、かつ、その調査先の帳票等で取引が確認できない場合、金融機関やその取引先に出向いてその取引を確認するための調査です。反面調査に出向いた先の税務調査ではない点、上記の3つとは性格を異にします。

2 税務署にとって調査とはどんなものなのか？

〜国税庁税務運営方針（1976年4月1日）より

(1) 基本的考え方

　　租税は、国民が生活を営んでいく上で必要な公共的経費に充てるため、各自が負担するものである。税務行政の使命は、税法を

適正に執行し、租税収入を円滑にすることにあるが、**申告納税制度の下における税務行政運営の課題は、納税者のすべてがこのような租税の意義を認識し、適正な申告と納税を行うことにより、自主的に納税義務を遂行するようにすることである。**税務運営においては、この課題の達成を究極の目的として、その基盤を着実に築き上げていくことを、その基本としなければならない。

(2) 適正な課税の実現

国民の納税道義を高め、適正な自主申告と納税を期待するには、同じような立場にある納税者は全て同じように適正に納税義務を果たすということの保証が必要である。**このため、申告が適正でない納税者については、的確な調査を行って確実にその誤りを是正することに努め、特に悪質な脱税に対しては、厳正な措置をとるものとする。**なお、このようにして適正な課税をすることが、また、法の期待する負担の公平を図り、円滑に租税収入を確保するゆえんのものであることを忘れてはならない。

(3) 調査と指導の一体化

申告納税制度の下における税務調査の目的は、すべての納税者が自主的に適正な申告と納税を行うようにするための担保としての役割を果たすことにある。すなわち、<u>適正でないと認められる申告については、充実した調査を行ってその誤りを確実に是正し、誠実な納税者との課税の公平を図らなければならない。</u>更に、調査はその調査によってその後は調査をしないでも自主的に適正な申告と納税が期待できるような指導的効果を持つものでなければならない。

(4) 調査の重点化

限られた稼動量で最も効率的な事務運営を行うため、調査は納税者の質的要素を加味した上、高額な者から優先的に、また、悪質な脱漏所得を有すると認められる者及び好況業種等重点業種に

属する者から優先的に行うこととする。このため、調査の件数、増差割合等にとらわれることなく、納税者の実態に応じた調査日数を配分するなど、動機的、弾力的業務管理を行うよう留意する。

(5) 調査方法等の改善

　税務調査は、その公益的必要性と納税者の私的利益の保護との衡量において社会通念上相当と認められる範囲内で、納税者の理解を協力を得て行うものであることに照らし、**一般の調査においては、事前通知の励行に努め、また、現況調査は必要最小限度にとどめ、反面調査は客観的にみてやむを得ないと認められる場合に限って行うこととする。**なお、納税者との接触に当たっては、納税者に当局の考え方を的確に伝達し、無用の心理的負担を掛けないようにするため、納税者に送付する文書の形式、文章等をできるだけ平易、親切なものとする。また、納税者に対する来署依頼は、納税者に経済的、心理的な負担を掛けることになるので、みだりに来署を依頼しないように留意する。

　　※現況調査……主に現金商売などの納税者の現況を把握するために事前通知をしないで税務調査に入ること。

(6) 有効な資料・情報の収集とその活用

　資料・情報は、調査対象の選定、調査ポイントの抽出などに役立つことにより、調査事務を効率化するとともに、各税事務を有機的に結びつけ、調査の内容を充実するものであるので、**その収集に当たっては、活用効果が特に大きいと認められるものに重点を置き、調査に当たっては、収集した資料・情報を十分活用することに努める。**また、この趣旨を生かすよう、その事績についても、的確な管理を行う。

(7) 納税秩序の維持

　税務調査は、納税者相互間の負担の公平を図るため、国民から

の信託を受けてこれを実施するものであり、すべての納税者は、本来その申告の適否について調査を受ける立場にある。従って、各種の妨害行為をもって税務調査を阻む者に対しては、納税秩序を維持し、かつ、課税の適正を期するため、これらの妨害行為に屈することなく、的確な調査を行い、一般納税者との間に、不均衡が生ずることのないような特段の配慮をする。

(8) 法人税関係1

申告納税制度の下での法人税事務は、自主的に適正な申告を行う法人を着実に育成することを目標としなければならない。このため、個々の法人の申告内容を的確に把握し、その内容に応じて質的な区分を行い、指導によって適正な申告が期待できる法人に対しては、きめ細かな指導を根気よく行うとともに、他方、大口、悪質な不正を行っている法人又は不正計算を繰り返している法人に対しては、常に徹底した調査を行い、調査を通じてその是正を図るなど、その実態に即した指導又は調査を行う。

(9) 法人税関係2

法人数が年々増加し、取引が大型化かつ複雑化している現状において、法人の実態を的確に把握するためには、職員一人一人の創意工夫によって、事務処理の効率化を図る必要がある。このため、事務分担の方式については、あらかじめ業種又は地域等により分担を定め、同一の職員に調査・指導対象の選定から調査・指導及びその事後措置に至る一連の事務を担当させることを原則とし、個々の職員の責任を明確にし、その能力を最大限に発揮できる体制を確立することに努める。

(10) 源泉所得税関係

源泉徴収義務者の把握は、源泉所得税事務の基盤となるものであるから、あらゆる機会を通じて源泉徴収義務者を確実に把握することに努める。また、その業種、業態、規模等に応じて適切な

指導を行い、関係法令、通達等その制度の周知徹底を図り、優良な源泉徴収義務者の育成に努める。**法源同時調査及び所源同時調査の体制は、調査事務の効率的な運営、納税者感情などの見地から設けられたことに顧み、一層これを推進する。**

⑾ **国税庁税務運営方針から分かること**

- ・適正な申告納税
- ・自主的な納税義務の遂行
- ・誠実な納税者との課税の公平
- ・高額・悪質・好況業種を優先
- ・事前通知の励行
- ・質問検査権の確実な履行
- ・調査官の責任の明確化
- ・調査と指導の同時実施

3 税務調査にはノルマがあるって本当なのか？

公式にはノルマのようなものはないということとされていますが、内々には職員の評価として大きく次の3つのポイントがあるようです。

⑴ **調査件数**……これは絶対的ノルマです。調査官は年間の調査計画を提出しますのでこの計画を下回る実績だと「仕事を十分にしなかった」という評価になるようです。おおむね1週間に1件が目処となっているようです。

⑵ **追徴税額・増差所得等の額**……これはプラス査定要因で、「誤った申告を正す」というのが税務調査の根幹の目的ですからその結果として出てきた徴収税額や増差所得等の額が多いと誤りを見抜く力があるということで高い評価になるようです。

ただし、国税当局は提出された申告書はどこかに必ず誤りがあって、追徴税額や増差所得が発生しないということはほとんど

ないと考えているフシがあります。このことから、調査官は追徴税額が取れないと職場にいるのがつらくなるようです。このようなストレスを抱えつつ、日々、仕事をしているのです。

(3)**重加算税の対象となった調査件数**……これもプラス査定要因で、重加算税は増差所得等が出た申告の中でも特に不正のあったものに課せられますので不正を見抜く力があるということで高い評価になるようです。ここは金額ではなく件数が評価されるとのことです。

4 調査官ってこんな人

ここまでをまとめると、調査官というのは次のような立場にあることが分かります。

・事務年度で課された調査件数は必ずこなさないといけない
・できるだけ多くの追徴税額、増差所得等を上げてこないといけない
・できれば追徴税額ゼロの調査（いわゆる空振り）は避けたい
・執行側の立場から、ある程度の強制力や権力は備えているが、税務調査は納税者の事業所で行われるため、基本的にいつもアウェイの状態で行わなければならない
・誰からも感謝されない仕事をやらなければならない
・このような状況下で多かれ少なかれストレスを抱えながら仕事をしている

4 調査先の選定（法人を例に）

1 調査先は誰が選定するのか？

税務署各部門の調査官が選定し、最終的に税務署の各部門の統括

官が承認することになっています。

② 調査先の抽出手順（一部、コンピューターが行うものもあります）

申告書の計算ミスや添付書類漏れなどの単純ミスをチェック

↓

税額還付の適用をチェック

↓

法定調書や資料箋などの情報と申告内容をチェック

↓

高収益・連年黒字額の大きい法人（特に売上が急増している法人）をチェック

↓

申告内容に異常値がある法人

↓

申告漏れの常習法人や毎年一定額以上の所得がある継続管理対象法人　など

③ 選定対象となりやすい調査先

①その年の重点調査業種（業績が特に良い業種や不正を繰り返し行う納税者が多い業種がよく指定される）

②売上や仕入に大幅な変化のある法人

③粗利率と棚卸高に大幅な変化のある法人

④役員報酬が大幅に増加した法人

⑤売上の増加以上に人件費が増加している法人

⑥多額の固定資産除却損を計上している法人

⑦多額の貸倒損失を計上している法人

⑧黒字から赤字転換した法人及びその逆

⑨関連会社や子会社を持っている法人

⑩最近社長が大きな資産（不動産・株式など）を取得した法人
⑪特別な情報が得られた法人
⑫消費税の課税売上が1,000万円に少しだけ足りない法人　など

5 一般的な調査の手順

1 事前審理（準備調査）

　税務署は実地調査に入る前に過去数年分の申告書や調査資料、法定調書、資料箋などにより署内でポイントをまとめ上げています。この段階で不明点をあぶり出し、実地調査で明らかにするという体制をとっていますので、この事前審理で7割方仕事が完結していると考えている人もいるようです。

2 会社概要の確認（以下、実地調査）

　社長などの責任者に対して会社の設立からの経緯、営業内容、営業方針、取引先、現預金管理者、社内の責任体制などについて質問
⇒上記の事前審理で調べたこととの相違点の有無を確認したり以後の実地調査における判断材料としたりします。

3 売上内容等の確認

　取引先から提出された法定調書や資料箋などに記載されている売上が計上されているか、納税者が発行した請求書や領収書の売上が計上されているか、過去数年分の売上などを参考に当期として相当とされる売上となっているかなどの確認をします。また商品の引渡し時期や役務の完了時期を確認し、いわゆる期ズレのチェックも行います。売上や雑収入は課税対象の大元ですからここで漏れが発見されると署側としては後々優位に調査を進めることができることに

なります。

④ 原価内容の確認

　売上に対する原価率を過去のデータから推測しそれに概ね見合うような金額になっているかどうかや架空の仕入、外注費などが計上されていないかどうかの確認を行います。これにより期末棚卸資産の計上漏れが示唆されていくことになります。また、不良・廃棄の大量発生や災害などにより原価率に異常値がある場合などにはその事実の立証を求めます。

⑤ 人件費その他の費用や損失の内容の確認

　人件費については架空の従業員を装って出金したものが損金とされていないか、源泉所得税は適正に徴収・納付されているか、役員に対する給与は適正範囲に収まっているかなどの確認を行います。特に役員に対する出金については役員が比較的自由にその決定を行うことができるため損金としていないかどうか注視します。その他の費用についても交際費や役員個人のものなど損金算入に制限のあるものを中心にその実態を確認します。売上の計上漏れ同様、原価・経費・損失の架空計上が発見されると署側としては後々優位に調査を進めることができることになります。

⑥ 資産などの業務供用状態などの確認

　現金、建物、機械、車両などについてその使用・管理実態について実際に現物を目で見て確認します。特に現金は出納帳との残高が合っているかどうか、他の資産については私用の資産を会社で計上して経費処理していないかどうかなどの確認が行われます。

6 所得税・法人税以外の税目とのからみはどうなっているのか？

(1) **消費税**……輸出免税や多額の設備投資などで年税額が大きくマイナス（控除不足仕入税額がある状態）とならない限りは所得税・法人税の否認事項（売上漏れや経費の過大計上）に伴って消費税の増差額が出てくるといういわば、従たる地位にある税目と思われたりもしますが、簡易課税のみなし仕入率が違っていないかとか、原則課税の仕入税額控除額が適正かどうか（非課税仕入を仕入税額控除としていないか、特に給与なのか外注費なのかという区別など）を見て、増差額を指摘したりすることもあります。また、課税売上高が1,000万円、5,000万円などといった金額をわずかに下回る場合には重ねて注視します。

(2) **源泉所得税**……給与の支払はもちろん、デザイナーや設計士などの個人事業者への支払に係る源泉所得税を細かく見たりします。

(3) **印紙税**……継続的取引の契約書や不動産売買契約書、請負契約書などの課税文書に正しく印紙が貼付されているかどうかを見たりします。会社がお客様にお渡しした領収書のコピーなどを保存している場合にはその領収書への貼付もチェックされます。また、取引先から収受した領収書に印紙が貼付されていない場合にはその領収書のコピーをとって取引先に印紙の貼付もれを指摘することもあります。いずれにせよ、よっぽど悪質な場合を除いては「印紙税不納付事実申出書」を納税者に提出してもらうことにより過怠税を貼り付けるべき印紙税額の1.1倍（原則3倍）にするという扱いもされているようです。

7 任意調査と立証責任

　税務調査は調査官が確認したい内容についての質問を投げかけ納税者がそれに答えるということの繰り返しです。いわば、ボールを一方的に投げられそれを投げ返すということになる訳ですが、納税者が投げ返すことができなかったり投げ返したボールに納得できない点があったりするとその部分が指摘箇所となり修正申告や更正・決定につながっていく訳です。このボールに例えたものが立証責任です。一般的に、質問の対象となっていることについて有利に働く側に立証責任があります。例えば、事実についての立証責任は納税者側に、世間相場からみて高いとか安いとかの指摘事項についての立証責任は課税側にある、といった具合です。いずれにしても立証責任が果たせない方の言い分は通らないということになりますので、質問事項についての回答はできるだけスムーズに出せるよう普段から準備をしておくことが必要となります。

8 現場裁量主義について

1 現場裁量主義

　税務調査における権限などは現場で実地調査している調査官に与えられており、質問事項や各種判断はおおむね調査官に任されています。これを現場裁量主義といいます。

2 司法判断との違い

　税務調査で指摘された否認事項について修正申告をしない場合には全部又は一部が税務署から更正されてきますが、これについて不服の場合には税務署長への再調査の請求と国税不服審判所への審査

請求を経て裁判所に起訴することになります。ここから先は司法の場に判断を委ねることとなりますが、国税不服審判所までの判断と違うところを挙げてみます。

(1) **国税不服審判所までは国税庁の通達が意味を持つのに対し司法には通達の影響が及ばないこと**

(2) **司法ではあくまでも法律と照らしてどうであるかを判断されるということ（必ずしも現場裁量主義による結果と判断が一致しない）**

❸ 税務調査で解決できるところはできるだけ解決しておく

　これらのことから、司法の場に出てしまうとあくまで裁判所は法律に則って判決を出すだけとなりますので、どうしても納得のいかないところは司法判断を仰ぐ段階まで頑張ってもいいとは思いますが、**現場裁量主義を利用して納得できるところについては調査官の考えを一部受け入れながら解決を図った方が得策となることもあり**ます。なぜなら、法令に定められている以外の処置（いわゆるかけひきなど）は司法の場では不可能であるため、現場の調査官の裁量によるしかないからです。

9 まとめ

　税務調査を行う方の立場から税務調査というものを知ると税務調査そのものをどのように捉えているかや調査先の選定などの内情が見えてくると思います。税務署側もそれなりに手順を踏んで不特定多数の会社の中から調査選定先を選ぶことになる訳ですから会計事務所としては自己の提出した申告書がなるべく選定対象とされないように、また調査の選定対象となってしまった場合に振舞うべきベストの対応が

できるように相手の立場をしっかり理解しておくことがここでは重要といえるでしょう。

Column 戦わずして勝つのがベスト

　本章では税務署や国税局といった税務当局の実態について解説しました。税務調査はないに越したことはないのですが、会計事務所の仕事をする上では残念ながら避けて通ることはできません。そこで、「彼を知り己を知れば百戦殆うからず」の「彼」を税務当局とし、相手のことを知るという意味合いで述べさせて頂きました。彼らの仕事は何なのか、どうすると彼らは喜び、どうすれば職場に居づらくなるのか、何ができて何ができないのか、などをよく理解し、落としどころにうまく誘導できるようになればしめたものです。

　私は、税務調査からお客様を守るためには彼を知り、己を知った上で何をすればいいのかということをよく考えます。孫子の兵法第3篇にはこのように書かれています。「凡そ用兵の法は、国を全うするを上と為し、国を破るはこれに次ぐ」、すなわち、戦闘によらず相手を降伏させるのが最善で、戦闘によって相手を降伏されるのはその次であるということです。言い換えれば、「戦わずして勝つ」ということが最も優れた戦術であるということという ことでしょう。

　このことは税務調査についてもいえます。税務調査に入られなければお客様を税務調査から守ることができます。このためのコツを3つにまとめよ、と言われれば私は次のように答えるでしょう。

(1)ウチのお客様はみんな一連托生。一人でも私利私欲のことをするとウチのお客様全体がそのように疑われるから、公明正大な申告

に協力をお願いする

(2)経常的な取引について神経を使うことはしないで、非経常的なものや金額の大きいものを特に後から説明できるよう工夫する

(3)申告に際しては、わざわざ税務調査に入らなくても不明点が解決するよう、できるだけ分かりやすい内容とし、特殊な取引については事業概況説明書や個人決算書の特殊事情欄などに予め解説を施しておくことによって「かゆいところに手が届く申告内容」を心がける

第 **8** 章

仕事を効率的にこなすために

1 「作業」と「プロの仕事」を区分する

　ここでは、これまで自分自身の中に取り込んできたものを使って効率よく仕事をこなすためのコツについて学びます。今までとはちょっと趣が変わり、物理学や心理学、人間工学の世界のような要素も含まれてきます。この章では、仕事の効率を高めることのメリットを確認し、モチベーションを上げてから仕事を早く進めること、早く終わらせることとは何かということと、人間が仕事をするときの限界を知り、それを工夫する方法の糸口について説明します。

　私は会計業界に入る前はプラスチックの製造に携わっており、モノづくりの効率化や作業改善、資材管理、生産管理をやってきました。税理士としてはちょっと変わった経歴を持っているのかもしれませんが、ここで身につけた作業効率、作業改善という技術は今でも大変役に立っています。これから説明することは必ずしも会計業界特有の事項ではないかもしれませんが、覚えておいて損はない事柄ばかりです。是非これらを自分のものにして**時間の魔術師**になって頂き、また、スタッフさんがいる場合、スタッフさんにも身に付けて頂きたいと思います。

■ まず、会計事務所の仕事を「作業」の部分と「プロの仕事」の2つに分けます。

　会計事務所の仕事を効率的にこなす上でとても大事な前提があります。それは、仕事を「作業」と「プロの仕事」に分けて考えることです。

　「作業」とはその名の通り、機械的に体を動かしてこなす仕事です。例えば、帳面の記載事項を転記するとか、電卓を叩いて合計額を計算するとか、コンピューターに仕訳を入力するということなど

がこれにあたります。この「作業」の特徴は**頭を使わなくてもできる**ということです。ほとんど判断を伴いません。

これに対し、「プロの仕事」とは何かといいますと、**頭を使って考える仕事**です。この仕事には判断を伴います。例えば、難しい資産税の処理とか、難しいタックスプランニングとか、事務所の作業標準を効率の良いものに変えるなどといったことがこれに当たります。

今のうちに仕事を効率よくこなすヒントを言っておきますと、「作業」は頭を使わなくてもできるので、できるだけ頭を使わないのがコツです。あくまで機械的に淡々とこなします。これに対し、「プロの仕事」は頭を使うとともに十分な時間をかけるということになります。

2 どこまでが「作業」でどこからが「プロの仕事」？

こういうと、どこまでが「作業」でどこからが「プロの仕事」なのか、という質問をよく受けます。それは、人によって違いますし、同じ人でも仕事の成熟度合いによって違います。私は会計事務所に就職したときに最初に与えられた仕事を今でも覚えています。ある個人事業者のお客様の月次資料の入力でした。この時の私は税理士試験を4科目合格していました（残りは消費税のみ）ので、会計上、税務上のおおよその取扱いは分かっているつもりだったのですが、いかんせん、実務はやったことがありませんでしたから、コンピューターの入力も当然、分からない世界のものでした。入力のパートさんに手とり足とり教えてもらいながら何度も警告音を鳴らしながら入力をしていったのを覚えています。科目コードも当然、覚えていませんから、一つ一つコードの照会をかけては入力する、という調子でした。通常であれば30分もかからない仕事を午前中一杯かけてやっていました。この時点では私にとってコン

ピューター入力というのは「プロの仕事」です。一つ一つ頭を使って判断をしながら進めています。やがて、この仕事を1週間も続けているとさすがに科目コードも覚え、ある程度すらすらとこなすようになります。この時点ではコンピューター入力は「作業」となっている訳です。このように、「作業」と「プロの仕事」は人によっても、仕事の成熟度合いによっても変わってくるということがご理解頂けると思います。

3 「プロの仕事」を次第に「作業」としてこなしていけるようにする

　今までは「プロの仕事」と思っていたけれども段々と慣れてきていつしかそれが「作業」になり、さらには人に教えることができるようになり自分は時間をかけなくてよくなるというレベルまでこればしめたものです。なぜなら、「プロの仕事」をどれだけ自分のものにできるかが職業会計人としての価値を高めることになるからです。自分の中で「プロの仕事」の部分をどんどん「作業」に落とし込んでいき、「プロの仕事」に取り組む余地を残しておくと、自身の伸びしろがそこにできるのです。「プロの仕事」を「作業」にしていくコツはその仕事の背景にある趣旨や経緯といった根本を押さえることです。

2 仕事の効率を高めるといいことがあります

　仕事の効率を高めるメリットは何でしょうか？会計事務所の仕事は専門領域の仕事だから効率を求めるべきものではないという意見もあると思いますが、そんなことはありません。提供されるものが**同じ品質であれば効率が良くて悪いことは一つもありません**。それは専門職であろうが一般職であろうが変わらないと思います。もちろん、仕事

を焦るあまり品質が悪くなる（＝間違いが多くなる）というのは論外ですが、ここでは「仕事の効率を高める」ということの定義をきちんとしますので、そのように品質と反比例するようなことは前提としていないということが後々分かって頂けると思います。それでは、まず、効率を高めることのメリットを見てみましょう。

1 早く仕事が終わるから残業が少なくなる

　早く仕事が終わると残業が少なくなり、早く帰ることができます。早く帰って得られた時間は余暇に使ってもいいですし、自分の勉強時間に使ってもいいですし、休息をとるのに使ってもかまいません。私の事務所でも平時は午後5時10分になると人がいなくなります。確定申告期でもお客様のアポが入っていなければせいぜい午後6時30分までしか人がいないため、残業自体、大変少ない事務所だと思います。残業が少なくなると残業手当が減って困るという方もいらっしゃいますが、残業手当をあてにするより午後5時までの時間内でできる仕事を増やして増収とした方がいろんな面で得策だと思います。ご家庭をお持ちの方などは特に家族の団らんの時間は何にも換え難いものがあると思いますが、その場合には特にこのメリットは計り知れないものとなります。

2 早く仕事が終わるから期限に追われなくなる

　私たち会計事務所の仕事は申告や納付の期限があり、それに間に合うよう仕事を進めるのが絶対です。しかし、いろんな事情で期限に追われるということがあります。期限に追われると気は焦りますし、確認すべき事項も抜けてしまい、不完全な仕事のまま提出し、間違いの指摘を受けることにもつながりかねません。誰しもある経験だと思いますが、**期限に追われるようなことが全くなくなったら仕事の品質は格段に向上します**。また、お客様にとって決算・申告

というのは一年のうちでもどちらかというとさっさと済ましてしまいたい行事（？）ですから、これが早く片付くことによって顧客満足度も上がり、事務所の仕事に対する信用が高まることにもつながります。

❸ 早く仕事が終わるから急に入った仕事にも余裕を持って対応できる

　いつも予定通りに仕事が進めば何の苦労もないのですが、時には電話一本で急な仕事をはさまなければならなくなる場面も出てきます。これが、仕事に追われているときに出てくるのと仕事に余裕があるときに出てくるのとでは受け止め方に天と地ほどの差が出てきます。急な仕事というのは誰しも嫌なものですが、それを嫌な顔ひとつせずにこなすことによってお客様の信頼を得られますし、「あの時はありがとう」などと言って頂けます。これが以後のやりがいにつながっていくのも事実です。この嫌な顔がお客様の前で出てこないようにするためにも仕事を早く進め、いつもある程度の余裕をもっていたいものです。

❹ 早く仕事が進むから「プロの仕事」に着手できる

　職業会計人として伸ばしていかなければならないのは「プロの仕事」の領域です。これをこなしていくことによって会計人としてのスキルや経験値が伸びていく訳ですが、いつもアップアップだとこの「プロの仕事」に着手するどころか、目の前の仕事をこなすだけで精一杯になってしまいます。こう考えると、**仕事の効率化は自分自身の成長と深い関係がある**といえます。

❺ 早く仕事が進むから休みながら仕事ができる

　これを言うと「えっ!?」と思われると思いますが、これは紛れ

もない事実です。早く仕事を進めると休みながら仕事をすることができます。例えば、1時間かかっていた仕事を品質を落とすことなく40分でできるようになったとします。すると20分浮く訳ですが、その20分のうち5分をコーヒーブレイクに充てても咎める人はいないでしょう。休みをはさむということはとても重要なことで、**人間の頭は、今処理したことを一旦忘れて次のことが入ってくるようにできています**から、仕事を完了して一旦その仕事については頭から消し去るというのがこの休む時間なのです。そうしながら次の仕事の段取りを考えたりするのですが、これも**リラックスしている状態で考える**と次々と連想される事柄が出てきてさらに効率のよい仕事ができるようになります。

6 早く仕事が進むから仕事を追うことによって新たに仕事が舞い込むようになる

　仕事に追われている状態ではこなすのが精一杯でこれ以上仕事を増やすということはとてもじゃないけどできない、ということになります。しかし、お客様というのは会計事務所に追加でやってもらいたい仕事を潜在的に持っていらっしゃるもので、そこに手が届く会計事務所になるとお客様には感謝されますし、事務所の収入は増えますから、双方にとっていいことです（このことは51ページの売上アップの方法で紹介した「客単価を上げる」に該当します）。このような要望に応えるためにも仕事は効率的にこなす必要があるのです。

7 仕事が増え、きちんとこなすことによって存在感が増す

　これはいうまでもありませんが、仕事をたくさんこなす人の存在感というのは大きいものがあります。何といっても**仕事は忙しい人に集まる**ものです。お客様の立場になって考えてみましょう。国税

のご意見番と言われ、マスコミなどにも頻繁に取り上げられ、スタッフもしっかり対応してくれる有名税理士Aさんと普通の税理士Bさんの二人のうちどちらかを選ばなければならない状況で、報酬が同額だったとするとどちらを選びたくなりますか？大多数のお客様はAさんを選ぶ思います。このように、仕事をたくさん、きちんとこなす人はそれだけで「お客様に選ばれる理由」を備えていることになるのです。

⑧ 仕事が増えることによって担当するお客様の数も増え、情報・経験の幅が広がる

　お客様の数が1件増えるとそこの社長、奥さん、従業員さん、出入りする業者さん、銀行の担当者など多ければ数十人と新たなかかわり・接点を持つことになります。もちろん、一度にという訳ではありませんが、これらの人は将来あなたが困ったときに手を差しのべてくれる人たちかもしれません。少なくとも自分の知らない分野のことをご存知の方々ですから、いい関係を続けていくことができれば、おおげさかもしれませんが、図書館一つが自分のものになったといっても過言ではないでしょう。仕事を早くこなすことができるようになると人が寄ってくるという好例です。

⑨ 仕事の効率が高まると、それを維持・発展させるために常に考える癖がつく

　仕事に追われることなく、逆に仕事を追うように一度なってしまえばしめたものですが、それをそのままにしておくとまた前のように仕事に追われることにもなりかねません。一度仕事を追うようになると、もう仕事に追われる生活をしたくないですから一生懸命そうならないように努力するようになります。この努力は決して無駄なものではなく、とても前向きなものです。具体的に何を考え始め

るかというと、先々の計画と段取りです。仕事に追われていた頃は余裕がありませんから「今」のことしか眼中にありません。それが災いして、次から次からやってくる仕事の段取りをする余裕もなくアップアップの状態で過ごすことになります。こういう負のサイクルから抜け出すと、二度とそこに陥らないように頭を使うようになりますから、この頭を常に使う癖をつけるというのは大変重要なことです。

🔟 仕事を早く正確に進めるコツを他の職員さんやお客様に話すことによって人にモノを教えるのが上手になる

　自分が仕事を早く正確に進めることができるようになったら今度は人に教えてあげる番です。このときに人に理解してもらう難しさを知ることになるでしょう。自分ができることを他の人に伝えて同じようにできるようになってもらうためにはそれ相応の苦労があります。どういう表現をしたら相手に分かってもらえるだろうかとか、何に例えたら分かってもらえるだろうかといろいろ想像してトライすることになります。これは相手によって答えが変わってくる内容ですから、パターンのようなものはありません。頼りになるのは自分の想像力とコミュニケーションスキルです。仕事には必ず相手がありますから、**相手に間違いなく理解してもらうというスキルは仕事をスムーズに進めていく上で大変大きな武器になります。**

　このように、仕事の効率を高めていって悪いことなど一つもありませんし、事務所全体が活性化します。また、仕事を早く正確に進められる人はお客様も放っておきませんから、さらにレベルの高い人たちとかかわりを持つことができるかもしれません。

3 仕事の効率を高めるってどういうこと？

　ここでは、まず、仕事の効率を高める、仕事を早くこなすというこ
とはどういうことなのかということを定義づけしていきます。

1「仕事の効率を高める」とは？

　　仕事の効率を高めるというのはみなさんがイメージされている通
り、一定の時間内にできる仕事の量を増やすことを言います。換言
すれば、仕事にかかる時間を短縮する、すなわち、仕事のスピード
を上げるということです。では、仕事のスピードを上げるとはどう
いうことでしょうか？

　　陸上競技に例えて説明します。100メートル走を走るとして、ベ
ストタイムが12秒の人と15秒の人はどちらが速いかというと、12
秒の人の方が速いのが明らかです。しかし、仕事の世界では必ずし
もそうではありませんね。15秒の人が12秒の人より早く仕事が完
了するということは珍しいことではありません。どうしてでしょう
か？

　答えは

100メートルをきっちり100メートル走っているから

です。

　　何のことか分からないかもしれませんのでもう少し説明を加えま
す。

　　陸上競技の100メートル走はスタートとゴールがきちんと表示さ
れており、その道中のラインまで引いてあります。ですから、どこ
を走ればいいのかということについて迷うことはありません。決め
られたコースを一目散に全力でゴールに向かって走るだけです。し
かし、これらのものが一切なく、100メートル走れといわれたらど
うすればいいでしょうか？スタートとゴールもはっきりしない時、

この12秒と15秒の差はどれだけの意味をもつでしょうか?

　よく、「仕事を早く片付けなさい」と言われたらイメージするのは、この瞬間風速を速くするということです。つまり、15秒でしか走れないものを12秒にする努力をするということです。これはこれで間違いではないのかもしれませんが、これが長く続くかというと息切れしてしまいますし、無駄に大きな労力を必要とします。最大瞬間風速を15秒のままにして仕事を早くこなす方法なんてあるのでしょうか?

② 15秒の人が12秒の人に勝つ方法

　最大瞬間風速を15秒のままにして仕事のスピードを上げる方法は先ほど申し上げた、「100メートルをきっちり100メートル走ること」に尽きます。つまり、**無駄のない仕事をする**ということです。

　仕事の世界では100メートル走る仕事だけすればいいのに、いろんな無駄をしてしまって120メートル走ってしまったり200メートル走ってようやくゴールにたどり着いたりする人もいます。12秒の人が200メートルも走ってしまうと24秒かかります。15秒の人が100メートルきっちり走ると15秒ですね。瞬間風速を変えることなく無駄なく仕事を進めることで12秒の人より9秒も早く仕事を終えることができました。

<仕事の効率を高めるってどういうこと ??100m、200m >

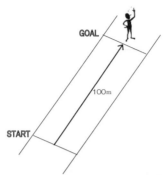

100mをきっちり100m走ること！

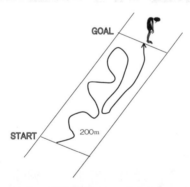

あたりかまわず走ると200m走るはめに…

3 100メートル走なのに200メートル走ってしまう無駄の原因は？

　私はメーカーに勤めていましたが、そこでの製品の加工時間の単位はコンマ１秒でした。一つの動作についてたった10分の１秒を稼ぐために作業台の高さを変えてみたり使う道具を変えてみたりありとあらゆることをしました。何故コンマ１秒が大切かといいますと、メーカーは受注生産の職人さんがやる仕事とは違い、多品種少ロットの製品の数をこなさなければなりません。例えば一日１

万個の加工をする製品で一個当たりの加工時間を10分の1秒削ることができれば一日1,000秒の削減になります。1,000秒というと16分40秒になりますが、これが10ラインあったとすると約2時間47分の削減となります。一月25日稼動したとすると月当たり約69時間27分、一時間の加工賃が3千円で売り単価に入っていたとすると約21万円分の利益になります。これはおよそ作業者一人分の月給に相当します。たった0.1秒ですが、この数が積み重なると無視することのできない金額となって返ってくるということです。

　このような世界に身を置いているうちに自然と作業の無駄、仕事の無駄を探すようになりました。今でもそのように考え、無駄を省こうとする癖があります。

　このような考えの下に、仕事の無駄をピックアップしますと大きく分けて次の5つに大別されます。

> (1)順番を間違えること
> (2)ミスをすること
> (3)やり直すこと
> (4)探すこと
> (5)移動

これらの5つについて詳しく見ていきましょう。

(1) 順番を間違えること

　順番というのは効率に大きな影響を与えます。やることは同じでも順番を入れ替えるだけで全体の作業時間が大きく変わることは珍しいことではありません。その中でベストと思われる順番を見つけて標準化します。

　この順番という項目は大変重要ですから、後ほど詳しく説明することにします。会計事務所の仕事にとって順番を守ることはチ

カラです。

▶会計事務所の例

　例えば、所得税の決算書と申告書の作成を考えた場合、決算書から先に完成しないと申告書を作成できないのは自明の理です。では、申告書のうち、所得控除は決算書に関係ないから、この部分の資料は揃っているので先にやってみようとした場合にはどうでしょうか？

　互いに全く関係のない事項についてはそれでもいいかもしれません。しかし、医療費控除、雑損控除や配偶者控除、配偶者特別控除などその年分の所得金額が計算に必要なものについてはやはり決算書を仕上げて所得金額を確定しないと進まないことになります。

　特に医療費控除の計算の面倒さはみなさん、ご存知ですよね。その年分の領収書だけを抽出し、文書代など対象にならないものを外し、さらに高額医療費……。苦心して対象額を計算したのに、決算書を上げてみるとあまり所得が出てなくて、医療費控除があってもなくても税額はゼロだった、なんてことになると目も当てられません。あの忙しい確定申告期にそういうムダをする時間は一秒だってもったいないはずです。

　ですから、順番は必ず守り、不明点などがあって行きあたった場合には一旦そこでその仕事は中断し、必要な資料が揃ったら再開するというのが鉄則です。

(2) ミスをすること

　これはよく分かると思います。製造業でミスをすることの最悪のことは不良品をお客様に納めてしまい、それがお客様の方で発覚することですが、これはまず、材料が無駄になります。それにかかった電気代、人件費、運送費全てが無駄になります。それだけではなく、不良品の引き取り運賃、処分代、さらに良品を作り

直すための材料費、人件費、再納品の運賃などの経費もかかります。さらに、いうまでもありませんが、会社の信用に傷がつきます。これは100メートル走を300メートル走ってようやくゴールにたどり着くことといえるでしょう。このようなことから「不良品を納める結果となるのなら寝ていた方がましだ」とよく言われました。

▶会計事務所の例

ミスといっても実にいろんなものがありますが、一番厄介なのは税務署やお客様に間違ったものが行ってしまうものです。いわば所外流出してしまうものです。

例えば、年末調整に大きな誤りがあり、給与支払報告書や源泉徴収票が市町村役場、税務署、ご本人に行ってしまっているパターンを考えてみましょう。まず、お客様に一報入れてお詫びをするところから始まります。年末調整を正しくやり直して源泉徴収票を作成し直し、ご本人に再交付して頂くとともに給与支払報告書もその方のお住まいの市町村役場に連絡して再提出することになるでしょう。税務署に対しても同様に再提出し、合計表も数字を修正して再提出となります。最後に源泉所得税の徴収高計算書（納付書）を書き直して追加の納付をするという手続きが必要となります。

ミスはどんな仕事にもつきものですが、もしミスをした際にはなるべく早い段階で手を打ち、できれば所内から流出する前に抑えてしまいたいものです。また、**一度やったミスは二度繰り返さない手立てが必要**です。

(3) やり直すこと

やり直しもまた遠回りの原因の代表選手です。これは考えることなく感覚で何となく仕事に着手することに基因します。全体を最後まで考えて着手すれば何の問題もなかったものが、とにかく

進めてみようと軽い気持ちで仕事に入ってしまうため途中で間違いに気が付いてまた初めから、ということになるものです。

▶会計事務所の例

「決算の際、実は不明点があるのだけれども不明点としたまま決算を組んでしまい、社長との打ち合わせの時に確認し、事務所に帰ってきてから修正した」

実は、これは私が会計事務所に勤務していたときにやってしまった失敗なのですが、二度手間の典型例です。先にきちんと確認していれば事務所に帰ってきてからの修正はしなくてよかった訳です。やり直しをしなくて済むように、ということを意識していればその修正の時間を他の仕事に充てられたことになりますから、これは明らかなミスです。このような無駄な作業を仕事と思ってしまうと進歩しません。

(4) 探すこと

これは一見、失敗ではないのですが、何の価値も生まない単なる無駄です。しかし、この「探すこと」には独特の厄介さがあります。それは、**探すこと自体を仕事だと思ってしまうこと**です。探さなくてもいいように常日頃整理整頓しておけば時間をもっと有効に使うことができるのですが、それを怠るとついつい「探す」という仕事が増えてしまうのです。明らかな失敗という訳ではないため、罪の意識が薄いのでしょう。

▶会計事務所の例

会計事務所は多種多量の書類を取り扱うところですので書類の整理はしっかりとしているものと思います。これは何故かというと、いちいち書類を探さないといけないようなだらしない状態にしておくと探すのに厖大な時間をとられ、仕事にならなくなるからです。お客様の書類がきちんとファイルされておらず、みかん箱の中に無造作に複数のお客様の書類が入れられて保存してある

ことを想像してみて下さい。探すことを考えるだけでぞーっとするでしょう。

　書類に限らず、「探す」というのは明らかな時間のロスです。**「探すことが仕事なのではなく、常に探さなくていい状態をキープしておくことが仕事なのです」**。いつも気を付けておきたいものです。

(5) 移動

　これは意外に思われる人も多いかもしれません。確かに移動というのはやらなければならない場合が多々あります。しかし、移動するということについては何の付加価値も生んでいません。あっちにあったものをこっちにやっただけの話です。この移動ということは決して失敗ではないのですが、100メートルを100メートルきっちり走るためにはこれをいかに少なくするかということが大きなポイントとなります。

▶会計事務所の例

　お客様のところに行くのに忘れ物をしたため1回行けば済むところを2回行かなければならなくなったというのは無駄だというのはよく分かると思います。このように大きな移動のミスというのはよく意識するところなのですが、もう一つ大事なことに触れておきましょう。

　それは、事務所内の移動です。例えば、コピーを取るのにコピー機の所まで行くときに自分の席からコピー機までの間又はコピー機の付近に別の用事はありませんか？調べ物をするのに本棚のところまで行くときその途中についでの用事はありませんか？お客様のファイルを取りにいくとき、トイレにいくときはどうですか？これらの移動時間はお客様の訪問回数と同様、バカになりません。**移動というのは寝ているのと同じですから、移動の前にちょっと考えてついでの用事がないか確認して動く癖をつけると**

思った以上にできる仕事の量が増えます。

　以上、会計事務所の例を挙げてきましたが、どれも「時間のロス」の削減がテーマです。100メートルを早くゴールするためには15秒かかるのを12秒にしようと努力するよりも100メートルをきっちり15秒で走ることの方がずっと大事だということをお分かり頂けたと思います。

4　時間と人間の作業性に関する2つの性質

　仕事を効率的に進めるにあたって時間と人間の作業性の性質を知っておく必要があります。当たり前といえば当たり前のことなのですが、これを認識しておくのとおかないのとでは行動に雲泥の差が生じてしまいますから、ここで確認しておくことにしましょう。

①時間は有限で、誰しも自分の不足分を買い足すことはできない

　このことこそが本章における最大のテーマです。時間は完全に人に平等で、どんなに地位の高い人でもどんなに仕事のできる人でも一日は24時間と決まっています。そして自分の不足分を買い足すことのできない唯一の資源です。だからこそ仕事の無駄を省いてまっすぐに100メートルを100メートルだけきっちり走りきることが重要となるのです。こう考えると、時間という資源をより効率的にコントロールし、自分の思うままに操ることができる人が仕事のできる人であり、頼りにされる人ということになりそうです。このことは当たり前すぎるほど当たり前のことですが、これを強く意識しないと仕事を効率的に進めることはできません。つまり、「結果が同じであればその結果を出すまでにかかる時間は短ければ短いほど優秀」ということを肝に

銘じるのです。

②人間一人が同時に二つ以上の仕事をしようと思ってもできない

　こう言うと「私はながらで二つ以上の仕事を同時にできるよ」という人がいるかもしれません。例えば右手で数字をコンピューターに入力しながら左手で入力資料をめくるとかがそれに当たりますが、それは一つの作業を分けて表現しただけであって、「コンピューター入力」という一つの仕事をしているに過ぎません。移動している最中に電車の中で仕事をするというのも、移動は付加価値がついている訳ではありません。付加価値のある仕事を同時に二つ以上こなすことはできないものです。

　これら二つの性質を捉えた場合、仕事はどのように進めなければならないでしょうか？

5 同じ時間で多くの仕事を片付けるための5原則

　上記で見てきた通り、時間は誰しも一定量しか与えられておらず、人間は基本的に同時に二つの仕事はできないこととなると、仕事を効率的にてきぱきとこなすための行動パターンは限られてきます。
そこで、同じ時間で多くの仕事を片付けるための5原則をご紹介します。

(1)仕事の優先順位をつける
(2)仕事の工程図を思い描く
(3)気持ちに余裕を持っておく
(4)同じミスは2度繰り返さない

⑸自分の時間が不足すると思ったら他から時間をもらう

　この５原則をまず身につけて具体的に行動できるようになると今までと同じ時間内にできる仕事の量が格段に増えますし、残業時間は減ります。では、各項目の具体例を一つずつ確認していくことにしましょう。

⑴仕事の優先順位をつける

　人間は同時に複数の仕事を行うことはできません。このことは、同時にたった一つの仕事しかできないことを意味します。同時に一つに仕事しかすることができないとなれば、当然に優先順位をつけてその順位が高い方から着手することになります。

> では、優先順位はどのようにつけていくべきでしょうか？

　仕事にはルーチンワークとなっている毎日の定常的なものから緊急なものまで幅広くあります。また、時間をとるものととらないもの、習熟度の必要なものと誰にでもできるものなどいろんな要素が入ってくるため優先順位を付け難いものも出てきます。一度に答えに結びつけようとしてもできませんから、まず頭の中を整理できるよう、仕事を優先順位が高いものと優先順位がそんなに高くないものの２つに分けてみるところから始めましょう。

① 優先順位が高い仕事

　優先順位が高い仕事とはどのような仕事でしょうか？このグループの特徴を考えてみると、「期限がすぐにせまっているもの」「すぐにやることによって当方に大きなメリットがあるもの」「逆に、すぐにやらないと当方に大きなデメリットがあるものやペナルティが課されるもの」「簡単で、すぐに終わるもの」

「最初に取り掛かりの作業だけやっておけばあとは自分がいなくても進むもの」などがこのグループに入りそうです。つまり、**「緊急性が高い」「簡単」「自動で仕事が進む」**というものがキーワードとなってくるようです。

【優先順位を考えるヒント１】簡単ですぐ終わる仕事

　意外に思う人もいるかもしれませんが、簡単ですぐ終わる仕事はれっきとした優先順位が高いものグループの一員です。何故これがこのグループに分けられるかというと、仕事が早く終わり、**「忘れられるから」**です。人間の記憶力には誰しも限界がありますから、この**「忘れる」**というのは大変重要なことです。忘れないと次の新しい情報を取り入れられませんし、いつまでも未完の仕事のままで置いておくと他の仕事の効率にも影響します。だからといって優先順位の低いものに位置づけたがあまり、仕事そのものを忘れてしまってはお客様に対する信用にも関わります。やはり、短時間で簡単にできる仕事は期限が多少先でも少し手が空いたときにさっさとこなしてしまうという意味では優先順位が高い仕事として位置づけておくのがいいようです。このように位置づけるのとそうでないのとでは大きな違いが現れます。

> 簡単にすぐ終わる仕事は優先順位を高めておき、手が空いたときに完了させて忘れてしまう

【優先順位を考えるヒント２】自分がいなくても進む仕事

　みなさんは朝、事務所に行って机に向かったときにまず何をやりますか？私は必ず「パソコンのスイッチを入れる」というところから始めます。何をさておいても必ずこれをやるのですが、これには理由があります。次の例を考えてみましょう。どちらが早く仕事を終えられるでしょうか？

（やるべき仕事）

　　イ パソコンのスイッチを ON にする⇒（立ち上がるまでに）1分

　　ロ 朝礼の場所まで行く⇒往復30秒

　　ハ 朝礼⇒3分

　　ニ ワードで文書を作成する⇒5分

　　　A：イ⇒ロ⇒ハ⇒ニの順で行った場合

　　　　　ⅰ）は放っておいても自動で立ち上がるので時間はカウントしない

　　　　　よって、ロとハとニの合計時間 8分30秒 で仕事が完了します。

　　　B：ロ⇒ハ⇒イ⇒ニの順で行った場合

　　　　　イが完了しないとニの仕事はできないため、この順番で行うとパソコンが立ち上がるまでぼーっとしていることになります。よって、この場合には全ての合計時間 9分30秒 で仕事が完了します。

　　上記のAとBの差1分はどうして生じたのでしょうか？いうまでもなくこれはパソコンを立ち上げる時間です。仕事の順番を間違えただけでこのように同じ仕事でもかかる時間が変わるのです。このパソコンが立ち上がるのをぼーっと見て何もしない時間のことを「アイドルタイム」といいます。このアイドルタイムを極力減らすというのが仕事の効率化には欠かせません。

　　では、次の仕事では優先順位はどのようになるでしょうか？

（やるべき仕事）

　　イ 入力に2時間かかるお客様名簿の作成をパートさんにお願いする

　　　　　　　　　　　　　　　⇒（打ち合わせに）5分

ロ お客様を訪問し、決算の打ち合わせ⇒（行って帰るまで）
　 4 時間

ハ イのお客様名簿を使って宛名ラベルを印刷⇒15分

ニ ハの宛名ラベルを使ってお客様全員に事務所報を郵送
　 ⇒1 時間

　　A：イ⇒ロ⇒ハ⇒ニの順で行った場合

　　　　この場合にはパートさんとの打ち合わせに 5 分、決
　　　　算の打ち合わせに 4 時間、宛名ラベルの印刷に15分、
　　　　郵送作業に 1 時間ですから合わせて 5 時間20分で仕
　　　　事が完了します。

　　B：ロ⇒イ⇒ハ⇒ニの順で行った場合

　　　　この場合にはパートさんとの打ち合わせに 5 分、決
　　　　算の打ち合わせに 4 時間、パートさんがお客様名簿
　　　　を作成する時間 2 時間、ラベル印刷に15分、郵送作
　　　　業に 1 時間ですから合わせて 7 時間20分で仕事が完
　　　　了します。

　　AとBでは 2 時間の差ができました。この 2 時間はパートさ
んがお客様名簿を作成する時間ですが、順番を間違えるとこの時
間が丸々アイドルタイムとなってしまいます。もちろん、2 時
間のアイドルタイムをそのままにしておく訳にはいきませんから
他の仕事をするのですが、**仕事の完了が 2 時間遅れるのは明ら
かです。**また、パートさんに指示する時間が遅いとパートさんが
仕事を終えられずに帰ってしまうかもしれません。すると仕事の
完了は明日にずれこんでしまいます。こうしてみると仕事の順序
は、その効率化に大変大きな意味を持つことが分かります。

　　最初に取り掛かりの作業だけやっておけばあとは自分がいな
くても進む仕事は優先度が高い

【優先順位を考えるヒント 3】緊急性の高い仕事をどう取り扱うか？

　仕事の優先順位を考える上で一番気を付けなければならないのがこの「緊急性の高い仕事」です。これは何をさておいても先にやらなければならない仕事ということは明白なのですが、このことは逆に**仕事をやる順序を選択する余地がなくなってしまうこと**を意味します。つまり、こういう仕事があると優先順位がつけられなくなってしまい、ひいては、仕事に追われる原因となります。こうなってしまうと仕事の効率を求めるどころではなく、最悪、やっつけ仕事になってしまい、質の低い仕事となってしまうことでしょう。緊急性が高くなる前はまだ優先順位が低いところにあるのですが、そのまま放っておくと気が付いた時には何をさておいても……という状態になってしまいますから、こうならないよう、仕事は少し前倒しにして片づけて行きたいものです。

② **優先順位がそんなに高くない仕事**

　次に優先順位がそんなに高くない仕事ですが、例を上げてみると「期限がまだ先のもの」「期限が決まっていないもの」「着手してから完了するまでに相当の時間を要するもの」「やるとプラスに働くことは間違いないが、やらなくても大きなマイナスにはならないもの」などが挙げられます。

　これらには「期限がまだ先か、期限がないもの」「重要性があまりない」という共通項があるようです。

2 仕事の工程図を思い描く

　仕事の優先順位をつけたところで、次の段階に入る訳ですが、ここではまだ「仕事を始める」ということをしてはいけません。何故なら、まだ100メートル走のコース取りができていないからです。このまま仕事に手をつけるとあたりかまわず仕事を進めていくこと

になり、「やり直し」や「ミスをする」といった遠回りをすることにもなりかねません。ここは、早く仕事を始めたい気持ちをぐっとこらえて「仕事の工程図を思い描く」という行動をはさみます。

(1) 仕事の工程図の説明に入る前に

　一生懸命仕事をしているんだけれども、仕事が遅いという人がいます。ミスが多いのかというとそうでもないし、サボっているのかというとまじめな人で、やり直しが多い訳でもないし、特別鈍い人でもないのに何故かいつも肩で息をするようにしていてやたらに大変そうだというのです。このような方は周りにいらっしゃらないでしょうか？この方がどうしてこのようなひどい仕事をしているのかというと、おそらく「仕事をする」ということの定義を間違えていらっしゃるのだと思います。つまり、仕事は「着手するもの」と思い、次から次へと新しい仕事に着手していらっしゃるのです。そうではありませんね。

仕事は「完了させるもの」です。

　つまり、この方はいくつもある仕事を同時進行しようとしてあれもこれもと手を着ける癖があるのです。こういう方はいつも忙しそうにしています。確かに机に向かっている姿をみると仕事をしているようには見えます。一生懸命やっているご本人には申し訳ないのですが、これでは仕事をやっているとは言えません。この方に「この仕事はいつ終わるの？」と聞いてもおそらく「そのうち……」「今日一杯には……」などとごく抽象的な答えしか返ってこないと思います。こんな状態で急ぎの仕事を頼むとパニックになってしまいます。このような方はおそらく、「いつも忙しい姿をみせておきたい」とか「これ以上仕事が増えて欲しくない」などと考えているうちにこのようなスタイルが身についたのでしょう。

この例からも分かる通り、**仕事は一つ完了させてリセットして
から次の仕事に着手するもの**です。人間は同時に一つしか仕事は
できないし、一度に処理する能力はたかが知れていますから、一
つやっては忘れ、また一つやっては忘れ……の繰り返しを行うし
かないのです。そしてこれが仕事の完了に向かう最短ルートなの
です。このことをしっかり覚えて次に進みましょう。

(2) 仕事の工程図の重要性

　仕事の工程図がないまま優先順位だけで仕事に着手してしまう
ことは、地図もないまま旅に出かけてしまうようなものです。例
として東京駅から大阪駅までいくことを考えてみましょう。

　東京駅から大阪駅に行く方法は無数にあります。最もポピュ
ラーな行き方は新幹線で新大阪駅まで行って、普通電車や快速電
車などに乗り換えて大阪駅まで行くパターンでしょうか。しか
し、この方法を知らない人が大阪まで行くのに地図や時刻表など
がないと計り知れない時間とエネルギーを使うことになります。
「ま、何とかなるでしょ」と歩き出したはいいけれども、気づい
てみたら栃木県だったということもあるかもしれません。新幹線
に乗れば行くことができると思い乗ってみたら新潟だったという
こともあるかもしれません。これが東京と大阪だから「そんな馬
鹿な……」と笑われるかもしれませんが、これが千葉県浦安市舞
浜から富山県高岡市能町までだったらみなさんどうしますか？地
図や時刻表を見ることなく「何とかなるでしょ」とばかりに歩き
出しますか？

　仕事でも同じです。この地図や時刻表に当たるものが工程図で
す。例えば、あるお客様のところに訪問するときに、無駄をしな
いようにあらかじめシナリオを想定しておくのです。事務所を出
てからお客様のところへ行き、処理をして話をしてまた事務所に
帰ってくるという全体の中で起こるであろうことを頭の中に想像

して準備をしておくのです。これをやるのとやらないのとでは大違いです。お客様のところへ出かける前に「こういうものが必要になるかもしれないから持って行ってみよう」と思い準備して行くのと、「とりあえずいつもの準備だけしたからあとは出たとこ勝負で何とかなるだろう」と行き当たりばったりで行くのでは仕事の完了にかかる時間が恐ろしく異なる場合があります。

　月次処理だけをしに行く予定だけれども年末調整の資料が届いているかもしれないから一応、去年の年末調整の資料を持っていってお客様にその準備をしてもらおうとするのと、月次処理のことしか頭になく、年末調整のことはまた今度……と思っているのとでは、前者は1度の訪問で済みますが、後者は下手をすると2度訪問しなければならなくなります。事務所からこのお客様の事業所までの1往復に2時間かかるとすると2往復目の2時間は寝ているのと同じで何の価値もありません。この差は何でしょうか？出かける前にちょっと先のことを想像しただけです。この想像することに何時間もかかりません。1分から長くても数分です。こんな手間のかからないことをやるのとやらないのとで結果が2時間も違ってくるという例です。

(3) 仕事の工程図を思い描くコツ

　仕事の工程図といっても、さほど緻密に思い描く必要はありません。あまり深刻に考え込まず、「作業」として時間にして数分以内に終わらせるのがコツです。ただし、**想像することについては、初めから終わりまできちんと漏れなく行います**。想像を飛ばしたところに思わぬ落とし穴があったりします。また、一つ思いついたことから連想ゲームのようにいろいろ思い浮かぶことがあると思います。それは今回やるかどうかはともかくとして、全てメモをしておくといいでしょう。

《お客様のところに訪問する際の想像例》（太字部分はメモ）

事務所を出る⇒道中（あ、途中にポストがあるから、郵送物の
カゴに入ってた**ハガキを出してこよう**）⇒**お客様の事業所**⇒雑
談など（あ、この前新しく来られた社員の方の**扶養控除等申告
書を持ってきて**って言われてたな）⇒月次処理（先月、新しく
借入をされたからその**返済表を忘れずコピーしてこなきゃ**）
（**リース取引の消費税**について確認したんだっけ、説明してこ
ないと）⇒お客様の事業所を出る⇒道中（事務所で**付箋**がなく
なってたから事務用品屋さんに寄って買ってこよう）⇒**事務所**

このようにこれから起こるであろう一連の出来事を行動する前
に一旦想像するのです。そして、キーになる箇所だけをメモ用紙
に簡単に書いておきます。これをすることにより「移動」という
無駄を大幅に削ることができます（「移動」は失敗ではありませ
んが、付加価値がつかないという意味では寝ているのと同じで
す）。移動に限らず、二度手間などの予防に大きな威力を発揮す
ることが分かると思います。

⑷ 仕事をどうしてもはさまなければならなくなったときの対応

そうは言っても、予定通りに事が進めばいいけど電話が鳴って
急な仕事が入ったらそれどころじゃなくなるんですけど……。こ
ういう声が聞こえてきそうです。確かにその通りです。しかし、
現実にはよくあることで、むしろ予定通りに進まないことの方が
多いかもしれません。その時には優先順位の高いその急な仕事を
はさまざるを得ません。

ここで気をつけることがあります。それは、急な仕事をはさん
でしまって最後まで終わらなかった当初の仕事は仕掛りになって
いますが、**「仕掛りとなっている仕事」はこれ以上増やさないよ
うにすること**です。つまり、その急な仕事を終わらせるまで元の
仕事に戻ることはしてはいけません。ましてや、他の新しい仕事

に手をつけるなどもってのほかです。

　人間の頭はコンピューターのメモリーのようなもので容量が小さいため、一度にたくさんの仕事を抱えるとフリーズしてしまいます。ですから、仕事が終わったらメモリーからハードディスクに片付け（一旦、忘れるということです）、また新しい仕事に関することをハードディスクから出してきてメモリーで処理するということを繰り返すのです。仕掛りの仕事が増えるとあれもこれも、となってしまい、仕事を完了させるというところまでの距離が長くなってしまいます。

(5) 仕事の工程図に関する具体例

　ここまでは一つの仕事を着手して完了するまでという形で説明してきましたが、少し視点を広げて会計事務所の一日の仕事を前日の夕方から追ってみることにしましょう。

①今日の仕事が終わって帰る前にやること……「**朝メモ**」と「**明日の行動計画**」

　毎日夕方に、明日やらなければならない仕事を無造作に思いつくままメモ用紙に箇条書きにします。つまり、todo リストを作成するのですが、私はこれを「朝メモ」と呼んでいます（朝の始業前に見直すから）。明日中にやるのかどうか、緊急かどうか、難しいかどうかはこの時点では問いません。書いてある項目はある程度多い方がいいです。ただし、何ヶ月も先の長期の計画などを書くと混乱しますからこういうものは書かない方がいいでしょう。今日書いた内容のうち未了のものはそのまま翌日の朝メモに引き継がれることになりますから、そんなに時間はかからないと思います。

<朝メモの例>

①　××商事　アポ入れる(TEL)

②　○○商会　12月分訪問

③　△△運輸　決算準備

④　□□工業　年調

⑤　法人税収益事業税範囲調べる

⑥　□□工業　12月分出力

<明日の行動計画の例>

　箇条書きにしたら、書いた内容の吟味をします。「明日中に絶対やらなければならないもの」と「それ以外」の2つに区分をし、前者には赤で下線を引きます。「それ以外」の中でも明日できればやっておきたいものや時間が空いたときにやれば

いいもの、明日以降でもいいものなどがあるかもしれません。それは「明日中に絶対やらなければならないもの」が終わってから考えればいいことですから、ここでは区分は2つで十分です。

　次に仕事の順番を考えます。時間はパズルのようなものですから、この時間帯にはこの仕事、この時間帯にはこの仕事……というように当てはめていきます。ここでもそんなに緻密な計画はいりません。30分単位くらいで OK です。「明日は9時半から○○商店さんに訪問の予定が入っているから（これも、『明日中に絶対にやらなければならないこと』ですから朝メモに書かれているはずです）ここから帰るのは大体11時半だな……。お昼まで30分ほどあるから△△商事さんの月次処理のチェックと出力をしよう。」といった具合です。これらを明日の行動計画に書いていきます。

　ここで一つ、リーダーシップを向上させる明日の行動計画の書き方のコツを紹介しましょう。それは、明日の行動計画を書く際、**毎日必ず「生まれて初めてやること」を入れ、それを実行する**のです。生まれて初めてやることというと大げさに聞こえるかもしれません。しかし、些細なことでいいのです。例えば、最近できた新しい店に入ってみるということも生まれて初めてやることですよね。私も勤務時代にこんなことがありました。当時28歳くらいだった私が担当する建設会社のお客様がいらっしゃいました。経理担当は社長の奥さんで、故塩沢ときさんのような個性的な髪型の方でしたが、この方がものすごく怖いんです。何か質問しようにも、一度にまとめて質問しないと怒られたり、事務所に戻ってから質問し忘れたことを電話で聞くと怒られたりしました。私と奥さんの間にはコミュニケーションらしいものは次第になくなっていきました。ある日、生

まれて初めてのことをやってみようと思い、その怖い奥さんがいつもつけていらっしゃるブローチを褒めて差し上げることにしたのです。勇気を出して「あの、奥さん。いつもそのブローチなさってますよね。とてもおしゃれですよね。」と言ってみました。するとその瞬間に私と奥さんの関係性ががらっと変わり、今までなかったような話題にも触れることができるようになりました。やがて、奥さんが私の高校の先輩筋にあるということも分かり、そのこともあって非常にかわいがって頂けるようになりました。私が税理士になったときに一番初めに「先生」と呼んで頂いたのもその奥さんです。このように、何かを変えるときは大げさかもしれませんが、大体、生まれて初めてやる何かを行動に移しているものです。

　これをやると何故リーダーシップにつながるのか？まず、リーダーシップの意味を考えてみましょう。リーダーシップって何ですか？顧客獲得型セミナーで有名な経営コンサルタントの遠藤晃先生によると、「**（何もしなかった場合に進むであろう道とは違う）別の未来を感じさせる能力**」だそうです。ここで示される「別の未来」は明確になればなるほど人はこの人についていこうという気になるでしょう。このように定義すると、リーダーシップが強い人は人を動かすことができる、ということになりますね。つまり、生まれて初めてのことを毎日愚直に実践している人は自分の行動によって人に良い影響を与えることができる、という訳です。我々会計事務所で仕事をする者にとって、人に影響を与え、自発的な行動を促す能力というのはとても重要です。

　なお、明日の行動計画については、記載する順番があるそうです。原田メソッドで有名な教育者の原田隆史先生は、「仕事の計画なのだから、朝起きる時間から書いてはいけない。何時

に出社するのかというところから書き始め、そこから逆算で朝起きる時間にさかのぼるんだ」とおっしゃっています。私もその通りだと思います。

《朝メモの優れた点》

- -

(1)やらなければならない仕事の全体が見える

仕事の全体が見えるということはゴールが見えるということです。また、仕事全体のボリュームも大体分かりますから、心の準備をすることができます。

(2)仕事の順番と優先順位を考えやすい

やらなければならない仕事が書かれていて、明日（今日）やる仕事には赤線が引いてありますから、仕事の順番や優先順位を考えやすい状態になっています。

(3)仕事の漏れ抜けを防止できる

あれこれといくつも仕事を抱えているとついつい忘れて抜けてしまい、いつの間にか仕事に追われることになってしまいかねません。朝メモにすれば抜けがないのでこの心配はありません。

(4)あとたったこれだけ、とモチベーションが上がる

重要性の少ない仕事でもそこに書いてあるだけで「やらなきゃ」と思うことができます。そしてその仕事は赤ペンで消しこみをかけない限りずっと朝メモに残ります。また、仕事をこなして赤ペンを入れていくうちに「あとこれだけやれば終わりだ」というラストスパートの動機付けにもなります。

(5)遅れを意識することができる

あまり好ましくないことですが、予定より遅れた場合にも何がどの程度遅れているのか、このままにしておいて解消できる遅れなのかなどが把握できます。これにより対処の方法も考えやすくなります。

---

②翌朝、事務所に来て最初に行うこと

　……「朝メモ」と「明日の行動計画」と「間違いノート」の確認

　昨日の帰りに書いた「朝メモ」と「明日の行動計画」を確認します。昨日の夕方時点では予定していなかった仕事が朝になると入っているかもしれません。この場合には朝メモには追加して書き、必要に応じて明日の行動計画にもどのあたりの時間帯にはさむかを記入します。

　これらとともに「間違いノート」（後述）の確認を行います。

③朝礼が終わって

　朝礼が終わると今日の仕事の開始です。まず、明日（今日）の行動計画に目を通し、お客様への訪問など「移動」が絡むものがあれば、始めから最後まで一通り頭の中で起こり得ることを想像し、準備を整えます。

④仕事中

　仕事は完了させることが目的ですから、午前中に予定した仕事は12時を多少回ろうとも、完了させてから休みに入るということを心がけます。これにより仕掛りの仕事を仕掛りのまま放置することなく一旦、忘れても良い状態になります。そして、何も引きずることなく１時から午後の仕事に当たることができるという訳です。

　なお、仕事が完了したら朝メモに**赤ペン**でチェックを入れます。何故赤ペンなのかというと、**人間の目は色によって情報を識別することに長けているからです**。特に赤は目立つ色ですから、区別を際立てやすいのです。その赤ペンでチェックした仕事は「もう見なくていい、認識しなくていい」ということになりますから、「あと、やらなければならない仕事はこれだけ」という意識が自然と目から頭に伝わるのです。

また、一日の途中でやらなければならない仕事が新たに追加となった場合にはその都度、朝メモに書き足していきます。

⑤仕事で時間が余ったら

当面の仕事が片付き手が空いたら、その時はいろんな意味でチャンスです。このような時は朝メモに書いた内容は全て赤ペンでチェックがついている状態ですから、拘束される仕事はありません。このようなときに暇だからといって目的もなくネットで情報を仕入れる（つまり、インターネットで遊ぶ）ようなことをしているともったいないのです。このようなときに何をすればいいのか考えてみましょう。

---

(1)期限はまだ先だけどいずれやらなければならない仕事に着手する

例えば土地等の譲渡を行った個人の確定申告期限は翌年の3月15日ですが、この頃になるとてんやわんやになっていると思います。ところが、土地等の譲渡所得は分離課税なので売買契約書と取得費や譲渡費用が分かる資料があれば所得計算は年内どころか、今日中にでもできます。さらに、課税の繰り延べを受けていないかという確認も余裕を持って行うことができます。そういった忙しい時期の仕事を前倒しでやっておくというのはこの空いた時間の最も有効な使い方といえるでしょう。

(2)今月やった仕事の中でもう少し掘り下げられるものについてさらに奥深くやってみる

今月着手した仕事で「もう少しこうしておけばよかったな」とか「こういう不明点が実はあったんだけど調べてみよう」などといったことがあると思います。これをやることによって仕事の奥行きがさらに深まります。⇒「プロの仕事」につながるかもしれません

(3)今月やった仕事の中でミスしたことについて何故そのミスが起こったのかということとどうやったら繰り返さな

いかについて考える

　初めてやったことについて起こったミスはある程度仕方がないところがあります。それでも、ミスを繰り返すのはよくありませんから、その原因や再発防止策を考え、今後に生かします。再発防止策はミスの歯止めということになりますが、再発防止策を考える際、アイデアが出てきやすくなるコツがあります。それは、「**もし、タイムマシンに乗ってあのミスをしてしまった時間の直前に行くことができたら、これからミスをする自分に対してどんなアドバイスをすればいいだろう**」と考えるのです。今の自分はそのミスの内容を全て知っています。これをミスをする直前の自分にそうならないようにどのように伝えるかということを考えます。このやり方は相当強い再発防止力を持つとともに、アウトプットの練習にもなります。

(4)今やっている仕事についてさらに効率よくなる方法がないか考える

　これは業務改善です。自分が普段やっている仕事で、当たり前のようにやっているけど「面倒だな」とか「不便だな」とか感じることをピックアップして改善策を考えます。

　このように普段なかなかできないことをできるのがこの時間です。せっかくのフリーな時間ですから有意義に使いたいものです。

　⇒「プロの仕事」に挑戦するチャンスかもしれませんよ‼
⑥仕事で時間が足りなくなりそうだったら

　逆に時間が足りなくなりそうだったらどうすればいいのでしょうか？朝メモを続けているとにわかに忙しくなってくるな、ということがあらかじめ分かるようになってきます。**忙し**

くなってからではなく、忙しくなりそうだなという予感がした
時が動き時です。

　スタッフさんがいる場合には単純作業で誰でもできるような
仕事を誰かに頼むなり、計画的に残業をするなりの対策をとり
ます。仕事を頼むにしても急に言われるのは気分的にいいもの
ではありませんから、出来る限り「明日、○○をお願いしたい
んだけど」などと頼まれる方にも気持ちの余裕を持てるような
頼み方をします。

　スタッフさんがいない場合には各仕事にかける時間を必要最
低限にとどめ、少しでも早く仕事を追う体制に戻ることを目指
します。このような場合にはしばらく仕事の時間が増えます。

　急な仕事の依頼があったときなどはともかく、忙しくなって
からでは身動きがとれなくなることもありますから、仕事の工
程図を頭に思い描きながら先を見ておく癖をつけておきましょ
う。

⑦仕事が終わって帰る前に

　仕事が終わったら帰る前に是非やっておきたいことがありま
す。それは、今日の行動結果と明日の朝メモ、明日の行動計画
です。

　今日の行動結果については、昨日のこの時間に書いた「明日
の行動計画」の横に今日の実際の行動結果を書き込みます。そ
して、今日のよかったことと反省点を書き留めておきます。

　また、朝メモについては今日一日いろんな動きがあった中で
新たに「近いうちにやらなければならない仕事」が出てきたと
思います。それを書き留めておくのです。明日になってから書
こうと思っても忘れたり抜けたり重要度が落ちて後回しになっ
たりしますから、やらなきゃ、と思っているうちにメモに書い
てしまいます。続いて「明日の行動計画」を記入します。

⑧事務所を出たら

　事務所を出たら仕事のことは一旦、忘れた方がいいです。なかなか難しい場合もありますが、人間の脳は一旦リセットして次の朝新たにスイッチを入れ直した方がうまく機能するようにできているそうです。夕方や夜一生懸命考えてもいいアイデアが出てこなかったけれども翌朝もう一度考えてみるとすっといいアイデアが浮かんだという経験があるという人もいらっしゃると思います。この現象は「夢」が関係しているらしいです。人間は眠りにつくと、今日得られた情報や経験を中心に脳の中の整理に入るそうです。どのように整理するのかというと、それらの情報や経験を「今の自分にとって大事なものと大事でないもの」「今の自分が好きなものと嫌いなもの」に分けるのだそうです。つまり、「大事で、好きなもの」「大事だけど、嫌いなもの」「大事でないけど、好きなもの」「大事でなくて、嫌いのもの」の４つに分類して記憶を整理するということです。この過程で見るのが夢だそうで、その時はあたかも現実のように感じるのに、起きてみると無茶苦茶でありえないことだったということがあるのは、このように主体的に自分の頭の中で一つ一つの情報や経験を吟味しているからとのことです。このように整理された後の頭ではいいアイデアが出てきやすいのでしょう。

　家であれこれ考えてもいい結果につながることは少ないです。寝る前に明日のことを少しだけ空想しておく程度にしておきましょう。あまりはまり込んでしまうと眠れなくなってしまいます。

《仕事の流れや優先順位が分からなくなったときに便利な
ツール》

　最初から最後までの工程が分かっている直列的な仕事ばかりであればそれらの中で優先順位を決めればいいのですが、優先順位がつけにくい仕事に出くわしたときに便利なツールがあります。

それは「付箋」です。

　仕事の最も細かいレベルのことを付箋一枚に一つずつ書いていきます。その付箋を A3用紙などに貼り付けながらグルーピングし、優先順位が高いと思われる又は効率が良いと思われる順番に貼り直していきます。すると、かなり頭の中が整理できてスムーズに工程図を描くことができます。13ページで紹介した発散収束法のように、一旦、優先順位を考えずに関連事項をたくさん書き出しておき、後から順番をつけたり整理したりするという作業にはこの方法が向いています。

❸ 気持ちに余裕を持っておく

　ここまで何度も見てきましたが、気持ちに余裕を持っておくというのは大変重要なことです。これは多忙を極めるときにも当てはまります。これによって余計なミスを避け、一直線に最短距離を通って仕事の完了にスムーズに向かうことができるからです。

　忙しい時ほど気持ちの余裕がなくなり、手当たり次第に仕事に着手してしまいがちです。しかし、先ほどから見てきている通り仕事の最短距離は「すぐに着手しないこと」によって得られる訳ですから、忙しいときほど逆に仕事の着手をすぐにはしないで、仕事の全体から順序や優先順位を考えしっかりと準備して初めてとりかかるということが正解となります。この仕事をしていない準備などにか

かる時間を「捨て時間」と呼んでいます。この捨て時間が忙しい時ほど重要になってくるのです。なお、捨て時間は作業の一部であり、アイドルタイムではありません。

《参考》スタート地点を早くする

　　忙しいときに焦って余裕がなくなるというのは仕事に期限があることに起因します。どんなにたくさんの仕事を一時的に抱えても期限がなければ心中は穏やかなものだと思います。

　　さて、この仕事の期限ですが、これはいうまでもなく後ろにずらすことはできません。法人税の確定申告の期限は事業年度終了日の2ヶ月後に来ますし、所得税は毎年3月15日が期限と決まっています。その期限の日をどうすれば余裕を持って迎えられるかというとやはり仕事を前倒しで計画するしか方法がありません。時間軸で見てみるとスタートとゴールのうちゴール地点だけが決まっているのですから、スタート地点をずっと前に持ってきて早めに仕事に取り掛かると仕事に必要な「時間という資源」をたくさん確保することができます。

《所得税の確定申告のスタート日はいつ？》

(1) 1月25日スタートとした場合

　　3月15日まで50日（土日祝含む）あります。

(2) 2月5日スタートとした場合

　　3月15日まで39日（土日祝含む）あります。

(3) 2月16日スタートとした場合

　　3月15日まで28日（土日祝含む）あります。

(4) 年内からスタートできる部分もあります。

・土地等の譲渡所得の計算……売買契約書などの必要書類が揃えば、売買の日にでもできます。

・会社社長の会社に対する不動産所得の計算……賃貸物件及び金額が全く変わらないという前提で、固定資産税の納税通知など

の必要経費の資料が揃えばすぐにできます。

　※いずれも申告前に最終的な確認が必要になります。

　上記のようにスタート日を早めると、仕事に使える時間がこれだけ増えます。もちろん、確定申告の仕事だけをする訳ではありませんから丸々使える時間ということではありませんが、スタートが早ければ早いほど余裕ができるのは間違いのないところです。

　しかし、実際には1月下旬からスタートすることは難しいという声もよく聞きます。何故でしょうか？それは、年末調整と法定調書、償却資産の申告の期限が1月末となっているためそちらが忙しくなっており確定申告どころではないためです。

　ですが、これも段取り次第です。保険料控除証明書が届くのは大体10月下旬くらいです。扶養控除等申告書と保険料控除申告書が国税庁のHPにアップされるのも同じ時期です。ということは、11月に入ればお客様に年末調整の準備をお願いすることができるということになります。むしろ、保険料控除証明書が届いて間もない頃の方が証明書の紛失の可能性も低いですから、本当は11月中にこれらの資料を揃えて頂く準備をした方がいいのかもしれません。それをもとに所得控除関係のデータだけ確保しておけばあとは給与のデータだけです。

　法定調書に関する部分も給与以外のところは先に確認して年内にやっておけば12月支払分の給与と報酬の資料が集まった時点で仕事が片付きますし、償却資産の申告についても12月中にリストを渡しておき、1月1日現在で存在するものと存在しなくなったものについてそのリストに印をつけてファックスして頂き、それをもとに申告書を作成してしまえば簡単に片付きます。つまり、**確定申告期を余裕なく過ごすかある程度の余裕を持ちながら過ごすかは年末調整のスタートにかかっているのです**。

私の事務所では所得税の確定申告ソフトが届くのが毎年1月25日前後ですから、年末調整の頃からこれをめがけて準備します。その頃、確定申告のお客様のリストを作成し、このお客様は1月中、このお客様は2月中旬、このお客様は3月……などと去年の実績を元に予定を記入します。ソフトが届いて変更点の確認をしてから一斉に確定申告が始まり2月一杯で大方の仕事を終えます。3月にならないと動いて頂けないお客様もいらっしゃいますが、そのようなお客様にはできるだけ協力頂いて前倒しにして頂くことにしています。そうすると3月は飛び込みのお客様だけとなり、余裕をもって対応することができるのです。

４ 同じミスは２度繰り返さない

　ミスは仕事の効率化の妨げとなる最大の原因です。とはいえ、人間誰しもミスはします。特に初めてやる仕事にはミスはつきものといっていいでしょう。大切なのは「同じミスを繰り返さないこと」です。これはミスした当初は分かってはいても時間が経つとまた繰り返してしまうことがあり、「慣れを待つしかないか……」とあきらめがちですが、いい方法があります。それは「間違いノート」です。

＜間違いノートの例＞

年月日	内　容	原　因	再発防止策	備　考
H29.11.30	××商事の法人税申告において署から利子の源泉所得税控除過大の指摘があった。→後日修正申告	月々計上していた源泉所得税額の一部に計算誤りがあり、過大計上となった。	決算時に収入金額の15％以内に収まっているかをチェックし、調書に残す。	
H30.1.24	△△商店の月次処理の際、保険料の支払いについて全て保険料勘定で処理したが、資産計上する部分があった。	保険料の支払いが出てきたが何も考えずに全て費用計上してしまった。	保険料の支払いが出てきたら、①長期払いではないか②積立部分はないか③費用の繰延部分はないかの確認を行う。	

　間違いノートの書式は特にありません。ミスした日時と内容、原因、再発防止策などが書ければ十分です。ミスに限らず、「こうすればもっとうまく仕事がこなせたのに」ということも書き加えていきます。そして、毎朝「朝メモ」を書いた後で一通りこれに目を通すのです。これは必ずやらなければなりません。

　間違いノートの目的は間違いを2度繰り返さないことや仕事の改善を行っていくことなのですが、毎朝同じものを見ていくことによってその内容があなたの潜在意識に刷り込まれていきます。これが狙いです。

　間違いノートの内容は日々追加されていきますから、最初に書いたことは毎日見ることになりますが「もうこれはいいや。追加したところだけ見よう」とは決して思わないで下さい。少なくとも3か月は見続ける必要があるのです。そうしてその内容が潜在意識に刷り込まれたとき、ミスをした場面と似たような場面に遭遇しても、「前に何かミスをしたような気がする、気をつけよう」というメッセージが自分の頭の中をよぎるようになります。これは大変不

思議なことなのですが、毎日毎日同じ事をやっているとそれについて勘が働くようになります。その勘を鍛えるための訓練だと思って、地道な作業ですが毎朝続けるようにしましょう。

5 自分の時間が不足すると思ったら他から時間をもらう

自分の時間というのは1日24時間と決まっており、不足するからといって買い足すことはできません。従って、どんなに仕事を効率的に行ってもできる仕事の量には限度があります。そのようなときには自分が不眠不休で頑張るのも手ですが、長続きしませんのでやはり自分以外のものに頼らざるを得ません。では、誰の時間をもらうことができるのか、時間をもらうためにはどうすべきかということを考えます。

(1) 事務所のスタッフ

これは一番スタンダードな相手先といえるでしょう。事務所の仕事をしていて時間が足りなくなる訳ですから、どうしても、というときは協力を求めることになります。協力を求めるときはなるべく早く、手伝ってもらいやすいようにできるだけの段取りと説明をしてお願いをします。この説明の要点を挙げると、何をやってほしいか、どのようにやってほしいか、いつまでにやってほしいかの3点を伝えることになります。

(2) 機械などの道具

これは自分の時間がないときばかりではありませんが、規則的な単純計算であれば一生懸命電卓をたたくよりエクセルのフォームを作ってそこに入力した方がはるかに速い場合があります。また、計算間違いがありませんから検算箇所を作っておけばミスを防ぐという意味でも大変重宝します。

また、ASPなどを利用するのも手です。特定の分野に独特の計算をする場合にはやはり専用プログラムが必要となりますから

これらを利用するのも自分以外の時間を利用して結果につなげることになります。

　これらは業務改善の恒久措置になることがあります。

(3) お客様

　意外に思われるかもしれませんが、お客様も協力を求める相手先となります。例えば、提供される資料の作成をして頂くとか、現金出納帳や預金関係の取引に勘定科目を入れておいて頂くとかが考えられます。緊急の場合に協力をお願いする相手先としては当てはまらないことが多いですが、よく説明してお願いし、お客様のメリット（試算表の精度が高くなる、取引の内容がよく分かるようになる、報酬が少し下がるなど）を示して差し上げることも必要になります。これも業務改善の恒久措置となり得ます。

6 時間の魔術師になるためのコツ

　無駄な時間を削減して仕事の効率がある程度高まってくると仕事がだんだん増えてくると思います。するとますます時間をやりくりするのに頭を使うことになります。ここでは、人を使うことも含めて自分の時間の使い方や仕事の組み立て方を考え、「時間の魔術師」になるための方法を紹介します。

1 整理整頓清掃清潔しつけ

　与えられた時間を最大限に生かすためにはいつもそれができる状態にしておかなければなりません。「整理整頓清掃清潔しつけ」というのはよく製造現場などで5Sと呼ばれているものですが、これはどんな仕事にも通ずる大切な教えですから、そのぞれ定義してみましょう。

・整理……いらないものを捨てること
・整頓……決められた物を決められた場所に置き、いつでも取り出せる状態にしておくこと
・清掃……常に掃除をして職場を清潔に保つこと
・清潔……上記の3つを維持すること
・しつけ……決められたルールや手順を正しく守る習慣をつけること

　これらの状態を常に維持しておくことで100メートルをまっすぐに力いっぱい走ることができる環境にしておきます。逆にこれらができていないとどんなに優秀な人でも走ることだけに集中していい結果を残すことはできません。

② 物の捉え方・考え方・覚え方
(1) 物事を「原則」と「例外」の2つに分けて考える癖をつける

　物の見方の話になりますが、**何でも「原則」と「例外」に2分して考える癖をつけます**。すると、「原則」はこうだと理解しておけば「例外」だけを覚えればいい、見つければいいということになります。これは時間の魔術師になるためには欠かせない技術で、また、仕事の精度を上げるためには不可欠と言えるでしょう。

　私たちの仕事はケースバイケースで判断するところが非常に多いですから、「この場合はこう、この場合はこう……」と一つ一つ対応しようとすると頭が混乱し、大変なことになります。ですから、「原則」はこうだけれども「例外」の条件があった場合にはこう……という風に考えます。

　例えば、「会社で税金を払ったら経費になるんでしょ？」と問われたとします。この場合、法人税は損金不算入だし、固定資産税は損金算入、延滞税は……などと平面的に捉えていたら頭が

ごっちゃになります。この場合には、「原則」租税公課は損金算入⇒「例外」損金不算入の租税公課は法人税、住民税、加算税及び延滞税、過怠税、源泉所得税、外国税額、罰金等となりますから、この「原則は損金算入」と「例外は法人税、住民税……」だけを覚えておくのです。すると物の調べ方も変わってきます。例外を見つけるという調べ方になりますから、答えにたどり着くまでの時間がかなり早くなりますし、楽に調べることができるようになります。

　ちなみに、「租税公課は原則損金算入って、どこに書いてあるんだろう?」ということですが、法人税法第22条第3項です。法人税法第22条関係は所得計算の基本中の基本ですから、原則は全てここに立ち返ることになります。

《参考》法人税法第22条

（各事業年度の所得の金額の通則）

第二十二条　内国法人の各事業年度の所得の金額は、当該事業年度の益金の額から当該事業年度の損金の額を控除した金額とする。

2　内国法人の各事業年度の所得の金額の計算上当該事業年度の益金の額に算入すべき金額は、別段の定めがあるものを除き、資産の販売、有償又は無償による資産の譲渡又は役務の提供、無償による資産の譲受けその他の取引で資本等取引以外のものに係る当該事業年度の収益の額とする。

3　内国法人の各事業年度の所得の金額の計算上当該事業年度の損金の額に算入すべき金額は、<u>別段の定めがあるものを除き</u>、次に掲げる額とする。

一　当該事業年度の収益に係る売上原価、完成工事原価その他これらに準ずる原価の額

二　前号に掲げるもののほか、当該事業年度の販売費、一般管理費その他の費用（償却費以外の費用で当該事業年度終了の日

> までに債務の確定しないものを除く。）の額
>
> 三　当該事業年度の損失の額で資本等取引以外の取引に係るもの
>
> （以下略）

　上記の第2項及び第3項にはいずれも「別段の定めがあるものを除き」とありますが、この「別段の定め」が法人税法の上での「例外」であり、条文の大半を占めています。減価償却しかり、役員給与しかり、交際費しかりです。

(2) 全部でいくつあるのか考える癖をつける

　全部でいくつ、というのは内容を網羅するのに不可欠な考え方です。例えば、所得税の所得を全部言うときには「全部で10」ということを知っていますから、仮に途中でつまづいたとしてもあといくつ足りないのかが分かります。これが残りの所得を探し出す端緒となるのです。少し考えさせる例を挙げると、①東京23区を全て書き出して下さい、②山手線の駅を全て書き出して下さい、という2つの課題があったとします。どちらが書き出しやすいですか？①は「全部で23」ということが分かっていますから、例え全部書けなくても、「まだ書けなかったところがある」ということは分かります。それに対し、②は全部でいくつあるか分かりません（実は30）から、「書けなかったところがあるかもしれないけど、ひょっとすると全部書けているかもしれない」という錯覚に陥るかもしれません。

　この「全部でいくつ」というのは物を覚えたりするときにも大変重要となりますから、是非身につけるようにしましょう。

(3) 最後にモノを言うのは想像力

　いろいろ述べてきましたが、最後に差がつく部分というと想像力だと思います。仕事全体を俯瞰するにしても、ちょっと先を想

像して移動の無駄を省くのも全ては想像力がないとうまくいきません。この想像力が豊かになればなるほど時間の組み立て方も上手になり、100メートルをきちんと走る際に課題となることをあらかじめ避けることができるのです。

7 少しでも早く知識や知恵をものにするために

事務所を持ったばかりの頃は、スタッフとして働いた経験と知恵はある程度持ち合わせてはいるものの、経営者としてのものはほぼゼロです。開業後に仕事のことで悩むのは「自信が持てない」ということです。勤務していた頃に学んだことや経験したことから、仕事をこなすことはできるのですが、お客様から相談されたときなど、最終責任者としてのプレッシャーがかかってくるため、不安になるのです。ここでは、少しでも早くこの不安を取り除くためにどのような努力をしなければならないのかを考えてみましょう。

1 まずは下地作り

知識や知恵の下地作りは地道な作業ですが、所長としての自信を早く持てるようになるためにはこの下地作りを進める必要があります。これは運動でいうと基礎トレーニングに当たります。初めは手探りという部分があるかもしれませんが、下地作りという基礎トレーニングを地道に重ねることで一歩ずつではありますが着実に自信がついていきます。

2 具体的なアプローチ

このアプローチは大きく分けて2つに分類できます。1つ目は普段の仕事で直接経験したり調べて自分の身につけたりすることで

す。2つ目は自分の経験以外のところから知識や調べ方を増やすことにより「擬似体験」を通じて身につけることです。前者はもちろんやっていかなければならないのですが、自分が望んで経験できないことも多い部分です。ですから、後者の「擬似体験」の機会を増やすのです。

③「擬似体験」を有効に行うコツ

　人はノンテーマでいろんなことを幅広く知識として吸収しようと思っても、最近の仕事などで調べ足りなかったところや自分の興味があるところにテーマが偏ってしまいがちです。もちろんそれはそれでいいのですが、さらに幅広く擬似体験の場を求めようと思ったら次のような方法があります。キーワードは「**テーマの選定は人、擬似体験するのは自分**」です。

　　・会員制テープ・ビデオなどの購入
　　・税理士が書いているブログの閲覧やメールマガジンの購読
　　・同業者団体以外の団体が主催している講演会
　　・同業者・異業種間の勉強会
　　・業界専門誌の購読　　　など

④ 取り掛かりは興味を持つこと

　今まで全く経験したことのない領域に入っていくのは心理的に抵抗があるものですが、やはりやると決めた以上、できるだけ興味を持って情報に接したいものです。この興味の度合いによって下地作りの厚さも違ってきます。自分の血肉となる擬似体験ですから、せっかくやるのであれば興味を持って楽しく臨みたいものです。

⑤ 疑問を持った人だけに知る権利はある!!

　擬似体験したこと、調べたこと、得られた情報については鵜呑み

にせず、「何か変だな」とか「こういった場合にはどのように取扱いが変わるんだろうか」「なぜこのような取扱いをするんだろうか」などと疑問を持つ癖をつけます。この疑問は多ければ多いほど解決したときの下地の厚さが増します。何でもそうですが、**疑問を持って調べた人にのみ知る権利はあるのです**。

6 最も有難い擬似体験は何か？

　私もいろんな擬似体験をしてきましたが、その中で最も有難いのはどんなことかと問われたら迷わずこう答えます。「**ミスの擬似体験**」。ミスの擬似体験は本当にミスをする訳ではないのでノーリスクです。しかも、それを避けるにはどうしたらいいかを頭の中でシミュレーションすることによって失敗の少ない仕事の仕方をすることができるようになります。さらに、そのミスをしたらその後どうなるかということを頭の中でシミュレーションすることにより、「こんな大変なことにならなくてよかった。もしこのミスをしていたらと思うとぞっとする」なんてことを肝に銘じることができます。

　ただし、ミスの経験は恥ずかしいため、なかなか話してくれる人がいないかもしれません。それだけにミスの経験談というのは有難いのですが、税理士会や業界団体の懇親会などで経験値の高い先生と顔見知りになればそういった話題にも一つ二つ触れる機会があるでしょう。こういった先輩にかわいがられるよう努力するといろんな面で助けてもらえます。大事にしましょう。

Column 時間を効率的に使うのも大事な仕事です

　会計事務所を経営していくうちに、仕事も増え、やがて忙しくなります。我々は専門家ですから、税務会計の分野で我々の力を必要としている人はこの世の中に本当にたくさんいらっしゃる訳です。ですから、最初のうちはそうでなくても、次第に依頼される仕事が増え、その中身も深いものがだんだんと混ざるようになるでしょう。そうなると問題になるのは時間の効率的な使い方です。時間は誰しも一日24時間しかありませんから、この効率的な使い方を知っているのといないのとでは仕事の結果や成果にものすごく大きな差が出ます。

　そこで、私がたまたまメーカー出身ということもあり、人間工学や心理学の知識を少し使い、この部分についてまとめてみたのが本章です。ある業界の常識は他の業界の非常識などとはよく言われることですが、ここで述べたことはメーカーなら誰しも実践している常識です。100m 走であればきっちりと100m だけ走り切り、無駄はしない。そのために準備が必要なのであれば、その準備に時間をかけた方が準備なしでいきなり走り出すよりもはるかにラクに、早く仕事が終わるということをお伝えできたかと思います。

　将来、スタッフさんが入って来られたらこのことをみんなで実践するよう教育すれば、みんな活き活きと仕事をして、早く結果に辿り着くことができる事務所になることでしょう。

第 9 章

スタッフを一日でも早く
一人前にする方法

1 基礎的な考え方をこう教える

　お客様が増えていくとどこかの時点でスタッフを雇うことになります。その際、スタッフには一日も早く仕事を覚え、一人前の仕事ができるようになってもらいたいものです。本章ではスタッフに仕事の内容をはっきりと伝え、お互い楽に仕事ができるようになってもらうためのコツに触れていきます。

　そのために基礎的な考え方を2つ述べた後、お客様とのコミュニケーションを含めた具体的な会計事務所の仕事の中身や教え方を確認します。

　会計事務所の仕事をするために、というよりどんな仕事でもそうなのですが、基礎的な考えをスタッフに2つだけ教えて欲しいと言われると、私はこの2つを教えます。一つは仕事を「作業」と「プロの仕事」に分けること（182ページ参照）です。もう一つは**仕事の目的と手段を明確に意識する**ということです。前者は既述の内容ですから省略し、ここでは仕事の目的と手段について説明します。

　どんな仕事にも目的とそれを達成するための手段があります。これを間違えると仕事の質に差が生じますし、ひいては、その仕事をする人の評価にもかかわってきます。このように仕事の出来に大きく影響する目的と手段について考えてみましょう。

■ 目的と手段を間違えるとゴールが変わってしまう

　まず、例題で考えてみましょう。会計事務所の仕事の中に、「お客様の決算を間違いなく組み、間違いのない申告書を提出する」というものがありますが、これは会計事務所の仕事の目的でしょうか、それとも手段でしょうか。

　この例題に正解はありませんから、どちらと捉えて頂いてもいいのですが、それぞれの場合に分けて考えてみます。

　まず、これは会計事務所の仕事の目的と考えた場合です。申告期限までに申告書の提出を終えて、お客様のところにその控えと期中入力資料、総勘定元帳などをお届けします。この場合には、これで終わりです。だって、それが仕事の目的なんですから、その目的を果たした、で終わりです。

　一方で、会計事務所の仕事の手段と考えた場合です。これを手段と考えた場合、目的は違うところにあります。例えば、お客様の企業経営の参謀役を務めることを会計事務所の仕事の目的としたとします。すると、お客様の決算を間違いなく組んで間違いのない申告書を作成するという仕事は、連綿と続くお客様の企業経営について１年ごとにご自身の企業の姿、形をお見せし、現在地の把握と今後の進むべき方向の確認に資するという「手段」になるのです。こう考えると、お客様に申告書の控えなどをお渡しする際の意識が変わってきます。例えば、総勘定元帳をお渡しするときです。総勘定元帳は企業の一会計期間の会計処理が全て記録されており、いわば、企業の日記帳のようなものです。企業経営において最も役に立つ会計帳簿の一つであることに間違いありません。しかし、総勘定元帳を愛読書にように机の片隅に置き、何かあったらすぐにこれを見て確認する、というお客様はどのくらいいらっしゃるのでしょうか。おそらく、このようなお客様はごく少数派で、大半は税務調査のときに出してくるだけ、という感じではないでしょうか。会計事務所の仕事の目的を「お客様の企業経営の参謀役を務めること」とした場合、これを社長にうまく利用して頂くという発想が出てくるかもしれません。例えば、年間売上５,０００万円くらいの建設会社がお客様だったとします。この会社に総勘定元帳をお届けする際に、一組のトランプを持っていきます。トランプはジョーカー２枚を入れると54枚ありますが、このトランプ一枚を100万円とみるのです。これを使って社長と会話のキャッチボール開始です。

私 「もう新しい期が始まってしばらく経ちますが、今日持参した総勘定元帳とトランプを使って今期の利益計画を簡単にやってみようと思います。」

社長 「へー、トランプで利益計画やるんだ？」

私 「そうなんです。トランプは54枚ありますから、これ1枚を100万円と考えることにしましょう。前期の取引内容はこの総勘定元帳に全て書かれていますから参考にして頂ければと思います。」

社長 「それは面白そうだね。で、まずは売上からかな？」

私 「そうですね。前期は4,681万円でした。全体的に工事の売上が伸び悩む中、冬に除雪の仕事が入ったのが大きかったですね。」

社長 「うん、あれは人件費しかかからないし、仕事が薄い時期に入ってくる仕事だから本当に助かるんだよね。」

私 「そうですよね。で、今期の見込みを立てることになる訳ですが……」

社長 「今期は大きい工事が既に3件決まってるから前期みたいなことにはならないと思うよ。ま、5,300万円は固いんじゃないかな。」

私 「それはよかったですね。では、トランプを53枚置きますね。ここから経費を抜いていきます。」

社長 「あ、分かった！それで、最後に残ったトランプが利益なんだ！」

私 「さすがですね、そういうことです。で、ここから材料費、外注費、経費などを見込んで抜いていきます。抜いていく順番は総勘定元帳の順番通りなのですが、役員報酬だけは最後に持ってきますね。」

社長 「分かったよ。俺の給料プラス利益が最後に残る訳だ。」

私 「その通りです。今期の役員報酬をいくらにするかの参考にもなります。」（以下続く）

　この方法は一見バカバカしいと思われるかもしれませんが、社長に今期のシミュレーションをトランプという実体のあるもので体験してもらうという意味があります。あくまでシミュレーションなのですが、紙に書かれた数字で説明するより社長の記憶に残りやすいと思います。

　一方で、申告書の控えなどを会計事務所の仕事の「目的」と考えた場合にはこのような思考は出てきにくいです。仕事の質はどちらが高いと思われましたか？

② 目的は近くにあった方がいいですか、遠くにあった方がいいですか？

　上記①の例で示した通り、目的と手段が違うとゴールも変わってしまいます。ここで考えたいのが、仕事の目的は近くにあった方がいいのか、それとも遠くにあった方がいいのかということです。この事例で分かる通り、目的は遠いところにあった方がいいです。理由は、目的は遠いところにあった方が思考の幅と視野が広がり、行動と結果がよりダイナミックなものとなることが期待されるからです。何よりもスタッフ自身の伸びしろが大きくなり、高い視座を得ることができるということが大きいと考えます。

2 月次処理という業務をこう教える

　まずは、会計事務所の仕事の取り掛かりとなる月次処理です。これは自計化しているお客様についてはお客様の側でなさることなので会計事務所は無関係と思われるかもしれませんが、決算を組むにしても元々の処理については把握していないとできませんし、お客様から処理の仕方を尋ねられることもありますから、やはりきちんと押さえて

おかなければなりません。ここでは、会計事務所が記帳代行の仕事をする場面を前提に進めていきます。

1 月次処理の目的（ゴール）

月次処理の目的は決算と同じく月次の利益を求めることにありますから、**貸借対照表の残高をできるだけ適正に把握し、試算表に反映させなければなりません。**つまり、その月の取引全体を網羅する現預金関係、固定資産関係、債権・債務関係などの資料を集め、全ての取引に勘定科目を付して各勘定科目を適正な残高に合わせることが仕事の全容といえるでしょう。「利害関係者に経営に関する判断を誤らせないようにする」という会計の目的に反するようなことがあってはなりません。

2 月次処理で行うこと

月次処理で行うことは大きく分けて「資料を集める」⇒「取引に勘定科目を振る」⇒「主要勘定残高の確認をする」の 3 つですが、**基本的に会計処理は毎月繰り返し行われますから前月の処理資料を見ながらその処理方法を踏襲して進めていくことになります。**

(1) 資料を集める

処理をする資料をお客様に用意してもらいます。この用意して頂く資料は月次処理に直接使用するコアなものと、確認に使うサブのものがあります。これらの具体的なものをそれぞれ次に記載します。

コアなもの 8 つ

①給与支払明細……給与の支給額、控除内容、手取り額が記されたものです。一覧表になっていると大変便利です。

②振替仕訳伝票……お金の動きがないものについて仕訳を起こしたものです。会計事務所側で用意、記入することもありま

す。

③現金出納帳又は入出金伝票……現金の動きを確認する資料です。

④預金通帳又は預金伝票……預金の動きを確認する資料です。総合振込明細などもこの中に含まれます。

⑤売掛金記入帳（移動表）……売掛金の動きが記載されているものです。

⑥買掛金記入帳（移動表）……買掛金の動きが記載されているものです。

⑦受取手形記入帳……受取手形の受取、期日、顛末及び残高が記載されているものです。

⑧支払手形記入帳……支払手形の振出、期日及び残高が記載されているものです。

サブのもの

①受け方の請求書、領収書……請求書と領収書はそれぞれこちらから発行するものと先方が発行するものがありますから、どちらのものを示すのか明らかにするため本書ではこちらから発行するものを「受け方」、先方から発行されるものを「払い方」と表現します（それぞれ、お金を受け取る方と支払う方の立場という意味です）。これは、入金の内容や売掛金の発生などの確認に使います。

②払い方の請求書、領収書……これにより支払の内容を確認します。特に、建物や機械、車両などの固定資産を取得した場合には単価10万円未満かどうか、資産計上分と費用計上分をどのように処理すればいいか、さらに車両などについては下取りがあるのかどうかなどの確認に使います。

③借入金返済予定表……借入先から発行されます。新たに借入れを行った場合、これにより借入金の元利区分を行います。

借入には元金均等返済と元利均等返済があります。特に元利均等返済は毎月これをみないと処理できませんから注意が必要です。

④リース契約書及びリース料支払い明細書……新たにリース物件が出てきた場合、何をどのような条件でリースしたのか、会計処理の方法はどうすればいいのかということの確認を行います。

⑤特殊な入出金の内容を確認するための資料……雇用給付金や報奨金などの明細により処理科目や摘要を付すのに使います。

⑥その他参考となる資料

これらの資料を目の前にするとどこから手をつければいいのか分からなくなりますから、**自分で資料の処理・確認順番を決めてどのお客様に行こうが必ずその順番で処理・確認する**こととします。最初のうちは、コアなものが全部揃うまで手はつけないこととし、全部揃ったら上記の順番で確認するというルールを作り、それを守ってもらうようにするといいでしょう。

(2) 取引に勘定科目を振る

その月の経済活動全てに勘定科目を振って仕訳をします。仕訳のほとんどは資金の動きを伴うものですが、資金の動きを伴わないものや諸口を必要とする取引などは振替伝票に忘れずに記載することになります。ここでのコツは、「作業」と「プロの仕事」に分けることです。

「作業」とは、毎月出てくる取引に勘定科目を振ること、「プロの仕事」とはその月に特有のイレギュラーな取引に勘定科目を振ることがこれに当たります。どのお客様でも現金出納帳や通帳などを見てみれば分かりますが、ほとんどが金額こそ違え、毎月決まって出てくる取引です。これらについてはただ黙々と先月と同

じ勘定科目をそれぞれ振っていけばいい訳で、頭を使うことのない機械的な作業です。さらに、その勘定科目を振る順番も決めておくとよいでしょう。私は現預金の入出金については、通帳ごとにまず入金項目に勘定科目を振り、それが終わってから出金項目に勘定科目を振ることにしています。こうすることによって**仕訳の漏れ抜け防止の効果が得られます。「順番を守ることはチカラ」**ということも忘れずに伝えてあげて下さい。

　これに対し、その月特有の取引についてはサブの資料を用意してもらって確認し、適切な勘定科目を振る必要があります。例えば、不動産や車両などの購入・売却などがこれに当たりますが、消費税の取り扱いも含め、間違いのないようにある程度の時間をかけて慎重に処理する必要があります。

　この際、**分からないところは付箋を貼って飛ばしていき、とりあえず最後まで一通り勘定科目を振ります。**すると、後から確認した資料で分からない取引の正体が判明することもあります。このやり方は途中の小さなつまづきにとらわれることなく**仕事の全体を俯瞰できる**という長所があります。

(3) 主要勘定残高の確認をする

　勘定科目が振り終わったら主要勘定残高の確認をします。主要勘定科目は現預金、受取手形、売掛金、支払手形、買掛金とするのが通常ですが、必要に応じて増やしたり減らしたりします。確認資料は次の通りです。

　　現金……現金出納帳　　　預金……通帳や照合表など
　　受取手形……受取手形記入帳　　売掛金……売掛金記入帳
　　支払手形……支払手形記入帳　　買掛金……買掛金記入帳

3 取引の確認方法

　上記2(2)で述べた「プロの仕事」の部分の確認方法ですが、**必ず**

書類で確認を行うこととします。ついつい、お客様に聞いたことをそのまま仕訳する人がいますが、お客様は会計のことを必ずしもご存じではありません。実際に処理する人が書類で事実を確認することが重要です。

4 勘定科目で迷ったら……

　月次処理をしていると取引自体は書類などで確認できるものの、時折勘定科目で迷うことがあります。このようなときにはどうすればいいのかを教えます。

(1) 前期の総勘定元帳を用意し、去年の同じような時期に同じ取引がないか確認します。

　同じ取引が見つかったら、同じ勘定科目を振ればいい訳です。保険料の年払いなどではこれで解決することがあります。

(2) 支出項目が資産になるのか費用になるのかなどということはよく迷うところです。その場合のヒントを挙げてみます。

・過去に負債計上したものの支払ではないか

　過去に費用の未払計上をしたものや借入れたものの支払や返済を行ったものであれば、負債の減少項目となります。

・その支出したものは将来、返ってくるものかどうか

　返ってくるものについては、資産に計上することを考えます。返ってこないものであっても借地権など資産に計上するものがありますから注意が必要です。

・費用配分が必要なものかどうか

　その支出の効果が1年を超える期間に渡って発現するものについては前払費用や固定資産、繰延資産などの計上を考えます。

・会計上の費用や損失であっても税法上特別な取扱いのあるものかどうか

　　会計上は費用として処理するしかないけれども税務上は損金算入に制限があったり他の税目に影響したりするものがあります。例えば交際費、寄付金、役員給与などがこれに当たりますが、これらについてはその旨、申告時に間違えないようにしておく必要があります（245ページの**6**参照）。

(3) **保険関係の処理は複雑なこともあります。必ず保険会社に処理の仕方を尋ねるようにしましょう。**

　　特に生命保険は保険期間が長くなるものが多いため、最初に処理を間違えると間違えた処理が何年にもわたって続けられることになります。保険料の処理の基本的な知識としては次のようなものがあります。

・保険期間の終期は事業年度終了の日から１年以内となっているかどうか

　　事業年度終了の日から１年を超えて終期が設定されているものについては保険料の中に前払費用となる部分が含まれています。

・保険料は積立型か掛け捨て型か

　　積立型のもの（解約返戻金や満期返戻金があるもの）は保険会社に積立預金をしているのと同じであるため、「保険積立金」などの資産（当座資産のような性質あり）となります。

・掛け捨て型であっても損金算入に制限のあるものでないか

　　長期平準定期保険などについては保険料の一部の損金算入が繰り延べられるものがあります。この繰り延べられる部分については「長期前払保険料」などの資産（当座資産としての性質に乏しく、いずれ少しずつ費用となっていくという性質あり）となります。

5 消費税の課税区分で迷ったら……

　消費税の課税区分には課税対象外、非課税、免税、課税と４つの項目があります。このうち、収入に係るものについては課税売上割合の計算を行うため厳密にこの４つに分けなければなりませんが、支出に係るものについては仕入税額控除ができるかどうかの材料にしかなりませんから課税とその他の２つに分けてあればOKです。

〈消費税における取引の分類〉

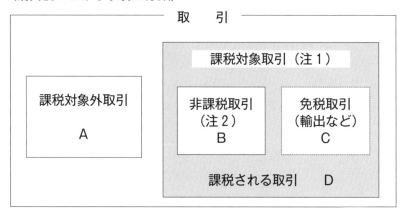

（注１）　課税４要件すべて満たすもの

　　①国内において　　　②事業者が事業として

　　③対価を得て行う　　④資産の譲渡、貸付け、役務の提供

（注２）　課税対象取引のうち、消費としての概念になじまないとか政策的配慮などにより消費税が課されないものとして限定列挙されたもの

　中でも区分が紛らわしいものをいくつか挙げておきます。

　・損害賠償金

　　原則として課税対象外（A）ですが、例えば商品を傷つけた人が責任をとってその商品を買ったとなるとこれは課税取

引（D）となります。また、当社が他社の車などを傷つけ、その修理代が直接当社に回ってきたため支払ったとなると、これは損害賠償金ですから課税仕入にはなりません（A; 当社の車の修理分は課税仕入です）。

・会費

　年会費などの通常会費は対価性がないため課税対象外（A）ですが、総会の懇親会費などの当日会費については対価性があると見て課税取引（D）となります。

・入会金

　任意団体などの入会金は対価性がないため課税対象外（A）ですが、例えばスポーツクラブの入会金など施設の利用などに伴って支出するものについては課税取引（D）となります。

・解約手数料など

　単なるキャンセル料は課税対象外（A）ですが、事務手数料などとしてかかるものは課税取引（D）となります。

・みなし譲渡に注意

　会社が資産をその役員に贈与した場合や個人事業者が事業用資産を家事のために消費した場合には対価はありませんが、消費税では対価を得て譲渡したものとして取扱いますから注意が必要です。

　なお、課税仕入になるかどうか迷ったら、「もし、これが払い方ではなく受け方だったらどのような取扱いになるか」と考えてみてください。消費税は転嫁税ですから、払い方と受け方で同じ取扱いをすることとされています。

6 注意すべき勘定科目

(1) 役員報酬及び給与

　給与関係の項目は源泉所得税や支払調書などいろんな箇所に影

響をもたらします。特に「寸志（本来は賞与などとなる）」や現物給与などの取扱いに注意する必要があります。

⑵ 交通費

　　通勤手当については給与に含めて処理する方法もありますが、所得税が非課税であることと消費税が給与と違い課税仕入れとなることを考えると、交通費として処理した方が間違いが少なくなると思います。

⑶ 消耗品費

　　税法上、単価が10万円以上のものについては一時の損金とすることはできず、資産計上して減価償却という取扱いになります。したがって、消耗品費に計上するものは単価に注意する必要があります。

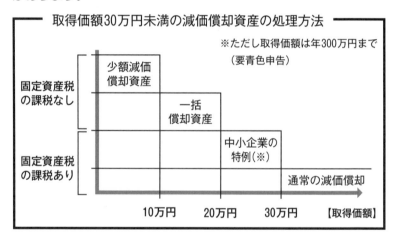

取得価額30万円未満の減価償却資産の処理方法

⑷ 接待交際費

　　税法上、交際費等については損金算入が制限されています。だからといって交際費等に該当するものについては必ずしもこの勘定科目で処理しなければならないということはなく、例えば諸会費や雑費に税法上の交際費等が含まれていても OK です。

(5) 寄付金

いかなる名義をもって行うかを問わず相手に金銭などの資産を無償で与えると寄付金となり、税法上、損金算入に制限が設けられています。接待交際費とは異なり、会計上も寄付金に該当するものについては全てこの勘定科目で処理するのが望ましいでしょう。基本的に個人決算では出てこない科目です。

(6) 同じ勘定科目の中で消費税の取扱いが異なるものが混在する主なもの（海外取引は除く）

仕入高、福利厚生費、接待交際費、新聞図書費など（軽減税率適用のものも含まれる場合あり）

福利厚生費（お祝いや香典などは課税対象外）

接待交際費（　　　　　　〃　　　　　　）

支払手数料（印鑑証明や納税証明など官公庁に対するものは非課税）

車両関係費（税金や保険料などは非課税）

賃借料（リース開始時に一時の仕入税額控除を行ったものは課税対象外）

地代家賃（土地の賃借料は非課税）

諸会費（年会費などは課税対象外）

寄付金（物品を購入して寄付した場合、課税仕入）

雑費　　　など

これらの消費税混在科目はなるべく少なく設定した方がチェックしやすく、間違いが少なくなります。これは勘定科目設定のコツと言えるでしょう。

７ その他分からないことが出てきたら……

取引の内容や資金の動きについてはお客様は当事者ですからご存知のことでしょう。ですから、これらのことについてはお客様にお

聞きすればいいのです。

　しかし、勘定科目など会計処理に関することはお客様に聞いても分からないのが普通です。この場合、前月や去年の同時期に同じような取引がないか確認し、もし同じ取引だということが確認できれば前の伝票や総勘定元帳を参考にそれに準じて処理します。それでも分からない場合には取引の全容をお客様にお聞きし、処理については会計事務所側で判断することになるでしょう。契約書や請求書などの資料をコピーさせて頂いて、どういう取引だったかお客様にお聞きした上で事務所に持ち帰り、先輩や所長に相談して結論を出すこととします。

🞐 試算表が正しいかどうかのチェック

　コンピューターに入力後、試算表を出力する前にチェックする項目があります。その項目とコツを挙げておきます。

(1) まず、伝票などの入力資料と入力内容が合っているかどうかについて入力範囲などを指定してデータを呼び出し、画面でチェックします。

(2) 次に試算表を画面で確認し、貸借対照表、損益計算書とも前月繰越高がゼロとなっている勘定科目をチェックします（今月初めて出てくる科目は処理間違いであることが比較的多いです）。

(3) 次に、数ヶ月分の範囲指定で総勘定元帳を画面上に呼び出し、次のチェックを行います。

　・現金勘定の毎日の残高でマイナスになっているところはないか
　・商品などの棚卸資産について粗利率に影響を与えそうな場合には適正額の近似値が計上されているかどうか
　・減価償却費の予定計上はされているかどうか
　・固定資産に動きがある場合、消費税は適正に処理されているかどうか

・損益項目全般について、消費税は適正に処理されているかどうか

・リース料や保険料のように毎月定額で出てくる科目については
きちんと計上されているかどうか

・月末が銀行休業日の場合、月末に引き落とされる社会保険料な
どの費用計上は行ったか　　など

**(4) 最後にもう一度試算表を画面でチェックしておかしなところは
ないか見ます。**

　売掛金・買掛金、未払金や預り金の中には月末で計上したもの
を翌月に決済し、また月末に計上し……というものがあることが
あります。ちょうど洗い替えのようになるのですが、このような
科目はちゃんとそのようになっているかどうかなどをここで
チェックします。

(5) どの科目残高が重要なのか？

　では、「全部の科目は大変だから、特に重要な貸借科目だけ毎
月チェックすることにしたいので、どの科目をチェックすればい
いですか？」と聞かれたらどう答えますか？私は**正常営業循環**と
いう言葉を使って次のように説明しています。

　およそ商売というのは、まず、現預金を用意するところから始
まります。この現預金を使って商売を始めるとき、まず、何を買
いますか？備品とかいろいろあるでしょうけれども、まず、商品
を仕入れますね。つまり、①現預金が商品に変わるのです。この
商品がお客様に売れると何になりますか？コンビニやスーパーの
ようにレジでそのまま決済という形態もありますが、商品が売れ
るとそこに債権が発生します。つまり、②商品が債権に変わるの
です。そして③債権はやがて決済され、現預金になります。この
①から③の一連の取引を正常営業循環といいます。

　①の段階では現預金が商品に変わる訳ですから、等価交換が行

われているだけで、価値は変わりません。次の②商品が債権に変わる時に粗利益がオンされて価値が大きくなるのです。そして、最後の③の債権が現預金に変わる段階ではやはり価値は変わりません。つまり、②の取引において粗利益が獲得され、その中から経費を支払って残ったものが利益となるのです。

　貸借科目の中で毎月せめてこの勘定科目の残高だけは……と言われると、この正常営業循環に関係のある科目を挙げるでしょう。具体的にいうと、正常営業循環の主人公である「現預金」「商品・製品・仕掛品・原材料など」「売掛金・受取手形」と、商品などについて回る「買掛金・支払手形・前渡金」、売掛金などについて回る「前受金」です。これらは正常営業循環の関連科目ですから、どの残高を間違っても正しい利益は計上されません。もっとも、商品などについては毎月棚卸するのが不可能という場合もありますから、こういうときには当たらずとも遠からずの数字を上げることになります。

<正常営業循環の図>

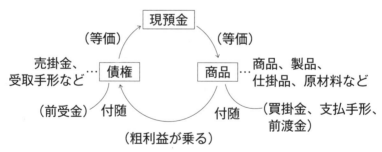

3 お客様とのコミュニケーションをこう教える

会計事務所のお客様は社長や社長の奥様ということになりますか

ら、会計事務所のスタッフはこの方々とのコミュニケーションを避けて通ることはできません。しかし、スタッフの中にはお客様とコミュニケーションを取るのが苦手という人もいます。そこで、会計事務所の仕事の良し悪しを左右すると言っても過言ではない、重要なファクターであるこのコミュニケーションをどう教えるのかを探ってみることにします。

1 お客様とのコミュニケーションが苦手な理由

ウチの事務所のスタッフも御多分に洩れず、コミュニケーションが苦手という人が多いです。これまでに来てくれたスタッフにその理由を聞いてみると、大体、次の3つに要約されるようです。

(1) **そもそも、人と話すのが苦手**

簿記や会計を学び、試験勉強をして試験を受けてきた私たち会計業界の人の中には数字や帳簿と真剣に向き合う時間を長く過ごしてきていることもあってか、人と接することが苦手という方もいらっしゃるようです。

(2) **処理方法が分からない取引が出てきたらどうしよう……**

特に日が浅いうちは、仕事が満足にできないという自覚から自分のキャパシティを超える取引の処理(=仕事)が出てきたらどうしようと不安になるというものです。

(3) **答えられないような相談を持ちかけられたらどうしよう……**

処理方法は帳簿や資料相手のことだから事務所に持ち帰るなりして調べる時間があるけれども、自分のキャパシティを超えるような質問をされたら目の前のお客様に対してどのように対応して差し上げればいいのか分からなくなることもあります。　など

2 対策その1

〜お客様を必要以上に「高貴な人」「偉い人」「雲の上の人」などと

思わないようにすること

　確かにお客様は会計事務所にとって大事な存在であり、大きな失敗や無礼などがあってはなりませんが、それが過剰意識となりいつまでもお客様に苦手意識を持ち続けることになるというのは本末転倒です。共に現代の日本という国を支えていく「仲間」であることには違いないのでそのように思って接するとあまり緊張しないのではないでしょうか（かといってあまり馴れ馴れしいのは社会人としての見識を疑われますが）。もちろん、お客様の方が経験もあり、世間への影響力も大きい訳ですから「分からないことは教えて頂く」という姿勢も合わせて持っていれば**お互い知らないことを教えあうという関係**になりますから、それくらいのスタンスでお付き合いさせて頂く関係を目指せばいいと思います。

3 対策その2

～自分の責任の取れる範囲で自信を持って堂々と受け答えすること

　自分の経験、知識からみて「これは間違いない」と思うことを「堂々と」受け答えすると信頼されます。分からないことは分からないとはっきり言うことも大切です。逆に、間違いないことを自信なさげにぼそぼそと言ったりするといかに本当のことであってもそのようには聞こえないものです。そんな態度を取るお医者さんにかかりたい患者さんはいないのと同じです。

　つまり、社長は確かに目上で尊敬すべき存在ではあるけれども、同時に、**自分も会計・税務の部分についてはプロであり、お客様の「先生」なんだという自負を持つこと**が最終的な目標ということになります。なお、日本語は語尾をはっきり強調すると堂々としているように伝わるという特徴を合わせて教えるといいでしょう。

⁴ 対策その3

～会話の内容を予想し、「こう言われたらこう言う」と決めておく

　48ページで説明しましたので詳細は割愛しますが、このことは所長、スタッフ共に大変重要なことですので、この考え方は事務所全体でシェアすれば事務所の価値がぐんと上がることでしょう。

⁵ 対策その4

～自分の後ろには強いゴールキーパー（味方）がいるという意識を持つこと

　お客様から頂く質問には、丁寧に間違いのない対応をして差し上げなければなりません。しかし、勘違いしてはならないのは、「お客様から頂いた質問には必ずすぐに答えなければならない」と考えることです。もちろん、一番いいのはその場で間違いのないものを即答することです。するとそれを聞いたお客様からさらに関連した疑問を投げかけられてお客様の悩みにさらに奥深く答えて差し上げることができるかもしれません。

　しかし、いつも自信を持って即答できることばかりとは限りません。即答できないときはどうすればいいのでしょうか？

　一番悪いのはあてずっぽうでその場限りの思いつきの回答をしてしまうことです。これはお客様に迷惑をかけるばかりでなく事務所の信頼も落とします。せっかくいいコミュニケーションをとってきていてもこれでは構築された信頼に「？」がついてしまいかねません。

　この場合の対応は「分かりません、調べさせて下さい」ということをはっきり告げることです。そして「事務所に持ち帰って〇〇日後までに一度ご連絡差し上げます」と期限を区切って次の連絡をすることです。特に資産税関係の質問はよくあるのですが、これは要件が複雑だったり、金額が大きい案件だったりしますので必ず持ち

帰って所長に相談するようにしてもらいます。お客様はいつでも即答を求めていらっしゃる訳ではありません。いいかげんな対応をするとお客様には何となくその雰囲気が伝わってしまいますから、言いにくいと感じる人もいるかもしれませんが、「分かりません」ということをはっきり告げることがベストの行動だということを教えるのです。

この「分かりません、調べさせて下さい」という言葉は最高のゴールキーパーです。信頼のおけるゴールキーパーが後ろに控えていれば気持ちを前に出すことができます。つまり、お客様の相談ごとをビクつくことなく聞くことができるのです。何も答えられそうになくてもこの最高のゴールキーパーのような一言が自分にはあるんだ、と強く認識してお客様の相談事を聞いて差し上げてもらえればと思います。

6 対策その5

～新たに仕入れた知識などを誰かに話すクセをつけること

会計事務所の仕事は知れば知るほど自分の成長が分かるため、仕事に多少の不安を抱えつつも非常に楽しい時期があります。この時期は大変重要で自分を伸ばすまたとないチャンスですから、その時に仕入れた知識や経験を二度と忘れないようにする方法があれば是非実行したいものです。

その方法というのは、「人に話すこと」です。しかも、中学生にも分かるくらい易しい言葉で。

人間というものは話すことによってその内容を深層心理にしみ込ませるようにできています。我々の業界は専門的な事象を扱うことも多いので、それをなるべく一般の人に分かりやすく「今日、こんなことがあったよ」とか「こんないいことが分かったんだけど、聞いて」などと教えてあげると完全に自分のものになります。この際

にもただ話すのではなく、「どうやったらこの人に分かってもらえるか」という視点で考えて話してもらうのです。すると、聞き手にも受け入れられやすいのはもちろん、自分の頭の中にも易しくまとめられて入っていきますので後から応用がきくようになります。

4 会計事務所の仕事をこう教える

会計事務所の具体的な仕事について、月次処理のところは見てきましたが、その他のものについても教え方を確認したいと思います。仕事を今から覚えようとしている人に仕事を教える際に、うまい伝え方があります。それは、「その仕事は何故やらなければならないのか？」「どうすればラクにこなすことができるのか？」「転ばぬ先の杖としてどのようなことに気を付ければいいのか？」の3点を伝えるのです。仕事を新たに覚える人はこの3点が分かりませんから、そこを教えてあげれば早く上達するでしょう。さらに、どこまでやれば仕事が終わるのかを教えてあげると効果的です。以下、それぞれの仕事について1．何故この仕事をやるのか？、2．楽にこなすコツ、3．よくやる間違いの3点で説明します。

1 源泉所得税の納付

(1) 何故この仕事をやるのか？

全国に約5,900万人もいる給与所得者の税金は一年に一度の納税となるとまとまった金額を準備できない人も大勢出てくることが予想されるため、毎月支給の都度、一定額を支払者側で徴収し、翌月10日までに国に納付することとされています。これによって国側も滞納を防ぎ毎月の安定収入を実現しているのです。また、給与所得者ばかりでなく、税理士や弁護士、司法書士など

いわゆる自由業の方々の報酬も一定額を料金から源泉徴収して一緒に納めることとされています。なお、使用人が常時10人未満の事業所については申請により、毎月納付ではなく、1月から6月に徴収した分を7月10日に、7月から12月に徴収した分を翌年1月20日までに納付することができます（これを納期の特例と呼んでいます）。

　また、次の項目で紹介する年末調整で出た精算過不足額については毎月納付の場合12月分又は1月分以降の源泉所得税と、納期の特例の場合には下半期分の源泉所得税とそれぞれ相殺して納付することになります。この場合、特に毎月納付では納付額よりも相殺額の方が多くなりゼロ納付となることがあります。この場合納付するものはありませんが、ゼロ納付の記載のある納付書を税務署に提出することになります。

(2) 楽にこなすコツ

　この仕事自体を楽にこなすコツというよりも後々トラブルを回避するためのコツを説明します。

①年末調整で還付額が多くなり控除不足額が生じたときの相殺は間違いなく行うこと

　会計事務所側、税務署側双方の共通認識としておくため、控除不足額がある場合には納付書の適用欄に不足額を記載しておきます。この記載がある限りは相殺する金額がある訳ですから、間違いが少なくなります。

②司法書士や土地家屋調査士の報酬に係る源泉所得税については適用欄に人数、報酬額、源泉税額を記載すること

　税理士等の報酬に係る源泉所得税は通常、報酬額の10.21%が源泉徴収税額となりますから、支払額と税額の関係は100：10.21となります。ところが、司法書士や土地家屋調査士の報酬に係る源泉所得税は報酬額から1万円を差し引き、その差

額の10.21％が徴収税額とされているため、何も注釈をつけないでそのまま納付書に記載すると100：10.21の関係が崩れているため、間違った納付書と思われることがあります。そのような確認の電話がかからないようにするためにも、司法書士等に係る注釈は忘れずに摘要欄に書いておきます。

③月次処理を行っているお客様については、源泉所得税納付後の預り金勘定見込み額がゼロになるかどうか確認すること

　　月次処理を行っているお客様については、試算表に源泉所得税の預り金勘定が出てきます。例えば6月に納期の特例の納付書を作成する場合、5月までの月次が出来上がっている訳ですから、5月の源泉預り金勘定の残高と6月に発生した源泉所得税を足して年末調整の控除不足額があればそれを差し引いた額は今回作成した納付書の納付額と必ず一致しますのでこれを確認します。この一致がない場合には一致しない原因を探ります。前回の納付時には一致していた訳ですから、その後の会計処理か納付書の計算のいずれか又は両方に誤りがあることになります。この確認を都度やっておくことによって決算時の源泉預り金残高も簡単に取れることとなりますから、できれば源泉所得税の預り金は独立した科目（又は枝番管理）としておくのがいいでしょう。

(3) よくやる間違い

①年末調整の控除不足額を相殺したら税額がマイナスになったため、そのまま納付額の頭に△を付けて記載した。

　　納付額の頭に△をつけると還付の意味になりますが、源泉所得税の還付は納付書ではできません。従って、その月の発生税額よりも控除不足額が大きい場合には超過税額欄にその月の発生額と同額を記載し、納付税額をゼロと記載します。そして摘要欄に繰越控除不足額○○円と記載し、次月の参考とします。

2 年末調整

(1) 何故この仕事をやるのか?

> お客様の事業所にお勤めの方々の給与の税金を計算し、月々の源泉徴収税額との差額を精算するためです。

　本来、申告納税制度の国では課税所得のある人全員が確定申告をして税額を精算すべきところですが、給料については、支払った人（つまり、事業者）が給与所得者の収入を完璧に把握していますから、給与の税金をその収入から一定の計算式で計算できるようにしておけば給与所得者の確定申告業務は省くことができるということになります。そこで、給与の支払者が給与所得者の年税額を計算し、月々徴収してきた税額との差額を調整する制度としたのです。つまり、年末調整は給与所得者の確定申告の一部を支払者の側でやっているようなものといえるでしょう。この給与の支払者のやるべき年末調整を我々会計事務所が受注しているということです。

(2) 楽にこなすコツ

①早く着手し、資料を集めること

　　どんな仕事でもそうですが、早く着手し資料を依頼しておけばお互いに余裕をもって仕事を進めることができます。

②お客様に資料を集めやすくしてあげること

　　お客様に準備頂く資料は大きく分けて１．月々支払った**給与・徴収した社会保険料・所得税額**といった給与データと、２．生命保険料控除・地震保険料控除・配偶者控除などの所得控除関係のデータの２つあります。このうち、１．は月々記録していらっしゃるためすぐに頂けると思いますが、２．は給与所得者各人によって違いますから、去年のデータ（○○さんは去年は日本生命の終身保険と農協の建物更生共済、奥さんの国

民年金がついてます……など）を参考に教えてあげておくとお客様も資料を集めやすくなります。

③着手するお客様に優先順位をつけること

　年末調整には上記②で確認した資料が必要となります。最終的には上記の資料が全て必要となってきますが、例えば12月31日に給料の支払があるお客様については、通常年明けでないと給与データが頂けないことになります。そこで、全ての資料が早く集まるお客様から着手していった方が全体としてスムーズに早く仕事が進むことになります。こういったことから考えると、着手するお客様の優先順位は次のようになります。

役員報酬しか給与の支払のない法人（賞与がなく、給与額も毎月一定）

↓

青色事業専従者しか給与の支払のない個人事業者（身内だから早くデータが揃う）

↓

上記以外の事業者で、給与や賞与を毎年毎月一定としているお客様

↓

その他のお客様

④どうしても足りない資料がある場合にはお客様の同意のもと確定申告にて精算して頂くようお願いするのも一つの方法です

　年末調整自体の期限は１月31日ですが、源泉所得税の期限は１月10日（納期の特例の場合は20日）ですから年明けになるとだんだんと焦ってきます。そこで、給与データは揃っているが、どうしても所得控除関係の資料が足りないという人については、期限を区切っていつまでにこの資料を頂きたいことを

伝え、それまでに出てこなかったらその所得控除はないものとして年末調整をし、あとは本人さんに確定申告で還付して頂くようお願いをします（本当は1月31日までに新たに控除項目が出てきたら年末調整のやり直しをしなければならないため、あくまでお願いです）。その際、その所得控除をつけないことによって大きくなっている税金の概算額を同時にお伝えしておくとよいでしょう。

(3) よくやる間違い

①本年支給分だが遅配で支給が来年となったものを含めなかった

当月分の給与を当月支払というお客様については問題ないのですが、翌月支払というお客様については、いつまでの給与を本年分とするのかという疑問が生じます。中には翌月5日払いだけど12月だけはその月のうちに支払ってしまうという変則的な方もいらっしゃいます。

このような方も含め、年末調整の対象範囲はこのように覚えておくとよいでしょう。

> 給与所得は給料日基準（給料日が本年か翌年か、給料日が本年なら含める）

これは、給料は支払がなされないと担税力がないということからこのような取扱いとなっているものです（つまり、もらった中から税金を払う）。ただし、遅配などで支給が遅れた場合でも元々の支払日が年内であればそこまで含めて年末調整することとされています。これは、意図的に遅配することによって税額をコントロールすることを避けるためです。

②扶養控除の控除額

扶養控除は一般、特定、老人、同居老親があり、多くの控除額が出てきます。この扶養控除の控除額を間違えるということ

には2つの原因があります。まずは、年齢が対象とされている場合に年齢を勘違いするということです。つまり、特定、老人、同居老親となる年齢に達しているにもかかわらず一般で計算する場合と、特定に該当しない年齢になったにもかかわらず特定で計算する場合です。老人扶養親族は一度該当するとずっとそれに該当し続けますが、特定は23歳になると該当しなくなりますから特に注意が必要です。

次に、一般、特定、老人、同居老親の区別は間違っていないけれども控除額を間違えるということです。これはこう覚えておけばいいでしょう。

・扶養控除は扶養親族の基礎控除を扶養者に認めるものだから原則38万円（配偶者控除も）
・特定扶養親族は教育などにお金がかかる年齢だからプラス25万円
・「老人」とつくとプラス10万円（配偶者控除も同様）
・同居老親は「老人」の部分をダブルカウントしてプラス20万円

＜扶養控除の控除額＞

①通常　　　　　　　　　38万円

②「特定」とつくと　　　38万円　＋25万円　＝63万円

③「老人」とつくと　　　38万円　＋10万円　＝48万円

④「同居老親」は　　　　38万円　＋10万円　＋10万円　＝58万円

③一般の生命保険なのに個人年金の生命保険に含めて計算した

生命保険料控除の個人年金には要件があって、それを満たさないものについては年金保険の保険料であっても「一般」に区分されることになっています。控除証明書には必ずどちらに該当するかが書かれていますから、それに従って処理するようにしましょう。

④扶養親族の給与等から源泉徴収された社会保険料を扶養者の控除とした

社会保険料控除は本人又は生計を一にする配偶者その他の親族の負担すべき社会保険料を支払った場合にその「支払った人」の所得控除とされます。従って、扶養親族の社会保険料でも国民年金など現金納付するものについては、例えば扶養者が支払っていればその扶養者の控除となりますが、給与から控除される社保や厚生年金の保険料、年金から控除される介護保険の保険料などは扶養親族自身が負担したことに他なりませんから、その扶養者が支払いをすることはあり得ず、扶養者の所得控除とすることはできません。また、小規模企業共済の掛け金は本人以外の人が支払っていても支払った人の所得控除にはなりません。

⑤年末に引っ越した給与所得者について源泉徴収票の住所の欄に旧住所を記載した

源泉徴収票の住所は翌年の1月1日現在の住所を記載することになっていますから、年末に引っ越した場合は確かに旧住所のときに生じた所得ではありますが、新住所を記載することになります。これは住民税の課税団体が翌年1月1日現在の住所の市町村・都道府県となるため、市町村をまたいで引っ越した場合などは特に注意が必要です。どこから納税通知書が届くか（所得証明がどこから出るか）ということもさることながら、法定外目的税の導入をしている自治体がある場合には税額

も異なってきます。

⑥法人成りした年に個人事業者の使用人から法人の使用人となった人について法人からの給与についてのみ年末調整の対象とした

　　これは同じ人から給与の支給を受けていることにはなりますが、個人事業者が法人成りした場合には一旦個人事業者の使用人を退職し、新たに法人の使用人となったことになり、法人で行う年末調整においては個人事業者から支給を受けたものについては前職の扱いとなりますからそれも含めたところで行うことになります。

❸ 支払調書及び合計表

(1) 何故この仕事をやるのか？

　　この仕事を初めてやる人は何故これをやるのかよく分からないと思います。この仕事の趣旨は次の通りです。

> 「確定申告は各人が収入した金額を元に行われるけれども、ごまかす人もいるので、その収入金額を支払った人に聞いてみよう」ということで、税務当局の裏付け資料を提供するためです。

　　なお、主に作成・提出される支払調書とその範囲等については次の通りです。

　　①給与所得の源泉徴収票……支払者全員提出

　　　・少額不追求により一定額以下の支払については提出免除

　　②退職所得の源泉徴収票……支払者全員提出

　　　・法人の役員であった者についてのみ提出（死亡退職金は別様式）

　　③報酬・料金・契約金及び賞金の支払調書……支払者全員提出

・少額不追求により一定額以下の支払については提出免除

④不動産の使用料等の支払調書……支払った法人及び不動産業者である個人提出

　・法人に対する支払については権利金や更新料のみ提出

　・少額不追求により一定額以下の支払については提出免除

　・不動産業者である個人のうち主として建物の賃貸借の代理・仲介を行っている業者は提出免除

⑤不動産の譲受けの対価の支払調書……支払った法人及び不動産業者である個人提出

　・少額不追求により一定額以下の支払については提出免除

　・不動産業者である個人のうち主として建物の賃貸借の代理・仲介を行っている業者は提出免除

⑥不動産の売買又は貸付けのあっせん手数料の支払調書……支払った法人及び不動産業者である個人提出

　・少額不追求により一定額以下の支払については提出免除

　・不動産業者である個人のうち主として建物の賃貸借の代理・仲介を行っている業者は提出免除

《考察》不動産関係の支払調書の範囲について

　　上記④⑤⑥の不動産に関する支払調書は何故提出義務者が「法人及び不動産業者である個人」に限定されているのか？

　　要するに、「法人の資料だけ下さい」ということなのですが、個人については、支払者の確定申告の時に決算書又は収支内訳書に記載があるからだと思われます。法人にも地代家賃の内訳書というのがありますが、法人は12月決算を除いては個人の決算とズレが生じるため別途支払調書で確認するのだということではないでしょうか。

支払調書は何か密告みたいな感じがするためいやらしい感じがしますが、これも所得税法に定められているものであり、申告納税制度の適正性を担保するためのものですから、正確に記載して提出しましょう。

(2) 楽にこなすコツ

①提出範囲について

法定調書は事細かに手引きに記載されており、年末調整ともリンクしていることから頭が混乱しそうになりますが、次のように整理すると楽です。

> 法人……「①給与所得の源泉徴収票＋③報酬料金＋④不動産の使用料」が基本
> 個人……「①給与所得の源泉徴収票＋③報酬料金」が基本

一度、法定調書合計表のひな型を見て①③④の記載があるのが法人、①③の記載があるのが個人と覚えておけばビジュアル的に身につきます。

一般的な提出範囲の主なものは次の通りです。

・報酬料金

（法人・個人共通）会計事務所の報酬と5万円を超える司法書士、弁護士、社会保険労務士などの支払があったかどうかを確認

・給与所得の源泉徴収票

（法人）150万円を超える役員報酬、500万円（甲欄で年末調整をしなかった場合には250万円、乙欄の場合には50万円）を超える社員の給与

（個人）500万円（甲欄で年末調整をしなかった場合には250万円、乙欄の場合には50万円）を超える社員の給与

・不動産の使用料……前年の支払調書が非常に参考になります

（法人）個人に対して支払った**年15万円超**の不動産の使用料と法人に対して支払った**年15万円超**の権利金・更新料など
（個人）不動産業者以外は提出義務なし

あとは、不動産の購入があったのかどうか、その際にあっせん業者などに対する支払があったのかどうかを確認するだけです（法人及び不動者業者である個人のみ）。

②給与所得の源泉徴収票・給与支払報告書のゆくえ

給与所得の源泉徴収票は4枚複写になっており、それぞれ行き先が違いますが、それぞれの行き先と目的を知っておくと作業がスムーズに進みます。

・1枚目及び2枚目（枠に色がついています）

「給与支払報告書」というタイトルで、その給与所得者の住所の市町村役場に1月31日までに提出します。市町村役場では市民の所得を確定申告書の2枚目を税務署から回付されてくることで把握し、住民税を課税していますが、給与所得者の多くは確定申告をしないため、この給与支払報告書で所得金額や所得控除の内容を把握します。つまり、**市町村役場に提出する給与支払報告書は住民税の課税の資料などとして提出する**のです。

・3枚目

3枚目は「源泉徴収票」というタイトルで税務署に支払調書とともに提出します。これは上記で述べた範囲で提出すべきものですから、多くの人の分は提出されないまま破棄されることになります。この目的については先述しておりますのでここでは割愛します。

・4枚目

　　これも「源泉徴収票」というタイトルで給与所得者本人に渡されます。これにより各人において確定申告や借入金の審査、保育園の保育料の算定、公営住宅の家賃の算定などに求められた際に提出します。

＜合計表のひな型＞

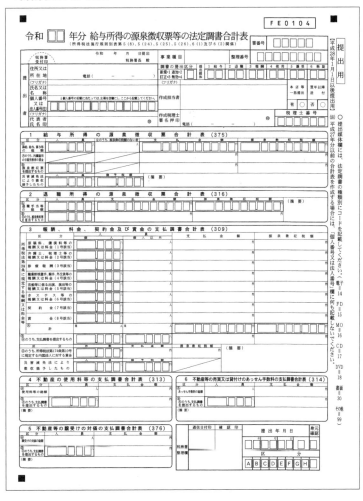

(3) よくやる間違い

①給与所得の源泉徴収票の摘要欄に記載すべき事項を漏らしてしまう

　給与所得の源泉徴収票の摘要欄に記載すべき事項は多岐に渡っており、欄が狭すぎて書けないということもあります。主なものを2つ記載します。

・前職がある人に関するもの3つ

　前職の源泉徴収票に記載されていた給与の額、社保の額、徴収税額（給与データ）

　前職の事業所の住所及び氏名

　前職の事業所の退職年月日

・同一生計配偶者が障害者の場合に関するもの1つ

　対象となる同一生計配偶者の氏名＋（同配）

　これらの摘要欄に記載すべきことを記載しないと住民税の額に影響を及ぼすものもありますから注意が必要です。

＜給与所得の源泉徴収票＞

令和　　年分　　**給与所得の源泉徴収票**

②不動産業者でない個人事業者について不動産関係の支払調書を提出してしまう

　これは間違えても大勢に影響はないということもあり、「何で

も提出しておけば……」という考え方もありますが、税務のプロとしてはやはり要求されていることは要求されている通りに処理する癖をつけておきたいものです。

③給与所得の源泉徴収票合計表の支払金額及び源泉徴収税額に前職分を含める？含めない？を迷う

　法定調書合計表は各項目とも全体の額とそのうち支払調書を提出するものをそれぞれ記載するようにできています。その中の１．給与所得の源泉徴収票合計表の部分は総額には前職分を含めずに支払金額及び源泉徴収税額を記載し、源泉徴収票を提出するものには前職分は含めて記載することになっていますが、これをどちらがどちらだったか迷うことがあります。これもそれぞれの欄の目的を考えれば覚えやすいです。

・総額欄……その合計表提出者が実際に支払った額と実際に納めた源泉所得税の額を確認する目的があります。だから実際に支払っていない「前職の分」は記載しないことになります。従って、ここの記載額は年末調整に関する部分を除くと１年間に提出してきた納付書の合計額と一致するはずです。

・源泉徴収票を提出するもの欄……源泉徴収票を提出するものについては、その給与所得者一個人の所得を確認する訳ですから、その個人が受取ったものは前職の分も含めて記載することになります。

---

4 償却資産の申告

(1) 何故この仕事をやるのか？

　固定資産税は土地・家屋・償却資産が課税客体（課税される対象となるもの）とされており、毎年１月１日現在の所有者に対して１年分の課税を行うことになっています。この中で土地及び家屋については登記されている事項に従って課税が行われるた

め申告は不要なのですが、償却資産は動きが課税団体側では分からないため申告してもらう必要があります。この申告内容に従って1月1日現在の価値を評価し、その評価額に税率を掛けたものが固定資産税の一部となって課税されてくるのです。なお、償却資産の免税点は150万円とされていますから、同一市町村に存する償却資産の評価額合計がこの金額以下であれば償却資産について固定資産税がかかってくることはありません。評価額は減価償却に準じて計算されますから、取得価額、取得年月及び耐用年数の情報が必要となります。

▶固定資産税の課税趣旨

　固定資産税という税は外国にもあります。これは土地や家屋といった、動かすことのできない資産の所在している地方政府（日本では市町村）がそれらの「所有」について課税を行うものですが、その課税の理由は何でしょうか？

　動かすことができない資産を所有しているということは、その地方政府の行政サービスを多少なりとも受けているということを意味します。その対価のようなものとして徴収するというのが固定資産税の課税趣旨です。

　しかも、土地や家屋、償却資産において評価が高いものをたくさん持っている人ほど担税力（＝行政対価の支払能力）が高いであろうということで評価をし、比例税率で課税しているのです。つまり、固定資産税は市町村への「場所代」ともいえるでしょう。

▶何故固定資産税の賦課期日は4月1日ではなく1月1日なのか？

　我が国の政府・地方政府の会計年度終了の日は3月末日ですから、固定資産税の賦課期日も4月1日にすれば会計年度とちょ

うどぴったり合うことになります。しかし、固定資産税の賦課期日は1月1日と定められており、この日現在の所有者に対して一年分の負担を求めています。

　何故賦課期日が1月1日なのかということですが、まず、1月1日は不動産の所有者移転が少ないということが挙げられます。確かに、所有者移転が多い日を賦課期日にすると納税義務者の特定だけで大変な作業となります。

　では、自動車税の賦課期日は4月1日ですが、自動車の所有者移転はこの日にはあまりないのでしょうか？そういうことはありません。

　自動車税と固定資産税は大変よく似たところがありますが、一番大きな違いとして「賦課額の算定が簡単か複雑か」ということが挙げられます。自動車税は排気量だけで税額が決まりますから、車両ナンバーと一体となった登録制度によりデータ確認すれば廃車されない限りは税額は一定です。しかし、固定資産は評価の問題があります。これに対応するため、縦覧制度もあります。このようなことから、賦課期日は1月1日とし、新年度開始以前から適正な課税環境を整える準備期間としているのです。

《申告すべき償却資産の範囲》

・・・

　土地及び家屋以外の事業の用に供することができる資産（鉱業権、漁業権、特許権その他の無形減価償却資産や繰延資産を除く）でその減価償却額又は減価償却費が法人税法又は所得税法の規定による所得金額の計算上損金又は必要な経費に算入されるもののうちその取得価額が少額である資産（耐用年数が1年未満であるか取得価額が10万円未満であるため消耗品費等として一時の損金等としたもの及び取得価額が20万円未満であるため一括償却資産として処理したもの）以外のもの（これに類する資産で法人税又は所得税を課されない者が所有するも

のを含む）をいう。ただし、自動車税の課税客体である自動車
並びに軽自動車税の課税客体である原動機付自転車、軽自動
車、小型特殊自動車及び二輪の小型自動車を除くものとする。
　また、現実に事業の用に供しているもののみをいうのではな
く、遊休、未稼働のものであっても事業の用に供し得る状態の
資産であれば該当する。また、次の資産は現実に減価償却額又
は減価償却費が損金又は必要な経費に算入されていないもので
あるが、本来、減価償却のできる資産であるから、事業の用に
供し得る状態であれば課税客体となる償却資産に含まれる。
　(1)会社の帳簿に記載されていない簿外資産
　(2)既に減価償却を終えている償却済み資産
　(3)建設仮勘定において経理されている資産で賦課期日現在既
　　に完成し、使用されているもの
　(4)赤字決算のため減価償却を行っていない資産

(2) 楽にこなすコツ

①個人の場合

　　個人の場合には決算で計上する減価償却資産と償却資産の申
　告の内容が原則として一致しますから、決算の確認を兼ねるこ
　とができます。そこで得られた内容と市町村役場から送付され
　てきた前年の課税内容と比べて増えているものは増加資産に、
　減少しているものは減少資産に記載し申告書にまとめてそれぞ
　れの種類ごとに取得価額の合計で間違いがないか確認します。

②法人の場合

　　法人の場合には12月決算法人以外は決算と償却資産の賦課
　期日がずれますから、12月末日（正確には1月1日）現在に
　所在していたものを確認し、上記①と同様に進めていくことに
　なります。

　　※いずれの場合も年内にお客様に今現在事務所で把握している減

価償却資産の明細をお渡ししておき、年明けに増加したものの名前と取得価額を余白に書いて頂き、減少したものは×印をつけてもらうなどしてファックスして頂くのがお互い楽な確認方法です。

(3) よくやる間違い

①賃借している家屋について施した造作を申告しなかった

　　建物は「家屋」に当たるためそこに施した造作は償却資産とはならないのが原則ですが、これは所有者に対する取扱いであり、他人から賃借している家屋に施した造作は償却資産ということになりますから申告の必要があります。

②会社の構内のみを移動するためナンバーをとっていない車両を申告しなかった

　　車両については償却資産から除外することとされていますが、理由は自動車税又は軽自動車税という他税目の課税客体とされているため償却資産として課税すると二重課税となるからです。この自動車税・軽自動車税はナンバーで納税義務者を判定しており、ナンバーがないと課税されないことになっています。従って、ナンバーを取っていない車両については自動車税等の課税客体に該当しないこととなりますから償却資産として申告する必要があります。また、ナンバーがあってもクレーン車やショベルカーなどの大型特殊自動車は自動車税が課されていませんから、償却資産として申告が必要です。

③基礎のないプレハブ建物を申告しなかった

　　「家屋」である建物はあくまで基礎のある「不動産」であることが要件であるため、移動可能な「動産」であるプレハブは償却資産に該当し、申告が必要となります。

④取得価額30万円未満で中小企業者の特例で全額損金算入したものについて申告しなかった

　取得価額30万円未満の一時償却の制度はあくまで租税特別措置法に規定された特別償却に準ずる取扱いです。**特別償却については固定資産税では考慮しません**のでこれらについては簿価はゼロとなっているのですが、申告する義務があります（評価額は通常の償却をしたものとして算定）。

《考察》20万円未満の償却資産を申告するかどうか

　償却資産税の申告期限は1月31日とされており、個人事業者にしても法人にしても決算が確定する前に期限を迎えることになっています。そこで問題となるのが、20万円未満の償却資産を一括償却資産として処理するか通常の減価償却として処理するかということです。また、10万円未満の償却資産についても消耗品費として一時の償却として処理するか通常の減価償却として処理するかということも同様に問題となります。これらは所得税法、法人税法と地方税法の整合性が今ひとつかみ合っていないために起こる問題です。

　一括償却資産又は消耗品費等として処理していれば償却資産申告の対象とならないのですが、様々な理由でこれらを通常の減価償却資産として計上した場合にこれらの償却資産申告が必要になってくるのです。しかし、その償却資産申告が必要だということが分かるのは決算時ですから1月31日より後になってしまいます。

　こういった償却資産については、一括償却資産又は消耗品費として処理するのが通常ですから、償却資産申告にはとりあえず入れないで申告しますが、決算の確定時に償却資産の修正申告を行うか、その翌年分の申告時に増加資産として記載するしか方法がないと思います。いずれにせよ、決算日と賦課期日の関係で起こる問題であり、法の手当てが待たれるところです。

5 予定納税減額承認申請

(1) 何故この仕事をやるのか?

　　所得税は当年分の所得について翌年 3 月15日までに申告納付することとされていますが、課税側としては一年に一度まとめて収入するよりも、前倒しにして少しずつ収入したいという思惑があります。そこで、経常的な所得（山林所得、退職所得、譲渡所得、一時所得、雑所得など以外の所得）から所得控除を差し引いて計算された税額から源泉所得税を引いた金額（予定納税基準額）が**15万円以上**である場合にはその予定納税基準額の 3 分の 1 ずつを 7 月と11月に納め、これらの金額を 3 月の確定申告で精算するよう定めています。

　　ところが、この予定納税基準額は前年の申告内容を元に計算されるため前年より今年の業績が大きく悪化した時や廃業した時などにはこの予定納税の負担はいずれ精算されるとはいえ、大きなものとなってしまいます。そこで設けられているのが予定納税の減額承認申請です。

　　お客様の中には予定納税は義務ではないと思っている方もいらっしゃいますから、これは義務であり、納付が遅れると延滞税の対象になってくることをお伝えしておく必要があります。

(2) 楽にこなすコツ

　　予定納税の減額承認申請に関するスケジュールは次のようになっています（特別農業所得者以外）。

《第 1 期分》 6 月15日までに 5 月15日の現況による予定納税基準額を基に通知書発送⇒ 6 月30日の現況でその年の所得及び所得控除を試算⇒ 7 月15日までに減額承認申請⇒ 7 月31日までに納付（全額免除の場合は納付不要）

《第 2 期分》 10月31日の現況でその年の所得及び所得控除を

試算⇒11月15日までに減額承認申請⇒11月30日までに納付

　6月又は10月の試算表に残りの月の損益予測を加えたもので所得を計算し、所得控除も本年の状況を見積もって計算します。これらについては、明らかにおかしいと思われる予測を除き、税務署側も「そうではない」ということは言えないためきっちりとやればスムーズに進めることができます。

(3) よくやる間違い

①前年中に除却した固定資産の減価償却費をそのまま去年と同額計上している

　所得税の減価償却は法定償却方法が定額法であるため減価償却費が去年同額になることが多いのですが、去年中に除却してしまった資産の減価償却費を去年と同額で見積もり計上すると明らかにおかしい予測となってしまいます。

②雑損控除について見込みがないのに去年と同額計上している

　これも去年と同額として計上するとおかしい予測になるものです。雑損控除はどちらかというと突発的な所得控除になりますから、見込みがあればともかく、去年と同額を計上するのは不自然です。

③今年23歳になった扶養親族について特定扶養親族としている

　所得及び所得控除はあくまで本年の見込み額ですから、去年まで特定扶養親族だった人が今年はそれに該当しないこととなる場合にはそのまま所得控除額を去年と同額とすると誤りになります。

④第1期で承認を受けたにもかかわらず同じ内容で第2期の承認申請をした

　第1期で承認を受けると同じ内容で第2期分も承認を受けたことになりますので第2期分を改めて申請する必要はあり

ません。

⑤第 1 期で減額承認申請を行ったが、第 2 期を前にさらに業績
が悪化しそうだからここでも減額承認申請を行おうと税額を試
算し直したところ、第 1 期分の納税額が過大となっているた
め返還請求しようとした

　　夏頃から業績がさらに悪化し、6 月30日の現況で見積もっ
ていた本年の税額見込みより10月31日の現況で見積もった本
年の税額見込みがさらに低くなり、ここで求めた年税額が第
1 期分の予定納税額より少なくなってしまった場合です。こ
の場合に第 1 期分の予定納税額が大きすぎたということで返
還請求ができるのかということですが、残念ながらこれはでき
ません。この場合には第 2 期分の減額承認申請を改めて行い、
予定納税承認額をさらに減額することになります。

6 仮決算による中間申告

(1) 何故この仕事をやるのか？

　　法人税等については前期分の年税額が年20万円を超えた場合
に、消費税等については前期分の年税額（国税の7.8% 及び6.24%
の部分）が48万円を超えた場合にそれぞれ中間申告をすること
になりますが、それらの中間申告額は原則として前期の実績を基
にそれらを半年分に換算した額で計算されます。

　　ところが、上記の予定納税の減額承認申請と同じく前期と現況
が著しく悪化した場合には確定申告で精算されるとはいえ、資金
的に厳しいものがあります。この場合の救済として当期首から
6 ヶ月（消費税の場合、前期の年税額に応じて 6 ヶ月、3 ヶ
月、1 ヶ月）の期間を一事業年度・課税期間とみなしてそこで
計算した額を中間納付額とすることができます。これを仮決算に
よる中間申告と言っています。

なお、法人税等、消費税等とも仮決算による中間申告は本決算と同じ様式を使用しますから特に法人税については申告書、決算書、勘定科目内訳書を添付する必要があります。

(2) 楽にこなすコツ

まず、仮決算を組むところから始まりますが、売上債権や債務の計上漏れや経過勘定項目の半年分費用化などには注意する必要があります。申告書関係では、申告対象期間が12ヶ月ではないので交際費や中小企業の年800万円までの軽減税率など、月数に関するところは注意した方がいいでしょう。

(3) よくやる間違い

①法人税は手間がかかるので前事業年度実績による中間申告を行い、消費税だけ仮決算による中間申告をするということはできないと思っている

法人税の仮決算による中間申告は確定申告とほぼ同じ手間がかかるため、前事業年度実績により行った場合、法人税と連動して計算される消費税についても前事業年度実績による中間申告をしなければならないかというとそうではありません。消費税等についてのみ仮決算による申告を行うことは可能です。こちらはそんなに手間がかからないので、資金繰りがどうしても、というお客様には確定税額の見込みをお伝えし、考慮した上で行うのもいいでしょう。ただし、ここで納付税額がマイナスになったとしてもあくまで中間申告ですから、還付を受けることはできません（中間納付額がゼロとなるだけです）。

②消費税の仮決算による中間申告で、簡易課税適用課税期間なのに原則課税で仮決算を行った

中間申告だからいずれ確定申告で精算されるとはいったものの、計算方法まで任意に取り扱うことはできません。例えば、上半期に設備投資があったということで本来、簡易課税が適用

される課税期間について原則課税で計算、申告してはいけません。

Column スタッフさんの「覚える苦しみ」を軽減してあげたい

　ここで書いた内容は、プロの皆さんから見ればすごく初歩的なことで、今さら言われなくても……ということばかりだったのではないでしょうか？私も開業3年目に初めてスタッフさんに来てもらって以来、ずっと追い求めてきたものがあります。それは、「どうすれば彼ら、彼女らを『覚えることの苦しみ』から解放してやれるのだろうか」「どうすれば『ミスを繰り返す』という誰も幸せにしない、本人が一番苦しむ現象をしないで済むようにしてあげられるのだろうか」ということです。

　ここでも「彼を知り己を知れば百戦殆うからず」の考えを拝借し、「彼」にスタッフを当てはめて考えてみました。自分が20年ほど前に税務会計の業界に入ってきたときのことを考えると、「何のためにこの仕事があるのか」「うまく仕上げるコツはどこにあるのか」「ミスを避けるための転ばぬ先の杖はどこにあるのか」の3点だと思いました。仕事はやり終えてナンボのものですから、着手からフィニッシュまでの時間は結果が同じであれば短ければ短いほどいい。そのためのエッセンスを授けてあげることができたなら……と考えたのです。

　特に初めて会計事務所の仕事をするスタッフさんについては、最初の一年は何をやっているのか分からないと思います。2年目以降、2回、3回……と繰り返すことによって何となく分かっていくものです。私自身もそうでしたし、今でも相続税などの特殊な事例については手探り状態というところも多々あります。そういった

時、その仕事を終わった自分がタイムマシンに乗ってその仕事に取り掛かる直前の自分に会いに行き、何か3つだけ伝えることができるとしたなら……。このような気持ちで本章を書かせて頂きました。

第**10**章

お客様の心理に近づくために

1. 税負担が重いと感じる3つの理由

　我々会計事務所で仕事をする者は税務署の職員とは違い、「税を取り立てること」が仕事ではありません。あくまでお客様が法律に則って適正な申告納税義務を果たすことのお手伝いをする役割を担っているといえます。そこで、お客様がどのように税と向き合っていくべきなのか、そのあるべき向き合い方に導いて差し上げるためにはどのような方策を取らなければならないのかを探ってみることとします。

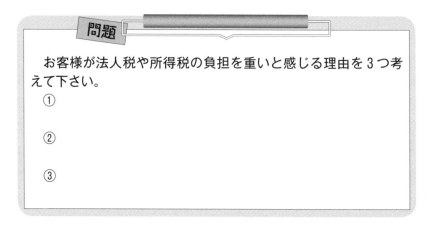

問題

　お客様が法人税や所得税の負担を重いと感じる理由を3つ考えて下さい。
　①

　②

　③

　これは会計事務所の仕事をしたことがある人であればいくつか簡単に思いつくことと思います。もちろん、ほとんどが正解なのですが、私は次の3つだと思っています。

１ お金以外のものに課され、お金で納めなければならないから

　「会計を知る」のところでも確認した通り、利益や所得というのは純資産の増加額を基礎の計算されるため、例えば設備投資や在庫の増加、借入金の返済などでお金が増えていなくても資産と負債の差額である純資産が増えていれば課税され、しかもお金で納めなければならないので、資金繰りに苦労するというものです。

**2 得られた所得を世のため人のために再投資したいと思っているの
にそれを妨げるから**

　私のお客様の中には、役員報酬はほぼゼロで世のため人のために
町に一つしかないスーパー銭湯を経営している人がいらっしゃいま
す。この方は決して私利私欲のために会社のお金を使っている訳で
はなく、利用者の皆さんに少しでも楽しんでもらおうと土地を買い
求め、建物を増築したのですが、そこで得られた利益に法人税がか
かることを大変残念がっておられました。無論、税を納めることは
義務だということは十分に承知しておられるのですが、税負担がな
ければ○○もできたし、△△もできる……とおっしゃっていたこと
がありました。

3 税は取られるものだと思っているから

　お客様が税負担が重いと感じていらっしゃる理由で一番大きな理
由はこれだと思います。

　これも私のお客様なのですが、地元の建設業者を取り仕切る70
代後半の怖い方がいらっしゃいました。この方も会社を経営してい
らっしゃるのですが、法人税の負担は絶対にしたくない方です。彼
の会社で利益が出るような決算は絶対にご法度です。この方が東日
本大震災の時にぽつんと相談されました。「俺、東日本大震災の被
災者に寄付をしようと思うんだけど、税の取扱いはどうなるの？」
私もびっくりして寄附の額を聞いてみたところ、約100万円とのこ
とでした。

　このやり取りから、お客様の税負担の感覚が分かりました。寄附
金も税金も一方的なもので、反対給付はありません。しかし、この
お客様はまとまった額の寄附をすると自らおっしゃいました。これ
は、**自分の意思ですることへの抵抗感は小さく、自分以外の意思で
することへの抵抗感は大きい**ということを表しています。このこと

がお客様の痛税感を和らげることができないか、ということを考えるきっかけとなりました。

2 お客様の痛税感を少しでも和らげて差し上げるための工夫

　お客様は税についてはほぼ間違いなく厄介なもの、というイメージをお持ちです。税は強制力が極めて強く期限も厳格に決められているため、それこそ逃れることのできない嫌なものという風に思っていらっしゃるのが普通です。このように思っていらっしゃるお客様は我々税を扱う会計事務所のことをどのように感じていらっしゃるのでしょうか？

　それは、会計事務所の方針やスタッフの考え、行動などによって千差万別だと思います。役所っぽい対応をすると思われれば「税の取立て代行」のように思われるでしょうし、同じ社会を生きる仲間ということが伝われば「頼りになる相談相手」という風にとられるでしょう。いずれにしても、会計事務所の日頃の対応でその印象は大きく異なることになるのは事実のようです。

　では、会計事務所として、税のプロとして、お客様が重いと感じていらっしゃる税負担や痛税感についてどういうスタンスで接して差し上げるのがよいのでしょうか？

　やはり、お客様の立場をよく理解し（傾聴＆共感）、お客様と同じサイドに立ち（同調）、共に取り組んでいく姿勢をお見せする（対策）ことに尽きるのではないでしょうか？これを実行する際のキーワードは4つあります。すなわち、「現状把握」「近未来を見せる」「一緒に対策を実行」「税負担の意味を共有」です。

1 現状把握

今現在こういうことになっています、というのが「現状把握」です。これが全ての始まりで、ここがおかしいと後の過程が全て狂ってきますので「正しく」行うということが求められます。ここでいう現状把握とは、期中実績のことを指します。

2 近未来を見せる

近未来というのは課税の実行時期、すなわち、期末ということになります。上記 1 で行った現状把握に、課税の実行時期までの動きを予測し、期末の決算の状態をお見せするのがこの過程です。人間は実に様々な能力を持っていますが、神様にたった一つだけ与えられなかった能力があるといいます。それは、予知能力です。**予知能力がないからこそ、近未来を垣間見ることができることには大きな価値を感じるのです。**

ここでは対策を施したものではなく、全く何もせずに予測通りの行動を行った結果のみを報告することになります。図や表を用意していくと伝えやすいでしょう。**ここでサプライズがあればあるほど後からの行動が感謝されます**（プラスのサプライズとマイナスのサプライズあり）。特に、「こんなにかかるの？」という反応があった場合にはチャンスです。お客様のために一生懸命に対策提案をすれば喜ばれますよ。

3 一緒に対策を実行

現状⇒近未来から得られた青写真をお客様の望むところにできるだけ近づけるべく対策を取ります。これは提案⇒実行⇒結果というプロセスを踏みます。

(1) 提案のコツ

提案の時点では**なるべく「数」を出すのがコツ**です。やる、や

らないの選択はお客様がなさる訳ですから、「こんなの、提案したってどうせやらないだろうな」「こんなバカバカしいもの」などと思わずに、「やる、やらないはともかく、今時点で考えられるものを全て出します。やるかどうかはお客様の方で決めて頂きますので……」と言って説明すればすんなりと納得して頂けます。逆に、「こんなに考えてくれてるんだ」と思って頂ければ話がはずんで、またいろいろな案が出てくるかもしれません。⇒**我々の仕事は「メニューを見せること」です‼**

⑵ 実行のコツ

　実際に対策を実行するのはお客様ですが、あまり任せきりにしないことが実行のコツです。必ず「少しでも分からないことがあったら聞いて下さいね」とお伝えしておき、特に何もないときでも「この前の対策、進んでますか？心配だったので」と一本電話しておけばお客様にも安心して頂けます。何か他のことを尋ねられたらどうしよう……なんて思うこともあるかもしれませんが、その時にも最強のゴールキーパー「調べておきます」が控えていますので思い切って話をしてみて下さい。お客様はプロに相談してプロと一緒に実行することを望んでいらっしゃいます。

4 税負担の意味を共有

　一番大事なのはこの部分だと思います。つまり、会社にとって税負担とはどういう意味があるのかを共有するということです。

《本当にトクなのはどっち？》
- -
　地方の某県庁所在都市にある流行のラーメン屋さんがあります。昼・夜問わず大変な人の入りがあるのですが、そこに入ると毎年暮れ近くになると店内が見たことのない絵や骨とう品であふれかえります。特にそんなもので売っている店ではないのですが、何故かこの時期になると突然そういったものが店内の装飾を

にぎわすので不思議に思っていました。マスターも私の職業を知っているのでいろいろ話を聞いていると、毎年３月に所得税や消費税を納めるお金がなくて大変だということになるのです。これだけ人の入りがあってお金が回らないというのは冗談だと思って聞いていたのですが、どうやらお金がないのは本当らしいのです。

　ある年の３月にその店を訪れたとき、ようやくその正体が分かりました。12月に絵や骨とう品を買うのはどうやら節税対策らしいのです。いくらくらい買うのかは分かりませんが、消耗品とばかりに不要不急のモノを買っては店の装飾用として毎年店先に並べ、その支払いをおそらく翌年に入ってからするのでしょう。すると、税金の納付期限が来る頃にはお金がなくなっているということでした。

　ここで考えてみたいのは、このラーメン屋さんがやっていることは果たしてトクなのかどうかということです。

Q 上記の話から、次のうちトクだと思われる方を選んで下さい。

①500万円の利益が出そうだったので500万円の絵や骨董（全額必要経費になるとします）を買って所得をゼロにしたので所得税は発生しなかった

②500万円の利益が出そうだったが、資金のことを考えるとあまり無理もできないので何もしなかった結果、120万円の所得税が発生した

　①では所得税はゼロになった代わりに資金もゼロとなりました。②では所得税は120万円発生したけれども資金は380万円残りました。

　この事例から税の性質が見えそうです。つまり、税を負担しなかった方にはお金が残らず、税を負担した方にはお金が残ったとい

うことです。一言でいうと、

| 法人税・所得税は資金を残すためのコスト | なのです。

　この考えをお客様と共有できていれば税との付き合い方も変わってくるでしょうし、痛税感も幾分、和らぐのではないでしょうか？ただし、いきなりことことを伝えると税務署の回し者のように思われますから、時間をかけて気づいて頂くことが大切です。⇒お客様に税の正体、付き合い方を気づいて頂くことで痛税感は減る

【タイミングはどうすればいい？】
　上記の「現状把握」と「近未来を見せる」については同じことをするにしても、決算日の直前に行うのとある程度余裕をもって行うのとでは全く効果が異なります。遅くとも決算日の２か月くらい前までにはやっておかないと対策の実行にかける時間もあるでしょうし、お客様の心の準備もあります。ひいては、実際の税負担額とお客様の痛税感にも影響が出てくることになります。やはり、せっかくやるのですから時間的に余裕のある時を見計らって行うのがよいでしょう。
　　⇒お客様にはなるべく早く事実を知って頂き、用意をして頂くことで痛税感は減る
　　⇒お客様を「納税をする」ということについて受動的な立場から能動的な立場へと導いて差し上げることで痛税感は減る

3 節税・租税回避行為・脱税

　お客様は税負担の重さを十分認識しておられますので、まとまった利益が出ると大体、節税のことを考えられます。これは、社員とその

家族の生活を預かり、社会の公器たる会社を継続・安定的に運営することを業とする社長であれば、企業財務の充実を考えると当たり前のことです。ただし、節税の意味を取り違えると脱税として罰せられることもあります。これらの違いは会計事務所の人間は当然に知っていなければなりませんが、どこがどう違うのでしょうか？

実は、節税と脱税の間には租税回避という行為があり、この3つを分かりやすい言葉で説明すると次のようになります。

1 脱税

脱税は**隠すこと**です。つまり、本当はあるのに、ないという申告をすることです。何が？所得や財産です。所得を隠すのには収益を隠したり経費を水増ししたりする方法がありますが、もちろん、違法です。

2 租税回避行為

租税回避行為は違法か合法かと言われると、行為自体は合法です。しかし、これを無尽蔵に認めてしまうと課税の公平が損なわれる結果となるものがこれに当たります。例えば、同族会社のオーナー社長が個人事業もやっているとしましょう。この社長が会社所有の建物を個人で借りて事業を行っています。この建物は月20万円くらいの家賃が相場であるのに対し、この社長は自分の会社に月500万円支払っているとします。何故こんなことをするのでしょう？おそらく、相場よりずっと高い家賃を支払うことによって個人の事業所得を圧縮し、税負担を軽減したいのだろうということは容易に想像がつきます。法人の方では収益として計上されるのですが、多額の繰越欠損がある場合、このような取引を行えば全体の税負担がかなり小さくなります。このような取引は会社を持っている個人事業者とそうでない個人事業者との間で不公平な結果を招きま

す。そこで、会社と社長の間で締結した月500万円の不動産賃貸借契約については違法性を問うことはしないけれども、税金の計算にあたっては相場並みの価格で取引が行われたものとされるのです。

このように租税回避行為を一言で表すと、**行為の目的が税負担の軽減にしかないもの**ということになります。このような行為には当然に不自然さが残ります。ですから、我々も税務調査の際に、「何故このような取引をされたのですか？」と問われたら間違っても「そうすると税金が少なくなるからです」と言ってはなりません。租税回避行為を進んで認める事務所、というレッテルを貼られかねません。

３ 節税

最後に節税です。これも例を挙げて説明しましょう。

貨物運送事業者（３月末決算法人）が３月29日に海水のまま活魚を運ぶことができる特殊仕様の新車トラックの納車を受け、荷主の求めに応じて３月30日早朝発同日昼着にて活魚を運んだとします。そのまま帰り荷はなく空車で帰ってきて31日の仕事はないまま期末を迎えました。この新車トラックについては特別償却によって購入価格の３割相当額が追加で損金の額に算入されました。

これについては水増し経費を計上して所得を隠している訳ではないため脱税ではありません。また、税負担の減少にのみ目的がある行為でもないため、租税回避行為でもありません。これはれっきとした節税です。何故か？それは**行為の目的が税負担の減少以外のところにあり、結果として税負担が減少している**からです。我々も節税を提案するのであれば、行為や取引の目的を本来の事業関係のところに据え、結果として税負担が小さくなるというストーリーを明確にしておかなければなりません。ですから、やってしまった後でストーリーを考えると無理が出てくることもありますから、節税は

まず、ストーリーを作ってそれにそって実行することが重要だということが分かります。

4 「今期、まとまった利益が出そうなんだよね。どうにかなんない？」

最後は、やはりお客様とのコミュニケーションで締めくくることとします。社長と話していて「今期、まとまった利益が出そうなんだよね。どうにかなんない？」と言われたらどう返しますか？

▶この社長発言の意図

いうまでもなく、「税負担が大きくなるだろうから、どうにかならないだろうか？」ということです。利益が出ているとはいえ、それは必ずしも資金の増加につながっていない場合が多いので「利益が出ているということは喜ばしいことだけれども、資金の流出をできるだけ少なくしたい」という心理から出てくる言葉なのです。

① NG な例

「そうはおっしゃいますが、利益が出たら税負担から逃れることはできません !!」

「でもね、社長。利益が出るってことは会社が大きくなっているってことだからいいことですよね。」

「税金を払いたくても払えない人だっているんですから……」

問題

1. どうして上記の例が NG なのだと思いますか？（上記の例に共通するものは何でしょうか？）

2. 「お客様の心理に近づく」ということに焦点を当てた場合、どのように対応すればいいのでしょうか？

2 こうしてみると……

あなた「社長、利益が出ちゃいそうなんですね……」

社　長「そうなんだよね。で、税金、いっぱいかかるんでしょ？」

あなた「うーん、幸か不幸かそういうことになりますよね（苦笑）」

社　長「そこをどうにかなんないのは分かってるんだけど、それでも何とかなんない（苦笑）？」

あなた「うーん、ではこのままの予測でいくと税金がいくらくらいになるのかざっくりと計算してみましょうか……」

★☆★☆★☆★☆★☆★☆★☆★☆★☆★☆★☆★☆★☆

あなた「大体これくらいになりそうですね」

社　長「えーっ、こんなに？とてもじゃないけど払えないよ！」

あなた「そうなんですね。では、まだ決算まで少し日があるので対策をご一緒に考えようと思うんですが、社長としてはこの数字（納税額）をいくらくらいまで引き下げたいと思われます？」

社　長「うーん、このくらいかな。」

あなた「分かりました。ご希望に沿えるかどうかは分かりませんが、決算対策のメニューを明後日までに作ってきます。」

社　長「宜しく頼むよ……」

1と**2**の事例をみてどのように感じましたか？**1**については、お客

様の意向を十分にお聞きすることなく、敵対するような形で接していますね。これではお客様の心理に近づくどころではありません。

　一方、**2**についてはお客様の意向をお聞きし、その意向に沿うようにお客様の側に立って行動し、できるだけのことはやろうとする姿勢を伝えています。「傾聴＆共感」「同調」「対策」をやっているのです。我々会計事務所はお客様のパートナーです。このことだけは忘れることなく、お客様から感謝される事務所になるよう日々、努力をし続けていきたいものです。

付 録
税務運営方針の全文

税務運営方針　1976年4月1日　国税庁

第一　総論

1　税務運営の基本的考え方

　租税は、国民が生活を営んでいく上で必要な公共的経費に充てるため、各自が負担するものである。

　税務行政の使命は、税法を適正に執行し、租税収入を円滑に確保することにあるが、申告納税制度の下における税務行政運営の課題は、納税者のすべてがこのような租税の意義を認識し、適正な申告と納税を行うことにより、自主的に納税義務を遂行するようにすることである。税務運営においては、この課題の達成を究極の目標として、その基盤を着実に築き上げていくことを、その基本としなければならない。

　このような理念に立って、税務運営の基本的考え方を示すと、次のとおりである。

⑴ 納税者が自ら進んで適正な申告と納税を行うような態勢にすること

　　……近づきやすい税務署にすること……

　納税者が自ら進んで適正な申告と納税を行うようになるには、納税者が租税の意義を理解し、その義務を自覚するとともに、税法を理解し、正しい計算のために記帳方法などの知識を持つことが必要である。このため、広報、説明会、税務相談などを通じて、納税についての理解を深め、税法等の知識を普及するとともに、記帳慣習を育成することに努める。特に課税標準の調査に当っては、事実関係を的確に把握し、納税者の誤りを是正しなければならないことはもちろんであるが、単にそれにとどまらないで、それを契機に、納

税者が税務知識を深め、更に進んで納税意識をも高めるように努めなければならない。

　このように、申告納税制度の下では、納税者自らが積極的に納税義務を遂行することが必要であるが、そのためには、税務当局が納税者を援助し、指導することが必要であり、我々は、常に納税者と一体となって税務を運営していく心掛けを持たなければならない。

　また、納税者と一体となって税務を運営していくには、税務官庁を納税者にとって近づきやすいところにしなければならない。そのためには、納税者に対して親切な態度で接し、不便を掛けないように努めるとともに、納税者の苦情あるいは不満は積極的に解決するよう努めなければならない。また、納税者の主張に十分耳を傾け、いやしくも一方的であるという批判を受けることがないよう、細心の注意を払わなければならない。

(2) 適正な課税の実現に努力すること

　国民の納税道義を高め、適正な自主申告と納税を期待するには、同じような立場にある納税者はすべて同じように適正に納税義務を果すということの保証が必要である。このため、申告が適正でない納税者については、的確な調査を行って確実にその誤りを是正することに努め、特に悪質な脱税に対しては、厳正な措置をとるものとする。

　なお、このようにして適正な課税を実現することが、また、法の期待する負担の公平を図り、円滑に租税収入を確保するゆえんのものであることを忘れてはならない。

(3) 綱紀を正し、明るく、能率的な職場をつくること

国民の納税道義を高め、税務に対する納税者の信頼と協力をかち得るため、税務における職務の執行は、最も公正でなければならないし、職場における執務態勢は、規律正しく、明るくかつ能率的でなければならない。職員は、各自が国家財政を担っているということを自覚し、職場に誇りを持ち、厳正な態度で自らを律しなければならない。そのことがまた、納税者にとって近づきやすい税務官庁にするゆえんでもある。

　また、すべての職員が自発的かつ積極的に、それぞれの能力を十分に発揮しながら、打ち解けて明るい気持で勤務できる職場をつくるよう、管理者はもちろん、職員の一人一人が努力しなければならない。

2　事務運営に当っての共通の重要事項

(1) 調査と指導の一体化

イ　申告納税制度の下における税務調査の目的は、すべての納税者が自主的に適正な申告と納税を行うようにするための担保としての役割を果すことにある。すなわち、適正でないと認められる申告については、充実した調査を行ってその誤りを確実に是正し、誠実な納税者との課税の公平を図らなければならない。

　　更に、調査は、その調査によってその後は調査をしないでも自主的に適正な申告と納税が期待できるような指導的効果を持つものでなければならない。このためには、事実関係を正しくは握し、申告の誤りを是正することに努めるのはもちろんであるが、それにとどまることなく、調査内容を納税者が納得するように説明し、これを契機に納税者が税務知識を深め、更に進んで将来にわたり適正な申告と納税を続けるように指導していくことに努めなければならない。調査が非違事項の摘出に終始し、このような

指導の理念を欠く場合には、納税者の税務に対する姿勢を正すことも、また、将来にわたって適正な自主申告を期待することも困難となり、納税者の不適正な申告、税務調査の必要という悪循環に陥る結果となるであろう。

ロ　他方、現状においては、記帳に習熟していないことなどから、自らの力では正しい申告を行うことが困難な納税者が多く、また、問題点を指摘し、又は助言することによって適正な申告が期待できる納税者も少なくない。このような納税者について、何らの指導もしないでその申告を待つことは、自主的に適正な申告ができる納税者を育成していくためにも、また、調査事務を重点的、効率的に運営していく見地からも適当でない。従って、このような納税者については、必要に応じて、記帳、決算、課税標準の計算などについて、個別的又は集団的に指導を行う。

　　この場合においても、その納税者の実態を的確に把握していないと、効果的な指導をすることは難しい。また、同業者など類似の納税者の経営諸指標との対比で説明しなければ説得力を欠く場合が多い。従って、このような指導を行うに当っても、その納税者の実態を把握し、あるいは、業種別の経営の実態を知るために、必要な調査を的確に行っておくことが肝要である。

(2) 広報活動の積極化

イ　広報は、申告納税制度の基盤を築き上げていく上で、調査及び指導と並んで重要な意義を持つものである。

　　広報のねらいは、このような目的との関連で、納税道義の高揚を図ること税法、簿記会計等税務に関する知識の普及と向上を図ること申告期限、納期限等について、納税者の注意を喚起すること納税者と税務当局との相互の理解を深め、両者の関係の改善を図ること、に大別される。

広報活動の展開に当っては、そのねらいを明確にし、ねらいに
　即して対象、テーマ、時機及び媒体などを適切に選ぶことが肝要
　である。

(イ)納税道義の高揚をねらいとする広報は、国民一般を対象とし、租税
　が国の財政にとってどのような意義を持っているか、租税が国民生
　活にどのように還元されているか、国民の各階層がどのように税を
　負担しているか、また、これらが諸外国でどうなっているか、など
　をテーマとし、現代民主主義国家における租税の意義、福祉国家に
　おける租税の重要性などに対する国民一般の理解を深めることに
　よって、国民の納税義務に対する自覚を高めることに資する。

　　このような広報活動は、庁局署がそれぞれの分野で行うものとす
　るが、特に庁は、各種の資料を局署に提供するほか、テレビ、ラジ
　オ、新聞等の広域的な広報媒体を通じて、全国的な広報活動を行
　う。

　　なお、小学校の児童や中学校・高校の生徒に対して、租税に関す
　る正しい知識を広めることは、納税道義の高揚に寄与するところが
　大きいので、各種の学校に対し租税教育用教材を提供することに努
　めるほか、教師の租税及び財政に関する研究の便を図ることにも配
　意する。

(ロ)税務に関する知識の普及と向上をねらいとする広報は、納税者の所
　得などの規模、税務についての知識の程度などに応じて、税法、記
　帳、税額の計算方法など、実務上必要な知識を平易な表現で提供
　し、自主的に正しい申告と納税を行える納税者を多くすることに努
　める。

　　このような広報活動は、庁局署がそれぞれ担当するものとし、庁
　局は、主として、テレビ、ラジオ等を利用する広域的な広報を担当
　するほか、局署に対し、パンフレットなどの資料を提供する。署
　は、主として、各種の講習会や説明会を開催し、地域的な広報を行

う。

　なお、税務大学校における租税の理論的研究の成果を積極的に発表し、税制の理念、租税の理論についての国民の理解を深めることに努める。

㈨申告期限、納期限等については、庁局署がそれぞれ効果的な時機と効率的な媒体を選び、その周知の徹底を図る。

㈡納税者と税務当局との関係の改善を図る広報としては、納税者にとって近づきやすく、また、納税者に信頼される税務署というイメージをつくることが特に必要である。このため、納税者に税務行政の現状等を紹介して、税務に対する理解を得ることに努めるとともに、特に税務に携わる職員のすべてが自ら広報担当者であるという心掛けを持って、納税者に接するようにしなければならない。

ロ　税務の広報は、実施に当って様々な制約が多く、ともすれば消極的な姿勢に陥る傾向がある。従って、庁局署の幹部は、広報のテーマ、発表内容、時機などについて、自ら責任を持って適切な判断を下し、積極的かつ効果的な広報を行うことに努める。

ハ　広報活動を行うに当っては、税理士会、日本税務協会、青色申告会、法人会、間税協力会、納税貯蓄組合、商工会議所、商工会等の関係民間団体の協力を得るように努める。

(3) 税務相談活動の充実

　納税者が自ら積極的に納税義務を遂行するためには、納税者が気軽に相談できるような税務相談体制を整備することによって、納税者を援助することが大切である。このため、テレホンサービスの拡充、地区派遣相談官制度の増設等国税局税務相談室の機能を一層充実し、併せて税の相談日による面接相談の活用を図るとともに、税理士会等関係民間団体が行う税務相談との緊密な連携に配意する。

イ　税務相談に当っては、正確で適切な回答をするとともに、納税者

の有利となる点を進んで説明し、納税者に信頼感と親近感を持たれるように努める。また、苦情事案については、納税者が苦情を申立てざるを得ないこととなった事情を考え、迅速、適切に処理する。

ロ　税務相談室においては、それぞれの実情に応じて最も効果的な方法で相談事務の一層の充実を図るとともに、苦情事案については、特に優先的に処理するよう配慮する。

ハ　税務署における税務相談については、「税の相談日」のあり方に更に一段と工夫を凝らし、納税者の利用の便に配慮する。

　　また、苦情事案については、幹部職員がこれに当り、積極的に解決に努める。

(4) 納税者に対する応接

イ　税務という仕事の性質上、納税者は、税務官庁をともすれば敷居の高いところと考えがちであるから、税務に従事する者としては、納税者のこのような心理をよく理解して、納税者に接することが必要である。

　　このため、税務署の案内や面接の施設の改善に努め、納税者が気楽に税務相談に来ることができるよう配慮するとともに、窓口事務については、納税者を迎えるという気持になって、一層の改善に努める。また、国税局の税務相談室及び税の相談日がより一層利用されるようにする。

　　なお、納税者に来署を求めたり、資料の提出を求めたりする場合においても、できるだけ納税者に迷惑を掛けないように注意する。

ロ　納税者の主張には十分耳を傾けるとともに、法令や通達の内容等は分かりやすく説明し、また、納税者の利益となる事項を進んで知らせる心構えが大切である。

八　税務行政に対する苦情あるいは批判については、職員のすべてが常に注意を払い、改めるべきものは速やかに改めるとともに、説明や回答を必要とする場合には、直ちに適切な説明や回答を行うよう配慮する。

(5) 不服申立事案の適正かつ迅速な処理

イ　不服申立ての処理に当っては、原処分にとらわれることなく、謙虚に納税者の主張に耳を傾け、公正な立場で適切な調査を行い、事実関係の正しいは握、法令の正しい解釈適用に努めるとともに、事案の早期処理を図り、納税者の正当な権利、利益の保護に欠けることのないように配慮する。

　　特に、国税不服審判所においては、それが税務行政部内における第三者的機関として設けられている制度的趣旨に顧み、その運用に当っては、総額主義に偏することなく、争点主義の精神を生かしながら、充実した合議を行い、権利救済の十全を期する。

ロ　不服申立事案の適正、円滑な処理を通じて反省を行い、税務行政の改善に努める。

　　また、広報活動を活発に行って、納税者のための権利救済制度の周知に努める。

(6) 部内相互の連絡の緊密化

　経済取引の多様化、広域化等につれ、税務部内における横の連絡を緊密にすることがますます必要となっている。横の連絡が十分でないと、仕事にそごを来し、事務処理の遅延、課税漏れ、徴収漏れ等を来す原因となり、また、納税者に迷惑を掛け、税務の信用を失うことにもなる。

　従って、事務計画の作成に当っては、関係部門と十分な連携をとるとともに、個々の事務処理に当って、各自が常に関係部門との連

絡に配意することが必要である。また、幹部会、賦課徴収連絡会議等の会議を効果的に運営し、関係部門間の緊密な連絡に努める。特に、資料及び情報の収集活用、関連調査などについて、関係部門間の積極的な連携を図る。

(7) 地方公共団体及び関係民間団体との協調

イ　地方公共団体とは、相互に資料・情報の交換を行うなど連絡を密にし、適正な課税の実現に協力するとともに、それぞれの事務が一層効率的に運営されるように努める。

ロ　税理士会、日本税務協会、青色申告会、法人会、間税協力会、納税貯蓄組合、商工会議所、商工会等の関係民間団体との協調を図るとともに、これらの団体相互の協力態勢にも十分に配意して、納税者特に小企業者の記帳指導等を積極的に推進する。

ハ　税務の公正円滑な運営を期するためには、税務当局と納税者との間において税理士が果す役割は極めて重要である。関係部課は相互に連絡を密にし、税理士業務が適正に運営され、その機能が健全に発揮されるように努めなければならない。

(8) 電子計算組織の利用と事務合理化の推進

事務量の増大と取引態様の複雑化等事務内容の高度化に対応して、事務運営の効率化を図るため、電子計算組織の利用と事務の簡素合理化を進める。

イ　手作業を機械によって代替し省力効果を生み出すための申告所得税及び法人税の内部事務並びにこれら両税の債権管理事務の電子計算処理等既に実施中の各種システムについては、更に改善合理化に努め、着実に拡大していくこととする。

ロ　最近における電子計算組織利用技術の発展にかんがみ、調査、滞納処分等の外部事務を支援するシステム　各段階の管理者ごとに

適時適切な情報を提供し、その意思決定を改善するためのシステム　税務行政の長期的な計画の立案を可能ならしめるシステム等電子計算組織を高度に利用するシステムの開発を進めるよう努力する。

ハ　庁局の通達を平易で明解なものにするとともに、必要最小限度のものにとどめるほか、既存の通達の整理統合を図る。

ニ　事務の簡素、合理化を一層強力に推進するため、引続き事務提要、帳簿様式等に検討を加え、その改善を図るほか、庁局に対する報告、上申事項等の整理統合に努める。また、事務の管理方式、実施の手順等についても、更に検討を加える。

3　組織管理と職場のあり方

(1) 庁局署の関係

イ　庁局署は、それぞれの立場に応じてその役割を遂行し、相互に信頼し、一体となって税務の運営に当らなければならない。

(イ)税務行政は、社会経済の発展、変化に適応していかなければならない。税務行政を取巻く諸条件の現状及び将来の的確な見通しの上に立って、予想される税務行政上の諸問題に対処していくため、定員及び機構、職員の採用及び養成、人事、事務の機械化、施設などについて長期の計画を立案し、着実な遂行に努めることは、庁の重要な任務である。

　局は、管内の社会経済の見通しと庁のこの長期計画の下で、その局において予想される諸問題に対処するため、必要な事項について長期の対策を立て、実施していかなければならない。

　なお、庁局は、税務行政のより一層円滑な運営に資するため、税務行政上の制度、慣行についてその改善に努めることとする。

(ロ)庁は、税務運営の基本方向を示すとともに、事務運営の重要事項を指示し、局は、これに基づき、その事務の現状及び社会経済の実態

に即して、署に対し事務運営の具体的施策を指示する。

　庁局が事務運営について局署に指示する場合には、その基本的な考え方を明確に、かつ、分かりやすく指示し、実施の方法などについては大綱だけを示し、局署が創意と自主性を持って、それぞれの実情に即し最も効率的に事務を遂行できるようにしなければならない。

(ハ) 法令の解釈及び適用を統一することは、税務にとって基本的なことであり、庁あるいは局の重要な任務である。また、税務の行政水準について地域間あるいは事務間の均衡を図ることも、税務にとって重要な課題である。庁及び局は、事務視閲及び調査事績検討会などを通じて、局署及び各事務の行政水準をは握することに努めなければならない。なお、税務の行政水準をより適切には握する方法についても、検討を進めることが必要である。

　地域間及び事務間で税務の行政水準の均衡を図るために重要なことは、定員の配置及び人事などを適切にすることである。庁局は、定員、機構及び人事が、局署及び各事務の実態並びに社会経済の発展、変化に即して常に適切なものとなるようにしなければならない。

ロ　庁局が局署を指導するに当っては、計数に表れた事績だけでその事務運営を評価することをしないで、例えば、事務運営が全体として税務運営の基本方向にのっているかどうか　事務計画が局署の実態からみて適切であるかどうか　事務運営に当って管理者の処置が適切かどうか　定員の配置及び人事、予算措置などが適切かどうか　職員各自が積極的意欲を持って仕事に取組んでいるかどうかなど、庁局署が一体となって事務改善の方策を見出すという観点から指導することに努める。

　なお、事務運営における総合性を確保し、責任体制を明確にするため、庁局の局署に対する重要な指示は、局長又は署長を通ず

ることを原則とする。

八　庁局は、会議その他の機会において局署の実情や法令通達などについて局署の意見や進言が自由に表明されるよう配慮するとともに、適切な意見は積極的に採り入れ、その実現を図る。

　　また、会議等の開催に当っては、マンネリ化した会議等はないか常に見直しを図り、真に必要と認められる会議等に限り開催するように努め、可能な限り会議等の整理縮少を図る。

(2) 適正な事務管理と職員の心構え

イ　管理者は、職員のすべてがそれぞれの適性を生かしてその能力を十分発揮できるようにするとともに、すべての職員が互いに打ち解け、互いに助合い、明るいふんい気で仕事ができるような職場をつくることに努めなければならない。

　　このため、事務運営の方針、計画を決定するのはもとより管理者の職務と責任であるが、管理者は、努めて職員と対話の場を持ち、職員の建設的な意見を事務運営面に採り入れるように努め、職員が参加意識を持って職務に当ることができるよう心掛けなければならない。また、そのような接触を通じて職員の実情をよく理解することに努め、親身になって部下の指導に当ることが大切である。なお、管理者は、常に研さんを積み、識見を広め、管理能力を高め、部下職員の範となるよう努めなければならない。

ロ　各職員は、税務運営の基本的な考え方をよく認識し、各自の一つ一つの事務処理が税務運営全体に持つ意義を自覚して、積極的にそれぞれの創意工夫を凝らして職務の遂行に当るようにしなければならない。

　　また、税務は高度な専門的知識と経験とを必要とする仕事である。従って、このような事務に従事する職員は、税法の知識及び税務に関する技術的能力の向上に努め、おう盛な責任感を持っ

て、事務処理に当らなければならない。特に、専門官は、このような専門的知識と経験を兼ね備えた職員として、税務の中核的存在であることを認識し、その責任を十分自覚して、その職務の遂行に当らなければならない。

　なお、納税者の税務に対する信頼と協力を得るためには、日々納税者に接する職員が、ただ単に税務の専門家であるだけでなく、人間的にも信頼されることが要請される。従って、職員は、常に常識を豊かにし、品性を高めるよう心掛けなければならない。

八　特に、署にあっては次の点に留意する必要がある。

㈠署長は、管内の納税者の状況、その署の職員の実態等を的確には握するとともに、専門官制度を柱とする署の機構が全体として有機的かつ効率的にその所期の機能を発揮するように努める。更に、その事務運営が税務運営の基本方向に沿って着実に行われるよう、署務の全般を方向付けし調整し、推進するとともに、その結果を的確に見極めていかなければならない。

㈡特別国税調査（徴収）官はその豊富な知識と経験を生かして、自ら積極的に調査、滞納整理等に当ることとし、その執務を通じて専門官全体の模範となることが必要である。

㈢課長及び統括官は、各部門の事務遂行の責任者として署長の意図を体し、適切な計画の下に、部下職員を指揮して、的確な事務運営に努めなければならない。このため、事務の管理に当っては、重複した管理や不必要に細かい管理を行うことによって、管理事務が増大し、職員の自主性が減殺されて、効率的な事務運営が損われることがないように配意しなければならない。また、課長及び統括官は、部下職員の個々の案件の処理が適正に行われるよう、必要な指導と指示を行う。

(3) 職員の教育訓練

イ　職員の資質の向上を図ることは、税務運営を円滑適正に行うための基礎となるものである。管理者は、日常の事務を通じて職員を指導するとともに、職場研修等を計画的に実施して、職員の職務遂行能力の向上を図るよう努める。

　　なお、経験年数の少ない職員に対しては、個別指導を適切に行うよう特に配意する。

ロ　税務大学校においては、教育内容の一層の改善合理化を図り、税務行政における諸情勢の推移に即応した各種研修等を計画的に実施して、職員の資質の向上に寄与するよう格別の配慮を行う。管理者に対する監督者研修についても、これを充実して管理者の管理能力の向上を期する。なお、税務大学校における租税理論及び税法の運用に関する研究体制を整備強化することにより、租税理論の研究水準の向上と職員の教育訓練の充実に資する。

(4) 綱紀の粛正

　　一部の職員の間に起きた不正事件であっても、それは、税務行政全般の信用を傷つけるものである。

　　税務行政に携わる職員は、一人一人が公務員としての責任と税務職員としての職務の重要性について、常に自覚を新たにするとともに、誘惑の多い職場であることに顧み、平素から細心の注意を払い、いやしくも不正事件を引起すようなことがあってはならない。

　　また、管理者は、部下職員の範として自らを律しなければならないことはもちろん、部下職員に対しては、単に職場における業務上の監督指導を行うだけでなく、職員の身上を常には握するとともに、職場に正しい倫理観を確立して非行の未然防止に努め、万一事件が発生した場合には、機を失することなく所要の措置を講ずるとともに、速やかに実情を調査した上、厳正に処置する。

(5) 職場秩序の維持

　職員は、税務職員としての職責を自覚し、国家公務員法等に定める服務規律を遵守して良識ある行動をとるとともに、それぞれの職務に専念し、職場秩序が整然と維持されるよう努めなければならない。管理者は、平素から部下職員の指導訓練を通じて、職員の自覚を高め、職場秩序の確立に努めるとともに、職場の秩序を乱す行為に対しては、厳正な態度をもって臨まなければならない。

(6) 職場環境の整備

イ　納税者にとって近づきやすい税務署とするためにも、また、職員が明るい気持で能率よく仕事を行うためにも、職場環境の整備が必要である。このため、庁舎の施設、備品等の整備改善に一層の努力を払うとともに、整理整とん、火災盗難の防止その他適正な管理に十分配意する。

ロ　住宅事情が職員の勤務意欲に重大な影響を及ぼすことに顧み、宿舎の増設及び質的向上に努め、職員の住居の安定を図る。

(7) 職員の健康管理

イ　明るく、能率的な職場をつくるには、職員が健康であることが重要である。このため、診療所の医療施設等を充実するとともに、健康管理を適正に実施し、疾病の早期発見と疾患者に対する健康指導の徹底を図り、また、休暇等職員の休養について適切な配意をし、職員の健康の保持増進に万全を期する。

　殊に40歳以上の職員が全職員の約半数を占め、高齢化する傾向にある現在、いわゆる成人病といわれる疾病の早期発見のため、健康診断の充実を期する。

ロ　職員の元気を回復し、職員相互の連帯感を高めるため、職員の意向及び事務の繁閑に配意しながら職場におけるレクリエーション

活動を活発に実施する。なお、レクリエーション指導者の養成にも一層の努力を払う。また、明るく健康な職場とするための福利厚生施設の拡充に努める。

第二 各論

1 直税関係

(1) 直税事務運営の目標と共通の重点施策

直税事務は、社会の各層にわたる極めて多数の納税者を対象とし、加えて、納税者の生活や業務に直接影響するところが大きい所得又は資産などを課税の対象としていることから、その運営の適否は、単に直税事務にとどまらず、広く税務行政全般に対する信頼感、ひいては国民一般の納税道義に影響を持つものである。

従って、直税事務を適正に運営し、もって納税者間の負担の公平を図ることは、税務行政全体にとって極めて重要なことである。

申告納税制度の下における直税事務の目標は、すべての納税者が自ら正しい申告を行うようにすることにある。

このため、事務の運営に当っては、納税者の税歴、所得又は資産の規模、税額などに応じて、それぞれの納税者に即した調査と指導を一体的に行うことが必要である。

このような見地から、直税事務の運営に当っては、次の諸点に施策の重点を置く。

イ 青色申告者の育成

自主的に正しい申告のできる納税者を育成するについて、その中核をなすものは青色申告であるから、青色申告者の増加と育成に一層努力する。

このため税理士会との協調を図りつつ、商工会議所、商工会、青色申告会、法人会等の関係民間団体との連携強化を更に進め、これらの団体の指導を通じて、納税者の記帳慣行の醸成と自主的

な申告納税の向上が行われるようにする。

ロ　調査の重点化

　　限られたか働量で最も効率的な事務運営を行うため、調査は納税者の質的要素を加味した上、高額な者から優先的に、また、悪質な脱漏所得を有すると認められる者及び好況業種等重点業種に属する者から優先的に行うこととする。このため、調査の件数、増差割合等にとらわれることなく、納税者の実態に応じた調査日数を配分するなど、機動的、弾力的業務管理を行うよう留意する。

ハ　調査方法等の改善

　　税務調査は、その公益的必要性と納税者の私的利益の保護との衡量において社会通念上相当と認められる範囲内で、納税者の理解と協力を得て行うものであることに照らし、一般の調査においては、事前通知の励行に努め、また、現況調査は必要最小限度にとどめ、反面調査は客観的にみてやむを得ないと認められる場合に限って行うこととする。

　　なお、納税者との接触に当っては、納税者に当局の考え方を的確に伝達し、無用の心理的負担を掛けないようにするため、納税者に送付する文書の形式、文章等をできるだけ平易、親切なものとする。

　　また、納税者に対する来署依頼は、納税者に経済的、心理的な負担を掛けることになるので、みだりに来署を依頼しないよう留意する。

ニ　有効な資料・情報の収集とその活用

　　資料・情報は、調査対象の選定、調査ポイントの抽出などに役立つことにより、調査事務を効率化するとともに、各税事務を有機的に結び付け、調査の内容を充実するものであるので、その収集に当っては、活用効果が特に大きいと認められるものに重点を

置き、調査に当っては、収集した資料・情報を十分活用すること
に努める。また、この趣旨を生かすよう、その事績についても的
確な管理を行う。

ホ 納税秩序の維持

　税務調査は、納税者相互間の負担の公平を図るため、国民から
の信託を受けてこれを実施するものであり、すべての納税者は、
本来その申告の適否について調査を受ける立場にある。従って、
各種の妨害行為をもって税務調査を阻む者に対しては、納税秩序
を維持し、かつ、課税の適正を期するため、これらの妨害行為に
屈することなく、的確な調査を行い、一般納税者との間に、不均
衡が生ずることのないよう特段の配意をする。

ヘ 事務系統の連携の強化

　直税各税の事務は、経済活動の高度化とともに、ますます密接
な関連を持ってきていることに加え、部門制の採用による事務の
専門化と統括官の増加により、直税事務を一体的に運営すること
の必要性がますます高くなってきている。従って、事務の運営に
当っては、資料の効率的収集及び活用、同時調査、同行調査、連
鎖調査の効果的な実施などにより、所得税、法人税及び資産税の
各税事務が、有機的連携の下に行われるよう配意する。

　なお、必要に応じ局署間、事務系統間の応援を積極的に行う。
また、直税職員は、納税者の転出入に伴う処理その他徴収部門に
対する所要の連絡を迅速確実に行うことはもちろん、徴収部門か
ら賦課交渉があった場合などには、速やかに見直しなど所要の処
理を行い、あるいは調査等で知り得た徴収上参考となる事項を確
実に徴収部門に連絡するなど、徴収事務との連絡協調に努める。

ト 事務管理のあり方

　事務の管理に当っては、重複した管理を行うことにより管理事
務の増大を来すことのないよう、効率的な事務管理に努めるほ

か、次の諸点に配意する。

(イ)事務計画の策定に当っては、職員、特に上席調査官等経験豊富な者
の意見を聴取し、職員の建設的な意見を事務計画に採り入れるよう
配意する。

(ロ)事務の分担の付与に当っては、職員の経験、適性、事案の難易等を
総合勘案し、適切な分担付与を行うことに努める。特に上席調査官
には重要かつ困難な事案を付与する。

(ハ)事務の進行管理に当っては、職員の創意工夫を生かすよう、職員の
経験、能力、事案の内容等に応じて、それぞれ適切な管理を行うこ
とに努める。

(2) 各事務の重点事項

イ　資料関係

(イ)資料の収集については、調査事務との関連において、収集すべき資
料の種類及びその収集先に工夫を凝らし、いたずらに収集枚数にと
らわれることなく、調査に直結する有効な資料の収集に努める。特
に、調査の過程でなければ得られない資料について、収集の徹底を
図る。

　　また、管理者は、重点調査対象業種の選定に役立つ資料・情報の
収集についても、特段の配意をする。

(ロ)資料の活用については、一枚の資料であっても関連する税目の調査
にそれぞれ使用するなど、その多角的な活用に努めるものとする。
また、調査は資料を十分に活用することによって深められるもので
あるから、管理者は、資料が確実に活用されているかどうかについ
て、徹底した管理を行う。

(ハ)資料源の開発については、担当者が当るほか、一般の調査、法定資
料の監査等の機会を通じて、積極的に有効資料源の開発に努める。

(ニ)個々の資料・情報が関連して相互にその内容を補完し合い、納税者

の実態は握に十分その効果を発揮するよう、資料・情報を長期にわたって蓄積し、継続して管理することに努める。

㈭資料事務の運営に当っては、収集された資料の活用結果をは握し、どのような資料が有効か、また、どのような収集方法が効率的かについて分析を行い、じ後における資料収集事務の改善を図る。

ロ 所得税関係

申告納税制度の趣旨に沿った事務運営を行うため、次の点に配意しつつ事後調査体系の一層の定着に努める。

㈠納税者が、自ら課税標準について正しい計算を行い、また、その経営を合理化していくためには、日々の取引を正確に記録する慣習がその前提となる。

この記帳慣習を育成していくため、青色申告制度はその中核をなすものであるから、今後も引続き、青色申告者の増加に積極的に努力するとともに、適切な指導又は調査を通じて、青色申告者の質的水準の同上を図る。

なお、その普及及び指導については、地方公共団体及び関係民間団体の協力を積極的に求め、また、これらの団体の指導の対象となった事案については、それぞれの実情に応じ、その指導の効果が生かされるよう配意する。

㈡確定申告期における納税相談は、そのための来署依頼を原則として行わず、申告書の作成に必要な事項について相談を行うこととし、納税者自身による自発的な申告の慣行を定着させるよう努める。

㈢調査は、事後調査を主体として実施するが、調査対象選定のための申告審理事務は、細かいものを省略して効率的な処理を図るなど合理的運営に努める。

また、事後処理についても高額中心に行うとともに、適正申告を行う納税者を長期的に育成していく見地から運営する。

㈣営庶業所得者については、白色申告者と青色申告者の別及び所得者

層の別に応じて適切な指導及び調査を行うこととし、白色申告者に対しては青色申告者より高い調査割合を確保するとともに、高額所得者を中心として調査内容の充実に努める。

㈢その他所得者については、所得のは握が困難であるので、その管理及び調査について相当の努力をする必要がある。従って、調査技法の開発に努めるとともに、都会署におけるその他所得の調査事務量を増加し、適切な調査対象を選定し、充実した調査を行う。

㈣一般農家に対する標準課税の事務及び農外所得のは握については、地方公共団体及び農業団体の積極的協力を求めることとし、特殊経営農家については、個別調査・指導方式による。

八　法人税関係

㈠申告納税制度の下での法人税事務は、自主的に適正な申告を行う法人を着実に育成することを目標としなければならない。

　このため、個々の法人の申告内容を的確には握し、その内容に応じて質的な区分を行い、指導によって適正な申告が期待できる法人に対しては、きめ細かな指導を根気よく行うとともに、他方、大口、悪質な不正を行っている法人又は不正計算を繰返している法人に対しては、常に徹底した調査を行い、調査を通じてその是正を図るなど、その実態に即した指導又は調査を行う。

㈡法人の質的区分に応じた事務運営の体制は、年々の法人税事務の着実な積重ねの上にはじめて可能となるものであるから、法人に対する指導又は調査の際には握したその人的構成、帳票組織、内部けん制の状況等の情報は、申告内容の検討結果とともに、その都度確実に記録保存し、法人の長期的管理に資することに努める。

㈢法人数が年々増加し、取引が大型化かつ複雑化している現状において、法人の実態を的確には握するためには、職員一人一人の創意工夫によって、事務処理の効率化を図る必要がある。

　このため、事務分担の方式については、あらかじめ業種又は地域

等により分担を定め、同一の職員に調査・指導対象の選定から調
査・指導及びその事後措置に至る一連の事務を担当させることを原
則とし、個々の職員の責任を明確にし、その能力を最大限に発揮で
きる体制を確立することに努める。

二　源泉所得税関係

　　源泉徴収制度の運営の適否は、源泉徴収義務者のこの制度に対
する理解と認識のいかんによって影響されるところが大きいこと
に顧み、指導をその事務運営の基本として、優良な源泉徴収義務
者の育成に努める。また、管理が多元化している現状に対処し、
源泉所得税事務に関する責任体制を明確にして、その事務処理の
的確化が図られる管理体制を確立する。

　　このため、源泉所得税事務における施策の重点を次の諸点に置
く。

(イ)源泉徴収義務者のは握は、源泉所得税事務の基盤となるものである
から、あらゆる機会を通じて源泉徴収義務者を確実には握すること
に努める。また、その業種、業態、規模等に応じて適切な指導を行
い、関係法令、通達等その制度の周知徹底を図り、優良な源泉徴収
義務者の育成に努める。

(ロ)法源同時調査及び所源同時調査の体制は、調査事務の効率的な運
営、納税者感情などの見地から設けられたことに顧み、一層これを
推進する。

　　源泉単独調査をはじめとするその他の事務については、専担制に
よる事務運営の体制を確立し、これを中軸として源泉所得税事務に
従事する職員の源泉徴収制度に対する認識を高め、事務処理の的確
化に資する。

(ハ)源泉所得税に関する事務を所掌する所得税及び法人税に関する部門
並びに管理・徴収部門の各職員は、他の事務系統で所掌している事
務との関連性を十分認識し、それぞれの事務が一体として運営され

るよう、各事務系統間の連絡協調について特段の努力を払う。

ホ　資産税関係

　　国民の生活水準の向上、資産の蓄積の増大等に伴い、資産税の課税の適正化に対する社会的要請がますます大きくなっている。

　　従って、資産税事務の運営に当っては、次の諸点に配意して適正な課税の実現に努める。

㈤資産税事務について、限られた人員で適正かつ効率的な運営を行うため、事務又は事案の重要度に応じてか働量の重点的配分を行い、合理的な運営の徹底に努める。

　　この場合、例えば譲渡多発署にあっては譲渡所得事務に重点を置くなど、各署の実情に応じて各事務への適切な事務量の配分を行うほか、必要に応じ、局員又は他署職員による応援を適切に実施し、局署を通ずる機動的な事務運営に努める。

㈠資産税関係の納税者は、関係法令などになじみが薄い場合が多いので、地方公共団体及び税理士会、農業協同組合等の関係民間団体を通じて積極的な広報活動を行い、関係法令等の周知を図る。

　　また、税の相談日、譲渡所得の集合説明会等の機会を活用して、自主的に適正な申告がなされるよう適切な指導を行うとともに、納付方法についても必要な説明をする。

　　なお、来署依頼による納税相談を実施する場合、その対象の選定に当っては、少額事案を極力省略して高額重点の考え方を徹底するとともに、その後の事務処理が効率的にできるように十分配意する。

㈢調査事務量を確実に確保するため、納税相談事務の合理化、内部事務の簡素化など事務処理の一層の効率化に努める。

　　実地調査は、資産税の各税目を通じて脱漏税額の大きいと認められるものに重点を置き、各事案の内容に応じ必要かつ十分な調査日数を投下してこれを処理する。

特に譲渡所得事案については、事務年度内の処理の完結にこだわることなく、他事務系統との連携調査等又は同行調査を積極的に展開するよう配意する。

㈡財産評価の適否は、相続税、贈与税の適正・公平な課税に極めて大きな影響を及ぼすものであるから、評価基準の作成に当っては、その精度の向上に努め、評価基準の適用に当っては、評価財産の個別事情に即応した的確な運用に配意する。

2　調査査察関係

⑴ 調査課事務運営の目標と重点事項

調査課所管法人及びその役職員は、我が国経済界を主導する重要な役割を果しており、その社会的、経済的影響力は極めて大きく、それらの納税義務履行の動向が全納税者の納税道義に心理的効果を及ぼすという面からも、また、取引全体の公正明朗化を左右するという面からも、全納税者に与える影響は、極めて大きいといわなければならない。

従って、所管法人の実態を的確には握し、その法人に対し適正な課税を行い、また、必要に応じ役職員の当該法人と関連のある所得についても実態を明らかにし、その正しい課税の実現に資することは、全納税者の納税道義を高めるという税務行政の究極の目標を達成するために不可欠の課題である。

このような見地から、調査課の事務運営においては、所管法人の申告水準の向上を通じて、所管法人を含めた全納税者が自主的にその納税義務を履行する基盤を形成することをその究極の目的とし、次の事項を基木とする。

イ　不正所得等のは握

調査の基本目的は、取引の内容を解明してその実態をは握することにある。従って、調査に当っては、単なる期間損益の修正に

意を用いすぎることなく、この目的に従って取引の実態をは握し、特に、大口、悪質な不正所得の発見に重点を置くこととする。

ロ　申告水準向上策の積極化

　　所管法人に対する充実した調査を基として、申告に対する姿勢の改善を図るよう十分な指導を行い、申告が優良な法人の育成に努める。

　　また、この指導の効果をその法人の所属業界、系列企業等に浸透させていくための施策を計画的かつ積極的に実施する。

ハ　不正取引に係る資料源開発

　　不正取引の多くが取引当事者相互間の通謀によっている現状に顧み、こうした不正取引を徹底的に解明し、その一連の資料を収集することは、調査の充実のため不可欠の要件である。所管法人は、取引系列の中枢をなしており、また、取引範囲も広いので、全税務的見地から、これを資料源として積極的に開発するよう努める。

(2) 査察事務運営の目標と重点事項

　　査察事務は、税務行政の一環として、悪質な脱税に対する刑事責任を追及して納税道義の高揚を図ることにより、申告納税制度の維持とその健全な発展に資することを目標としており、査察に期待される役割は今後ますます増大するものと考えられる。

　　このため、査察事務の運営に当っては、次の点を基本とする。

イ　悪質、大口な脱税の摘発

　　査察事務の目的にかんがみ、真に社会的非難に値する悪質かつ大口な脱税の摘発に努めることとし、このため情報活動を一層充実し、情報源の新規開拓、情報技術の改善等を図って、査察対象の的確な選定を期する。

ロ　申告水準向上への十分な寄与

　　　査察事務は、一般の税務運営の動向に即し、全税務的基盤に
立って運営されるべきものであり、このため課税部門との密接な
連携の下に査察の効果が申告水準の向上に十分寄与するよう配意
する。

ハ　組織的、効率的な事務の推進

　　　最近における脱税の広域化、手口の巧妙化に顧み、広域調査態
勢の確立、調査技術の開発、向上等を図り組織的、効率的な事務
運営に努める。

3　間税関係

(1) 間税事務運営の目標と共通の重点施策

　　　間税事務運営においても、その目標は、もとより正しい自主的な
申告と納税が行われるような態勢を確立することにある。

　　　このため、納税者に対して適切な指導を行うとともに、調査及び
犯則取締りについては、納税者の実態に応じて一層の重点化を図
る。

　　　今後の社会経済の発展に伴い、経済取引の複雑化と広域化が進
み、また、消費税関係を中心に課税対象が増加し、多様化するもの
と考えられる。これに伴い、間税行政の一層の多様化と高度化が要
請されるが、税務行政全体の中における間税事務のあり方に配意し
ながら、この要請にこたえていくためには、間税事務全般にわたっ
て、その刷新改善を進めることが必要である。

　　　このような見地から、今後における間税事務の運営に当っては、
次の諸点に施策の重点を置く。

イ　調査及び犯則取締りの重点化

　　　調査事務については、網羅的又は画一的な運営に流れることの
ないよう、経営内容、取引形態、過去の諸事績などからみて必要

度が高いと認められる調査対象を選定し、また、調査に当って重点を置くべき項目を抽出し、効率的かつ深度のある調査を行う。

　また、犯則取締りは、大口かつ悪質な事案に対象をしぼって実施する。なお、小口又は軽微な事案については、調査と指導に重点を置いて処理し、じ後における適正な申告と納税が得られるよう配意する。

ロ　調査事務の簡素化

　調査事務の簡素化を図るため、的確な質的管理の下に重点的に調査対象を選定し、少額事案については極力調査省略を図るなど合理的な調査事務の運営に配意する。

ハ　広域運営の推進

　間税関係の納税者の数、種類及び規模は、署によってかなり異なっており、このような傾向は今後とも大きくなるものと考えられる。従って、納税者に対する調査を各署単位で処理する事務方式では、大口又は重要な事案に対し徹底した調査及び犯則取締りを行うことが困難となる事態が生じ、また、間税職員の調査技能の向上の機会も十分に得られなくなるおそれがある。

　このような事態に対処するため、調査及び犯則取締りの広域的運営を進めていくものとし、局間税部監視部門による犯則取締りに加えて、局間税部調査部門において、大口又は複雑困難な事案に対する調査を行い、また、署段階における調査及び犯則取締りについても、署間の広域運営を積極的に推進する。

ニ　間税事務の一体的運営

　間税関係の税目は多岐にわたっているので、事務計画の策定に当っては、各税目を通じて事務の重要度を総合的に判断し、重点的な計画を策定するよう配意する。また、間税事務にあっては、限られた職員が多くの税目を分担しているので、その執行に当っては、酒税、消費税を通ずる事務の一体的運営に努める。

ホ　直税間税統合統括官制度の犯則調査権限の適切な行使

　　　直税間税統合統括官制度の下においては、職員が常時又は随時、直税及び間税の両者について調査権限を有することになるので、間税の犯則取締りのための収税官吏の権限の付与及び行使に特に慎重を期する。

(2) 各事務の重点事項

イ　酒税関係

(イ)酒税調査は、酒類製造者に重点を置く。調査事務の運営に当っては、調査対象を十分検討して選定するとともに、それぞれの実態に応じて調査項目を抽出し、重点的、効率的かつ深度のある調査を実施する。

　　　なお、酒類の販売業者等に対する調査は、酒類製造者に対する調査を補完する観点から実施する。

　　　また、有効な資料・情報を組織的かつ計画的に収集し、その活用を図ることとし、対象の選定を的確に行うよう配慮する。

(ロ)犯則取締りは、大口かつ悪質な事案に重点を置いて行うものとし、取締りに当っては、早期に事案の全ぼうをは握して、適切な処理を図る。

　　　なお、酒類の密造及び密輸入の防止のため、啓発宣伝と効果的な取締りを行う。

(ハ)酒類販売業免許については、免許制度を必要とする行政目的に配意するほか、酒類流通の効率化及び消費者の利便を十分考慮し、適正かつ弾力的な運用に努める。

(ニ)酒類業界を取巻く環境は極めて厳しく、今後は従来のような量的な拡大を期待することは困難であると認められる。

　　　このような情勢に対処するため、業者及び業界は自主的な合理化努力を一層進めるとともに、節度ある生産と過当な販売競争の是正

に努め、企業基盤の強化を図ることが要請される。

　この考え方に基づき、業者及び業界団体に対し、適時適切な指導を行うこととする。

㈥酒税保全担保の提供については、酒類業者の経営状況等を常に的確には握し、個々の実情に応じ、必要な限度において担保を徴求するようその運営に配意する。

ロ　消費税関係

㈠消費税は価格に織込まれて消費者へ転嫁される建前のものであるから、納税者に対し課否判定、課税標準の算定などについて適切な事前指導を行わなければ、じ後において事務執行上困難な問題が生ずるおそれがある。このため、庁局署は、関係業界の動向及び納税者の実態のは握に努め、新製品の開発、生産取引の形態の変化などに常に留意し、時宜に応じた的確な指導を積極的に行う。この場合、新規又は異例なものなど先例により難い事案については、庁局署の連絡を密にして、その取扱いの統一と迅速な処理を図る。

　なお、業種に共通な事項については、業者団体、間税協力会業種別部会等を通じ効果的な指導を行う。

㈡調査は、大口又は重要な事案を対象に重点的に実施する。このため、納税者の実態を十分には握し、資料・情報を積極的に活用して、適切に調査対象を選定するとともに、それぞれの実態に応じて調査項目を抽出し、効率的な調査を行う。この場合、全国的規模の事案については、庁の指導の下に局間の連携を密にして企業単位の調査を行う。

　また、少額納税者については、調査を簡略化し、指導に重点を置いて処理する。

　なお、適正な申告を行わず、税務調査を妨害する者に対しては、き然たる態度でこれに臨み、課税の適正と納税秩序の維持に努める。

㈨犯則取締りについては、資料・情報活動を充実して的確に対象を選定するとともに、徹底した調査により早期にその全ぼうをは握し、適切な見通しの下に効率的に処理する。

　なお、軽微な非違事項については、指導によりその誤りを是正させるように配意する。

㈢資料・情報事務については、直税関係部門との連携を保ちつつ、組織的かつ計画的に有効な資料・情報の収集に努め、一元的な管理の下にその効果的な活用を図る。

八　鑑定関係

㈠酒類、揮発油等の分析、鑑定に当っては、これが間接税の適正かつ公平な課税を実現するための基礎であることを深く認識し、正確かつ迅速に行うとともに、関連部課等と緊密な連携を保ち、その適正な運営に努める。

㈡酒類製造者に対する技術指導に当っては、酒類行政全般の動向をは握し、企業の合理化と業界の近代化を技術面から推進して、良質な酒類の安定的供給に資するよう努める。また、公害防止に関しては、主務官庁と連携を保ちつつ適切な指導を行う。

㈢近年、分析法は顕著な発展を遂げ、また、技術革新に伴い石油工業をはじめとする関係業界の技術水準が急速に進歩しているので、常に新知識の吸収に努め、分析、鑑定能力の向上を図るとともに、調査手法の開発に努める。

4　徴収関係

(1) 微収事務運営の目標と共通の重点施策

　税務行政は、賦課事務とともに徴収事務が適正に行われることによって、はじめてその目的を達成することができる。徴収事務の遂行に当っては、このことを十分に認識し、租税債権の確実な管理と、その的確な徴収に努めることが必要である。

徴収事務の運営については、従来から確実な債権管理を図るとともに、事務の合理化、効率化について格段の努力を払ってきた結果、事務能率の向上には著しいものがあるが、更に今後の社会経済の進展に即応するため、事務の合理的、効率的運営を図ることが一層要請される情勢にある。

　このような見地から、今後における徴収事務運営の施策の重点を次の諸点に置く。

イ　自主納付意識の高揚

　徴収事務の終極的な課題は、自主納付態勢を確立することにある。

　　そのためには、的確な滞納整理の実施とあいまって、平素の事務を通じて、あらゆる機会を生かし、納税者の自主納付意識の高揚を図ることが肝要である。このため、賦課部門と一体となった納付指導、広報活動等による納税道義の高揚を図るとともに納税貯蓄組合、青色申告会、法人会等の関係民間団体の協力を得て納税思想の水準を高めるよう努める。

ロ　確実な事務処理と事務の合理化

　　徴収事務の基本は、租税債権を確実に管理することにある。

　　今後においても、この基本にのっとり、事務の簡素化の要請と事務処理の確実性の保持との調整を図りつつ、一層の合理化に努める。

　　特に、電子計算組織による事務処理は、今後における事務合理化の基幹となるものであるので、徴収事務においてもその対象範囲の拡大を図るとともに、この組織の採用に伴って派生する諸問題についても、技術上の要請と行政上、事務上の要請との調和を図りつつ解決に努め、事務処理体制を整備する。

ハ　機動的事務運営と重点的な滞納整理

㈠限られた人員で事務を能率的かつ円滑に遂行するため、事務の重要度、時宜に応じた合理的な事務計画を策定するとともに、管理・徴

収両事務の特質と差異に着目しつつ管理事務の平準化を図るため、時期的な繁閑に応じて、両事務を通ずる機動的運営を図る。

㈢滞納整理に当っては、情報管理を的確にし、滞納者個々の実情に即した整理の進展を図るとともに、整理対象事案の増大に対処するため、その質的管理に十分配意し、重点的、効率的な滞納整理を行う。

(2) 各事務の重点事項

イ　管理関係

㈠租税債権を確実に管理するには、賦課部門との連絡を円滑に行うことが肝要であり、このため、申告書、更正決定決議書等の回付、納税者の異動に伴う処理、事故原符の調査等につき、連携の強化、協力体制の確立に努める。

㈡管理事務の現状に顧み、繁忙期における事務処理を円滑に行うことは、運営上特に留意を要することであり、今後における事務量の増加に対処するためにも、その事務の実態を十分には握し、分析した上、実情に応じて、非常勤職員の活用、各種事務の処理時期の調整、納付相談事務の合理化及びその際における賦課部門との協調等について検討し、総合的、重点的な事務運営を図る。

㈢物納延納の許可事務については、常に進行管理を的確にするとともに、許否の方向を速やかに決定し、迅速、適正な事務処理を行うことに努める。このため、賦課部門との連絡協調、財務局等の関係機関との協議、納税者の指導等を積極的に行うよう配意する。

㈣振替納税制度については、引続きその普及を図ることとし、勧奨に当っては、納税貯蓄組合、青色申告会、金融機関等の協力を得るよう特に配意する。

㈤納税貯蓄組合の指導に当っては、税務行政全般に対するよき理解者、よき協力者層の拡大に資する見地から、納税資金の貯蓄、期限内納付の指導等のほか税務に関する広報を中心とした諸施策を推進

するとともに、青色申告会、法人会等の関係民間団体との連携等を通じて活発な活動を行えるよう配意する。

ロ　滞納整理関係

㈠租税負担の公平の理念は、適正に課された租税を確実に徴収することによってはじめて達成されるものであり、滞納整理に当っては、この点を十分に認識し、国税徴収法その他関係諸法の定めるところに従い、適正に処分を執行しなければならないものである。また、常に、賦課部門との連携に心掛け、納税者から課税についての疑問が出された場合には、早急に賦課部門へ連絡してその解決を図るなど適切な措置を講ずる。

　なお、租税の徴収に当っては、第三者の権利と競合する場合が少なくないので、その権利の尊重に留意するとともに、法律に定められた諸制度の運用については、いやしくも拡張解釈による不当な処分や不十分な調査による安易な処分を行うことのないよう配意する。

㈡滞納整理に当っては、大口滞納者、悪質滞納者、その他の早期に保全を要する滞納者に対する処理の充実を図り、必要に応じて訴えを提起するなど、継続的な質的整理を促進する。これらの滞納者以外のものについては、通信による催告を主体とした滞納整理方式の活用を図る。

㈢管理者は、効率的な滞納整理を推進するため、大局的見地からの諸施策の決定、重点整理対象の選定、整理の進ちょく状況のは握などに十分留意し、進行管理の徹底に努める。

㈣滞納整理事務を効果的に運営するため、局署の実情に応じて、職員の重点的配置を行い署間の広域運営による滞納整理の推進を図る。また、滞納の都市集中化に対処して署の滞納整理を促進するため、局国税徴収官による機動的な応援体制の強化を考慮する。

5 不服申立て関係

(1) 異議申立て関係

イ　異議申立事案の調査に当っては、その異議の申立てが原処分に対する不満から生じたものであることに顧み、その申立てがなされた事情等について、その異議のあるところを十分くみ取り、公正妥当な処理に努めることはもちろんであるが、他面、安易な妥協を排除して、正しい課税標準のは握に努める。

ロ　異議申立事案の早期処理については、改善の跡が認められるが、更に一層処理の促進に努め、いやしくも事務の進行管理が不十分なためにいたずらに日時を経過することのないよう、また、処理の内容については、審理が不十分であるため異議申立段階で処理することができる問題についてまで、その解決を審査請求段階に持越したりすることのないよう、管理の充実を図る。

(2) 審査請求関係

　国税不服審判所における裁決は、賦課徴収に当る処分庁から独立した立場において、かつ、行政部内として最終的に行う判断であるから、事案の処理に関係のあるすべての者は、それぞれ次の諸点に十分配意するとともに簡易迅速な手続による国民の権利救済が行政不服審査制度の主要な目的となっていることにかんがみ、審査請求事案の効率的な処理に努める。

イ　総額主義に偏することなく、争点主義の精神を生かして審理するのであるから、審査を申立てられた事項、答弁書に記載された事項、更に審査請求人の反論内容を基礎として審理を行う。

　このため、必要がある場合には、審査請求の趣旨、理由が明らかになるよう補正を求めるなどの措置を講ずるとともに、他方、原処分庁においても、当該趣旨、理由に対し具体的に答弁することによって、争点の明確化に努める。

ロ　合議体の構成員は、議決につきそれぞれ独立した権能を与えられている趣旨に顧み、合議に当っては、各人が十分に意見を開陳し、公正妥当な結論に到達するよう議を尽す。

八　調査、審理に当っては、不服申立手続上の諸権利を尊重するとともに、質問検査権の行使に当っても、審査請求人の正当な権利利益の救済の趣旨に反しないよう留意する。

　なお、審査請求人の主張に相当の理由があると認めるときは、支障のない限り、徴収の猶予、滞納処分の続行停止等の措置を講ずるよう、徴収の所轄庁に求める。

【著者紹介】

坂野上　満 （さかのうえ・みつる）

昭和45年1月　富山県高岡市に生まれる

平成4年3月　明治大学商学部商学科卒業

　　　　その後富山県内のプラスチック製造会社にて3年
　　　　半勤務し、生産管理や現場改善のノウハウを学ん
　　　　だ後、税理士事務所に勤務しながら平成10年に税理士試験合格。

平成11年11月　税理士登録

平成14年4月　富山県高岡市に坂野上満税理士事務所を開業

平成14年11月　行政書士登録

平成20年2月　ファイナンシャルプランナー（CFP®）認定

平成25年9月　国立大学法人金沢大学法科大学院にて「租税法」非常勤講
　　　　師に就任

　メーカーの勤務経験を生かし、現場の分かる若手税理士として製造・建設・運輸業を中心とした経営の合理化を進めている。

　また、平成16年より税務・会計及びコミュニケーションをテーマとした講演を東京、千葉、山梨、札幌、名古屋、大阪、神戸などで行い、具体的で飽きさせないセミナーを展開している。

駆け出し税理士の事務所構築術

～お客様から感謝される事務所を作るときに読む本～

令和2年3月4日　初版発行
令和2年3月18日　初版印刷

不　許
複　製

著　者　　坂野上　満

(一財) 大蔵財務協会　理事長
発行者　　木　村　幸　俊

発行所　　一般財団法人　大 蔵 財 務 協 会
〔郵便番号　130-8585〕
東京都墨田区東駒形1丁目14番1号
(販　売　部) TEL03(3829)4141・FAX03(3829)4001
(出 版 編 集 部) TEL03(3829)4142・FAX03(3829)4005
http://www.zaikyo.or.jp

乱丁・落丁の場合はお取替えいたします。
ISBN978-4-7547-2751-2

印刷　星野精版印刷